생각을
읽는다

OHNE WORTE: Was andere über Dich denken by Thorsten Havener
Photographs by Thorsten Wulff
ⓒ 2014 by Rowohlt Verlag GmbH, Reinbeck bei Hamburg
Korean Translation ⓒ 2015 by E*Public Publishing Co., Ltd.
All right reserved.
The Korean language edition is published by arrangement with
Rowohlt Verlag GmbH through MOMO Agency, Seoul.

Author Homepage : WWW.THORSTEN-HAVENER.COM

금세기 최고 멘탈리스트의
강력한 신체언어 규칙 16

생각을 읽는다

토르스텐 하베너 지음 · 송경은 옮김

The Mentalist

마일
Milestone 스톤

●○● 들어가는 말

몸짓에 관한 흥미로운 것들

2013년 11월, 베를린. 난 몇 백 미터 높이의 베를린 상공을 날고 있는 헬리콥터에 앉아 있다. RTL 방송국에서 촬영 중이다. 인구 350만 명의 도시 베를린에 숨어 있는 어떤 사람을 신체언어 지식만으로 찾아내는 것이 내 과제다. 내 옆에는 젊고 아름다운 여인이 앉아 있다. 내가 찾아야 하는 사람이 어디에 있는지 알고 있는 유일한 사람이다. 이 실험을 성공적으로 이끌어줄 수 있는 단서라고는 무의식적인 몸의 신호와 관찰력뿐이다. 지금 내 옆의 동반자가 보내는 신호를 과연 내가 제대로 이해할 수 있을까?

입으로 내뱉는 어떤 말도 허용되지 않는다. 한마디 할라치면 그 즉시 경고음이 울린다. 엄청난 긴장감과 고소공포증은 또 어떤가. 기장이 헬기를 급경사로 몰고 간다. 점점 속이 안 좋아진다. 내가 지금 뭐 하고 있는 걸까?

2012년 7월, 도쿄. 헬리콥터에 앉아 도쿄 상공을 비행 중이다. 인구 1,300만 명의 도시다. 일본 후지 TV 방송국에서 1,300만 명 중 한 사람을 찾는 프로그램을 촬영하고 있다. 내 옆에는 젊고 예쁜 여성이 앉아 있다. 굉장한 미인이다. 그녀는 아시아에서 손꼽히는 모델 중 한 명이다. 또한 도쿄에서 내가 찾아야 할 사람이 어디에 있는지 알고 있는 유일한 사람이다. 여기서 나의 과제는 내가 알고 있는 신체언어 지식을 총동원해서 그녀의 행동을 읽고 그 사람을 찾아내는 것이다. 동반자와 대화를 나눌 수는 있지만 그녀는 영어도 프랑스어도 독일어도 못 한다. 난 내가 아는 언어를 모두 동원해 말해봤지만 그녀는 한마디도 이해하지 못했다. 내가 찾을 수 있는 실마리는 그녀가 보내는 신체언어뿐이었다.

1986년 12월, 자를란트 주 호이스바일러. 그때 난 열네 살 소년이었고, 성당 양로원에 사는 30여 명의 노인들 앞에 서 있었다. 크리스마스 행사로, 〈호두까기 인형〉 어린이 발레가 상연 중이었고, 뒤이어 내 차례가 되었다. 양로원 담당 신부님이 방 안에 모인 모든 사람 앞에서(물론 나만 제외하고) 빨간 공을 감추었다. 게임 파트너 한 사람의 도움을 받아 내가 그 공을 찾아야 한다.

그 당시 나는 신체언어에 대해선 아무것도 알지 못했다. 그런데 수개월 동안 난 이 공연을 위해 연습했다. 만일 게임 파트너를 잘못 선택하면 웃음거리가 되고 만다. 난 두 번째 줄에 있는 인상이 좋아 보이는 할아버지를 선택했다. 물론 다른 줄에 있는 할아버지를 선택할 수도 있었다. 아니면 다른 할머니를 선택할 수도 있었다. 하지만 이리저리 생각하고 선택할 수 있는 상황은 아니었다. 내게 주어진 시간은 많지 않았기에.

내가 선택한 할아버지가 내 옆으로 왔다. 게임이 끝날 때까지 할아버지는 내 옆에 있어야 한다. 난 할아버지에게 내가 가야 할 방향이 어디인지 물었다. 이런 방법으로, 나를 제외한 모든 사람이 알고 있는 그 장소를 찾아내야 한다. 할아버지는 왼쪽이라 했다. 그런데도 나는 오른쪽으로 향했다. 어디로 가는지는 내 선택이지만, 왼쪽이라는 할아버지 말에서 뭔가 이상하다는 느낌을 받았다. 그리고 이마의 맥박이 쿵쿵 울리는 걸 보니 좋은 징조인 듯했다. 난 할아버지가 말한 곳과 반대 방향으로 걸어갔다.

어라, 할아버지가 갑자기 긴장한 표정이다. 할아버지 얼굴을 보니 내 생각이 맞구나 하는 생각이 들었다. 오른쪽이 확실해 보였다. 계속 걸어갔다. 그러다 갑자기 그 자리에 멈춰야 할 것 같은 기분이 들었다. 다시 할아버지를 쳐다보았다. 할아버지는 바위처럼 꼼짝하지 않고 그 자리에 서 있었다. 표정에서 변화를 감지했다. 할아버지는 더 이상 하고 싶지 않다는 듯 그 자리에 서 있었다. 나도 그 자리에 서 있었다. 그 순간 꽃병 앞이 확실하다는 생각이 들었다. 꽃병을 바라본 다음 할아버지 얼굴을 쳐다봤다. 할아버지는 무의식적으로 아주 잠깐 고개를 끄덕였다. 거의 알아차리지 못할 정도로. 아하! 꽃병

속을 들여다보니 그곳에 빨간 공이 있었다. 신부님이 몇 분 전에 숨겨놓은 그 공이.

그 자리에 있던 할아버지, 할머니들은 30여 명 정도였다. 그런데 박수 소리가 얼마나 컸던지, 내 기억엔 뮌헨 올림픽경기장에서 열린 리한나 콘서트의 박수 소리 같았다.

내가 지금의 일을 하게 된 결정적 계기가 무엇이었을까 생각해보곤 한다. 사람들과 대화 나누는 걸 좋아하고 신체언어를 연구하게 된 그 순간이 언제였던가 하고 말이다. 성당 양로원 게임도 이 일을 선택하게 한 결정적 계기 중 하나다. 1986년 12월 호이스바일러의 그분들이 아니었더라면 난 어쩌면 지금 다른 일을 하고 있을지도 모른다. 그리고 그때 내가 다른 사람을 선택했더라면(할아버지가 보내는 신호를 내가 이해할 수 없는, 포커페이스를 가진 노인이었더라면) 난 지금 몬트레이나 파리에서 통역을 하고 있었을 것이다. 그런데 지금 난 통역사로 일하고 있지 않다. 난 신체언어 전문가가 되었다.

양로원에서 그 같은 경험을 한 후 난 그 일을 꼭 다시 해보고 싶었다. 그래서 그렇게 했다. 먼저 자를란트의 선술집에서, 거리 축제에서, 결혼식이나 생일파티에서 시작해서 회사 축제행사나 갈라 콘서트까지 영역을 넓혔다. 행사가 있는 모든 곳이 내 무대였다.

행사가 성공하려면 적합한 사람에게 말을 걸어야 했다. 적합한 사람을 어떻게 찾냐고? 빨간 공을 어디에 숨겼는지 무의식적으로 알려주는 그런 사람을? 아주 간단하다. 관객들이 보여주는 몸의 신호를 읽으면 된다. 다음과 같은 상황을 상상해보라. 고급 호텔의 저녁식

사. 100여 명의 손님들이 둥근 테이블 주위에 앉아 있다. 각 테이블에는 10명 정도가 앉아 있다. 난 테이블로 다가가 내 소개를 하고 잠시 좀 황당하고 멋진 걸 보여줘도 되겠냐고 물어본다. 그다음 몇 초 동안 무대가 어떻게 진행될지를 결정한다. 테이블 주위에 앉아 있는 손님들을 모두 훑어보려면 이 시간을 잘 이용해야 한다.

맨 먼저 자신의 몸짓을 바꾸는 사람이 누구일까? 내 경험에 따르면 거의 매번 여성들이었다. 그래서 난 여성들을 먼저 체크한다. 테이블에 앉아 있는 여성들 중 누가 자세를 바꾸는가? 아하! 여자 한 명이 잠깐 고개를 끄덕이더니 몸을 의자에 기대고 다리를 꼰다. 이것을 거부의 신호라 단정 지을 필요는 없다. 오히려 정반대다.

이제 '관찰과 행동 변화'라는 다음 단계가 등장한다. 자세를 바꾸었다고 분명한 의미가 있다고는 아직 말할 수 없다. 시험을 해봐야 한다. 나는 테이블 주위의 다수가 새로운 자세로 앉는지 아닌지, 그리고 이 여성과 비슷하게 앉는지 관찰한다. 이게 전부다. 대부분이 새로운 자세를 따르면, 그러면 난 누가 이 그룹의 리더인지, 그리고 내가 누구를 설득시켜야 하는지 안다.

오해하지 말기 바란다. 물론 난 모두를 설득시켜야 한다. 다만 동기부여를 해줄 사람을 제일 먼저 찾는 게 중요하다는 의미다. 그룹에서 파워를 가진 사람이 누구인지 그걸 꿰뚫어봐야 한다. 당신도 똑같이 해볼 수 있다. 다른 가족이 함께 앉아 있는 자리에서 앞의 방법과 똑같이 몸의 신호를 읽으면 누가 그 가족의 리더인지 파악할 수 있다. 회사의 행사장에서는 거의 사장 부인이 그 위치인 경우가 많다.

언젠가 이런 신호와 의미를 내가 가진 기술과 접목하는 작업을 시도해보았다. 마술 트릭만 늘어놓고 보여주는 대신, 대중들 앞에서 신체언어를 전달하기 시작했고, 정보를 빠르고 확실하게 인지할 수 있는 기술을 점점 더 많이 보여주었다. 원래 이런 것들은 내 쇼에서 마술 트릭에 비해 주목을 못 받는 변두리 영역이었다. 그런데 이제 완전히 뒤바뀌어 마술 트릭은 찬밥 신세가 되었다. 내가 마술사에서 신체언어 전문가가 된 것이다.

동시에 커뮤니케이션에 대한 관심도 갈수록 커졌다. 난 통번역으로 학위를 받았다. 내가 그 일을 하지 않으리란 걸 알고 있었지만, 그래도 대학에서 언어와 커뮤니케이션, 무대에 관해 많은 걸 배웠다. 또한 사고능력도 키웠다(통역가들은 다들 기억력이 뛰어나다). 그뿐만 아니라 언어학도 열심히 공부했다.

전에 몬트레이에서 통역 부스에 앉았던 적이 있었다. 어느 순간 갑자기 화자가 다음에 무슨 말을 할지 확실하게 알 것 같다는 느낌이 들었다. 화자가 언제 주제를 바꿀지, 언제 유머를 말할지, 언제 자기가 말한 내용을 정리할지 예상할 수 있었던 것이다. 실제로 미세한 변화가 나타나기 전에 항상 동작을 잠깐 멈추는 휴지기가 있다. 같은 과 여학생이 내가 이 모든 걸 알아내는 걸 보고 굉장히 혼란스러워했다. "대체 그걸 어떻게 알아?" 그녀가 물었다. 그녀의 질문은 지금의 내 직업을 선택하게 된 또 다른 계기가 되었다. 매번 공연할 때마다 사람들은 내게 어떻게 아냐는 질문을 하는데, 이미 학창 시절에도 같은 질문을 들었던 것이다.

통역할 때 내가 배운 건, 사람들이 만나는 곳이라면 그 어떤 곳에 서든 언어가 중요한 역할을 한다는 것이다. 그리고 어쩌면 입으로 말하는 언어보다 신체언어가 더 많은 곳에서 적용된다는 것을 공연 무대에서 배웠다. 데이트할 때, 부부나 연인관계에서, 직장에서, 교육 현장에서, 학교에서, 호텔에서 체크인할 때, 엘리베이터에서, 공항에서 보안 검색할 때 등등 신체언어가 적용되는 곳은 셀 수 없이 많다. 계산대에 줄을 서 있을 때도 신체언어를 잘 알고 행동하면 우리 인생이 훨씬 더 경쾌하고 행복해질 수 있다.

이 책에서 나는 바로 그런 것들을 다루고 있다. 나는 많은 사람들이 다른 사람의 신체언어와 무의식적인 신호를 읽을 수 있게 되어 다른 사람뿐만 아니라 스스로도 잘 이해하기를 바란다.

미래에는 서로 소통하는 능력이 점점 더 중요해질 것이라 확신한다. 공감능력과 신체언어를 통한 의사소통 방법을 확실하게 익히면 각자 원하는 목표에 더 쉽게 도달할 수 있고 삶의 만족도도 높아질 것이다.

자, 이제 당신도 오늘부터 시작해보자.

CONTENTS

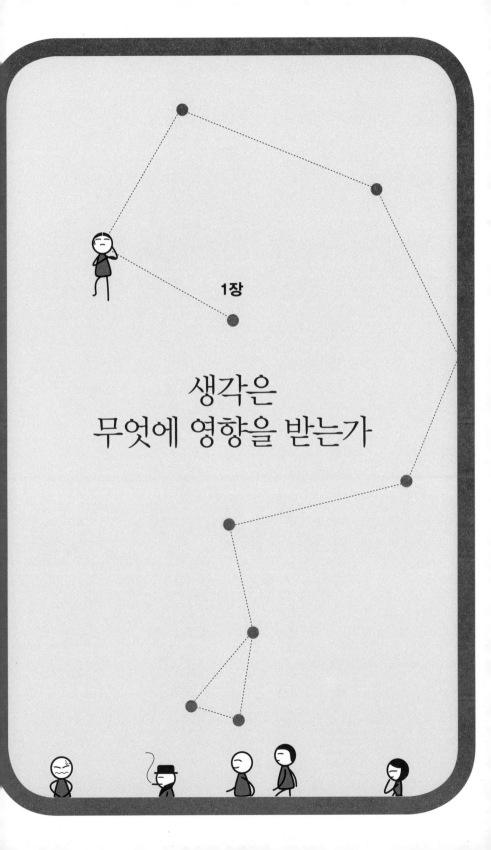

1장

생각은
무엇에 영향을 받는가

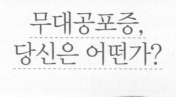

무대공포증,
당신은 어떤가?

슬퍼질 때마다
나는 자세를 바꾼다
그러면 슬퍼지는 대신 기분이 좋아진다.

_ 바니 스틴슨, 〈내가 그녀를 만났을 때〉

이야기는 이제 시작이다. 2014년 2월 26일, 부퍼탈. 요하니스베르크 시립홀 '히스토리쉐 슈타트할레'의 모든 좌석이 매진이다. 빈자리가 없다. 새로운 프로그램이 초연되는 날이다. 이것만으로도 엄청난 공포감을 설명하기에 충분하지만, 이 쇼가 TV로 중계된다는 사실이 나를 더 긴장하게 만들었다. 관객들 외에도 수많은 사람이 이 쇼에 굉장한 기대를 갖고 있다. 시청자, TV 방송감독, 무대감독, 기획 작가, 매니저, 편집자, 그 외에도 3일 밤낮을 꼬박 들여서 숨 막히게 완벽한 무대를 준비해준 무대 담당 스태프들까지 모두 한결같은 마음이었다. 15년 전에 누군가가 내게 이런 대단한 무대에서 초연을 할 수 있을 거라 말했다면, 나는 그 사람을 비웃었을 것이다. 설마 내가 이런 크고 웅장한 무대에 서다니, 당시에는 상상도 못할 일이었다.

곧 막이 오른다. 공연 시작까지 15초 남았다. 내가 입장할 때 나오는 음악이 홀에 깔렸고, 공연장에 박수소리가 터져 나왔다. 관자놀이에 맥박이 뛰는 걸 느꼈지만 그래도 긴장하지 않았다. 앞으로 10초. 아무 생각도 들지 않았다. 마치 내가 오스트리아의 스카이다이버 펠릭스 바움가르트너가 된 기분이었다. 온몸의 정신이 집중되어 있었다. 조감독이 카운트다운을 시작했다. 음악 소리가 커지고 조명이 꺼지고 스포트라이트가 켜졌다. 이제 나가야 한다.

"공연 전 준비는 어떻게 하시나요?"

이런 질문을 많이 받는다. 궁금하겠지. 내가 하는 일의 가장 근본이 되는 것이니 말이다. 매번 새로이 완벽한 정신 상태로 무대에 나가 관객을 정확히 관찰하고 파악하면서도 어유로운 모습을 보여야하니 공연 전 준비는 중요하다. 내 대답은 이렇다.

"웃을 수 있는 영화를 봅니다. 그 후에 유쾌한 기분으로 무대에 오릅니다."

공연 전에 늘 행하는 나만의 비법이 이날 부퍼탈의 저녁 공연에서는 통하지 않았다. 이런 단순한 방법으로 해결하기엔 압박감이 너무 강했다. 나는 무대감독과 거의 일 년 동안 매일 이 프로그램에 대해 의논하고 무대 설계도를 그리고 지우고를 반복했다. 각 장면들을 시연하고 재연출하고 삭제하고 새로 짜 넣었다. 굉장한 노력을 기울였다. 초연의 성공 여부를 떠나 이런 노력 때문이라도 부퍼탈의 공연은 문제없이 잘 진행되어야 했다. 만일 오늘 저녁 공연에 차질이 생긴다면, 나에게 두 번 다시는 이런 기회가 없을 것이다. 내가 무엇인가 잘못 예측한다면 수정 없이 그대로 잔인하게 카메라를 통해 중계될 것이다. 실수를 만회하기 위한 여유 따위 없을 터였다. 더 끔찍한 일은 녹화된 프로그램이 거듭 재방송될 수 있다는 사실이다.

　이런 엄청난 압박감을 이겨내기 위해 어떻게 준비했냐고? 필름을 되돌려 2시간 전으로 돌아가보자. 저녁 6시, 나는 무대 뒤 분장실에 있었다. 게오르크가 애니메이션 영화 〈슈퍼 배드〉 DVD를 가져와 플레이어를 켰다. 〈슈퍼 배드〉의 주제곡은 공연 전 준비 의식에 꼭 들어간다. 영화를 보면 기분이 좋아져서 그 어떤 것에도 신경이 거슬리거나 불안해지지 않는다.

　오늘도 영화를 봤지만 이상하게 신경불안증을 겪고 있었다. 하루 종일, 마음을 안정시키기 위한 일은 전부 다 해보았다. 내가 묵고 있는 호텔에서 복잡한 운동 프로그램을 심지어 5회씩 반복하면서 기분 전환을 하려 했다. 그리고 공연장에 도착한 후에는 무대 소품들을 전부 직접 만져보고 모든 위치의 모든 물건을 확인했다. 다음 차례는 대본이었다. 대본을 잘못 외워서 예전 프로그램의 내용을 불러오는 일을 저지르면 안 된다. 나는 대본을 수없이 연습했다. 무엇인가를 익힐 때, 익힌 것을 뇌세포에서 되뇌며 자연스럽게 내 것이 된다. 대본만 그런 게 아니라, 신체언어 읽기 등 모든 활동 역시 마찬가지다. 그렇게 익히면 혼동되지도 않고 머뭇거리지도 않는다. 불안

할 이유가 전혀 없다. 하지만 그날은 지독하게 불안해 물도 삼키기 힘들었고 움직일 때마다 몸이 떨렸다.

그래, 다음 의식을 해보자. 음악 플레이어를 튼다. 이번에는 영국 얼터너티브 록 밴드 뮤즈의 〈슈프리머시Supremacy〉다. 이 곡은 적당한 크기로 들으면 항상 효과가 있다. 내 정신이 이상해진 건가? 내 맥박은 아무래도 공연 내내 미친 듯이 뛰기로 마음먹은 것 같다. 그렇다면 이번에는 스티비 레이 본의 〈메리 해드 어 리틀 램Mary Had A Little Lamb〉을 틀어볼까? 이 곡 역시 20년 가까이 나에게 에너지를 주는 곡이다. 나에게 무슨 일이 일어난 건가? 그 음악을 듣고 있는데도 혼란스럽다. 상태가 전혀 변하지 않는다. 대체 왜 이러지? 이랬던 적은 한 번도 없었다.

다시, 프랑스 가수 쟈즈의 〈쥬 뵈Je Veux〉를 튼다. 이번에도 여전히 효과가 없었다. 뮤즈, 스티비 레이 본, 쟈즈, 이 정도면 평소에는 이미 준비가 되었을 것이다. 평소라면 말이다. 이번엔 아무 도움이 되지 못했다. 누군가 느끼는 느낌이 자동적으로 다른 사람에게 전염되어야 하지 않는가? 내가 만족을 느끼면, 상대방도 만족감을 일부 공유하게 된다. 장례식 추도 음악을 들으면 흥겨운 기분으로 산책하고 싶은 마음이 달아난다.

신체언어는 그만큼 쉽다. 그런데 대체 왜 이 시점에 내게 아무 작용도 못 하는 건가? 과학자들이 말하는, 우리 뇌에 있는 감정 공유에 관여하는 소위 거울신경세포 이론에 따르면, 다른 사람의 행동을 보기만 해도 그 사람이 느끼는 것과 비슷한 감정을 느낀다고 하지 않았나? 그 모든 생물학적 지식은 다 어디로 갔나? 왜 지금 이 순간 나에게 아무 효과가 없나? 그런 말도 있다. "기분 좋을 때만 웃지 마라." 왜냐하면 잘 훈련된 미소만으로도 기분 좋게 만들 수 있기 때문이다. 물론 더 강한 다른 감정이 기분을 장악하고 있을 경우에는 효과가 없다는 걸 기본전제로 하고 말이다. 지금이 그런 경우인 것 같았다.

이런 상황에서 벗어나고 싶었을 뿐만 아니라 얼른 벗어나야 했다. 나의 형, 크리스티안을 떠올렸다. 형이 아니었다면 나는 이 자리까지 오지 못했을 것이고, 예술가가 되려는 생각은 꿈에도 하지 않았을 것이다. 형이 28년 전에 세상을 떠나 내 공연을 한 번도 보지 못한 것이 아쉬울 뿐이다. 슬프게도 형은 패러글라이딩을 하다가 사고를 당했고, 내가 형의 마술 도구를 전부 넘겨받았다. 나는 매일 저녁 하던 것처럼 형에게 조용한 인사와 감사를 보냈다.

자, 스스로에게 말했다. 신체언어를 읽는 일은 말 뒤에 숨은 의미를 찾는 것이다. 하지만 내 공연 대본에는 무엇이 숨어 있나? 이걸 또 따지기 시작하면 끝이 없을 것이다.

나는 다시 모든 위치를 재차 확인했다. 무슨 일이든 해야 했다. 코미디언 슈테판이 분장실에 들어와 씩 웃으면서 쾌활하게 말했다. "오늘 밤은 대단한 날이 될 것 같아. 처음부터 끝까지 나랑 리허설을 해볼까?" 그렇게 하자고 했다. 연습은 항상 도움이 된다. 지신감 상승효과도 있다. 다행히 리허설은 별다른 문제없이 잘되었다. 약간 안심이 되긴 했지만 큰 도움은 되지 않았다. '슈테판은 왜 저렇게 편

안해 보이지?' 거울신경세포 이론에 따르면 내 불안감이 치명적인 바이러스처럼 그에게 옮겨갔어야 했다. 그런데 그게 아닌 걸 보니 슈테판은 이미 면역이 된 모양이다. 확실히 그런 것 같았다.

무엇이든 해보기 위해 새 정장을 꺼냈다. 이날 초연을 위해 특별히 정장을 구입했다. 새로 산 검은 드레스 셔츠를 입고 폭이 좁은 넥타이를 맸다. 차려입고 거울을 보니 내 몸에 맞추어 재단한 것처럼 꼭 맞았다. 노크 소리가 들려 문을 열어보니 다른 프로그램에서 알게 된 메이크업 아티스트가 문 앞에 서 있었다. 그녀는 내가 메이크업을 믿고 맡길 수 있는 사람이다. 모든 게 완벽하군. 그녀가 웃었고, 나도 웃었다. 금세 기분이 좀 나아졌다. 사람은 아무래도 단순한 존재다. 내가 의자에 앉자마자 그녀는 수면 부족의 흔적을 내 얼굴에서 완벽히 감추고, 머리에는 왁스를 발라주었다. 완벽했다. 겉으로 보면 내게서 불안감은 전혀 찾을 수 없었다.

하지만 입가의 미미한 주름이, 작은 손동작 하나가 내 마음 상태를 다 보여줄 것 같았고 사람들이 내 긴장을 알아채지 않을까 걱정하고 있었는데, 메이크업 아티스트가 말했다. "어쩌면 그렇게 편안해 보여요?" '뭐라고? 매일같이 사람의 얼굴을 상대하는 일을 하는 당신이, 지금 내가 편안해 보인다고? 그녀는 신체언어를 전혀 모르고 있는 건가? 그녀에게 가르쳐줘야 할까?' 하지만 그녀가 '~보인다'라고 말한 의도를 나는 곧 알아챘다. 그게 그녀의 일이었다. 내가 얼굴에 내보이고 싶지 않은 표정을 그녀는 완화시키거나 완전히 없애야 했다. 메이크업도 끝났다.

이제 음향 엔지니어 차례다. 그는 나에게 무대 마이크를 달아주었다. 이제 빠져나갈 구멍도 없어졌다. 바움가르트너가 진공캡슐의 문이 열렸을 때 경험했을 그런 상황이 다가온 것이다. 이건 나의 성층권 자유낙하였다(2012년 10월 오스트리아 스카이다이버 바움가르트너는 헬륨 풍선기구에 매단 캡슐에 탑승해 성층권 지점에 도달한 뒤 자유낙하하였다—옮긴이). 나는 슈테판, 게오르크, 아내, 총괄책임자, 감독, 매니저를 차례로 보며 걸어 나갔다. 모두 나에게 미소 짓고 있었다. 그들 쪽으로 시선을 두었지만 눈을 맞추진 않았다. 무대 쪽 테라스로 걸어가면서 나는 스스로 내 생각의 방향이 내 행동을 이끈다고 속삭였다. '내 생각의 주인은 나야.' 그 순간 모든 것이 낯설고, 멀게 느껴졌다. 무대에 등장하기까지 5분 남았다. 5분은 나의 가장 중요한 의식을 수행하기에 충분한 시간이었다.

파워 포즈 : 즉각적인 효과, 부작용 따위는 없다

자세를 바꾸어보라. 단 2분이면 된다! 그러면 당신의 생각과 감정이 다른 방향으로 흐를 것이다. 자세를 바꾸라는 이 단순한 문장은 수년간 내 공연과 강의의 기초가 되어왔지만, 아마도 처음에는 따라하기가 너무 쉬워서 오히려 낯설게 들릴 것이다. 지금 의자에 앉아서 이 책을 읽고 있는가? 그러면 지금 당신의 자세는 어떤가? 편안하고 힘을 뺐는가, 아니면 기합이 잔뜩 들어가고 긴장하고 있는가? 당신이 자세에 대해 더 자세히 생각하고 동시에 다른 자세로 바꿔본다면, 지금과는 다르게 느낄 수밖에 없을 것이다.

의자에 앉아서 몸을 최대한 웅크리고 어깨를 잔뜩 올리고 눈에 힘을 준 채 아래를 내려다보면서, 자유롭고 편안하고 긴장이 풀린 기분을 느껴보라. 절대 할 수 없을 것이다. 자, 주목해보자. 생각이 자세에 영향을 줄 뿐 아니라 더 근본적으로 자세가 생각을 조절할 수 있다는 이야기를 하려고 한다.

요약하면 자세는 당신이 생각하는 것보다 훨씬 더 당신 삶에 영향을 줄 수 있다는 말이다. 그렇기 때문에 행동을 읽는다는 것은 단순한 재미를 넘어서 더 나은 삶을 살 수 있다는 것을 의미한다. 또한 역사에 기록될 수도 있다. 1970년 독일연방공화국의 수상이 된 빌리 브란트가 바르샤바의 희생자 기념비 앞에서 무릎을 꿇었던 사건이 있었다. 그가 무릎을 꿇었던 행동은 역사에 기록되었다. 사람들을 서로 화해하게 만드는 일은 단 하나의 행위로 충분했다. 더 유명한 행동은 2013년 총리 선거에서 독일 사민당 총리 후보 페어 슈타인 브뤼크가 가운데 손가락을 들어보였던 일이다. 단순한 몸짓이 헤드라인을 장식했다. 이와 같은 비언어적 신호는 특히 공개적이고 명확한 의미를 가지고 있을수록 입에서 나온 말보다도 사람들을 더 집중하게 만들 수 있다.

비언어적 신호는 우리가 입으로 표현하는 언어를 보충해준다. 당연한 말이다. 우리는 말을 하고 대화를 나누면서 서로 눈빛을 교환하고 몸짓으로 표현하기도 한다. 의식적으로든 무의식적으로든 우리는 상대방의 움직임을 분석한다. 상대방의 몸짓에서 더 많은 것을 알아차리기를 기대하면서 주시한다. 상대방의 반응을 파악하는 것은 공동체 생활에서 무시할 수 없는 아주 중요한 분야다. 주변 사람들의 몸짓을 읽고 어떤 결과를 끄집어내는지가 우리 삶에 아주 큰 영향력을 행사하기 때문이다.

인도의 여성 사회심리학자 날리니 암바디Nalni Ambady는 비언어적 행동과 비언어적 커뮤니케이션을 연구하는 전문가다. 암바디 교수는 학생들에게 강사가 수업하는 장면을 영상으로 보고 평가하게 했다. 결과는 놀라웠다. 학생들은 강의 동영상을 단 30초 동안만 보았고, 이때 학생들이 영상 속에서 본 것은 비언어적 신호뿐이었다. 학생들이 이전에 수업을 들은 적이 없는 강사의 영상이었고, 영상의 소리는 꺼져 있었다. 동영상을 본 후 마지막에 강사의 강의를 평가하도록 했다. 실험에 참가한 학생들은 해당 강사의 성실도, 호감도, 자신감, 열정 등을 체크했고 강의하는 모습에서 유머가 있는 사람인지 등을 평가했다. 비언어적 행동만으로 학생들에게서 좋은 평가를 받은 강사들은 이미 강의에서 좋은 점수를 얻은 이들이었다. 비언어적 행동으로 적극적이고 자신감 있는 모습을 보인 강사들은 실제로도 유능한 강사였던 것이다. 목소리를 듣지 못하는 상황이지만, 짧은 시간 동안 행동을 보는 것만으로도 신뢰할 만한 결과가 나온 것이다. 표정과 몸짓은 자신도 모르게 나타난다. 그때 진정한 생각을 읽을 수 있는 것이다. 이 실험을 통해 그 사실이 증명되었다.

비언어적 신호는 지금의 기계화된 디지털 세계에도 존재한다. 예를 들어 SNS를 어떻게 사용하느냐에 따라 데이트를 성공적으로 만들 수도 있고 망쳐버릴 수도 있다. "오늘 당신과 많은 얘기도 나누고 즐거웠어요.☹" 이런 SNS를 받고 기분이 좋겠는가?

이제 신체언어를 나와 상대방 사이의 관계로 범위를 좁혀보자. 우리는 다른 사람의 비언어적 태도가 어떤가에 따라 그 사람을 평가한다. 우리 자신의 신체언어가 상대방에게 어떻게 보이는지 아는가? 그건 더 어렵다. 중요한 것은 비언어적 신호는 일방통행이 아니라 모두 양방통행이란 점이다.

여기서 내가 아주 중요하게 생각한 기본 원칙이 나온다. 다름 아닌 '모든 힘은 내면에서 나온다'라는 것이다. 이 문장은 몸의 자세가 바뀐다는 의미 그 이상을 내포하고 있다. 다시 말해 생각의 결과가 몸으로 표현된다는 것이다.

이런 사실에 기인해서 또 하나의 기본 원칙을 소개하겠다. '서로 넘지 못할 경계는 없다'이다. 몸과 마음이 각각의 분야에서 경계를 두고 따로 활동하는 것이 아니라 서로 영향을 끼친다는 얘기다. 신체언어로 다른 사람에게 신호만 보내는 것이 아니라 우리 자신을 보낸다고 보면 된다. 생각이 억지로 감정을 따르는 것이 아니라 감정이 생각의 결과가 될 수 있다. 이렇게 말하면 복잡하게 들릴지 모르지만, 책을 읽다보면 당신도 곧 이해하게 될 것이다. 왜 감정이 최고의 조언자가 될 수 없는지는 뒤에서 설명하겠다.

그렇다면 우리 생각에 영향을 주는 것은 정확하게 무엇일까? 답을 알면 당신도 기뻐할 것이다. 그것은 바로 우리 자신이다! 우리가 생각하는 방향은 우리의 감정을 결정하고 우리의 견해를, 나아가 우리의 자세까지도 결정한다. 어떤 상황에 직접 영향을 끼치지는 않는다. 상황을 어떻게 평가하고 어떻게 받아들이는가는 우리 손에 달려 있다. 상황에 대해 각자 어떻게 생각하는가 하는 방법의 차이일 뿐 상황에 직접 영향을 줄 수는 없다. 다시 말해서 협상의 열쇠는 온전히 당신 손에 있다. 그게 바로 당신의 인생이니까! 그리고 그걸 결정하는 건 당신의 생각이다. 앞서 말한 대로 '모든 힘은 내면에서 나온다.'

당신의 생각이 번개처럼 순간적으로 변화한 적이 있는지 기억해보라. 떠오르는 기억이 없는가? 그럼 길을 걸어가고 있다고 상상해보라. 저녁에 친구들과 만나 맛있는 식사를 하고 좋은 와인을 마시고 이야기꽃을 피울 생각에 한껏 기분 좋게 걷는 중이라고. 그런 생각을 하며 걷고 있는데 갑자기 무릎 뒤쪽에 뭔가 충격이 가해지면 순간적으로 뒤를 돌아볼 것이다. 분명 화가 날 것이다. '대체 누가 이렇게 조심하지 않고 나를 건드리는 거야!' 그런데 뒤돌아보니 어린아이가 넘어져 비틀거리고 있다. 사실을 알고 나니 마음속의 분노가 순식간에 사라진다. 이처럼 우리의 생각과 그와 관련된 감정들은 순식간에 변화할 수 있다.

위의 예는 생각과 감정이 외부에 의해서 결정된 경우다. 이제부터 재미있어질 것이다. 그럼 어떻게 우리가 직접 결정할 수 있냐고? 답은 우리의 몸짓과 자세를 통해서다! 자, 뒷목의 긴장을 푼 다음, 화가 나고 기분 나쁜 상황을 만들어보라. 미간을 잔뜩 찡그리고 동시에 기분 좋은 상태가 되도록 의도적으로 노력해보라. 아무리 애써도 잘 안 된다는 걸 깨닫게 될 것이다. 우리 몸의 언어는 앞서 말한 대로 일방통행 도로가 아니다. 당신의 신체 반응은 당신의 생각을 반영한다. 다시 한 번 말하겠다. '몸과 마음 사이에는 경계가 없다.'

이제 질문을 던져보겠다. "의도적인 신체언어로 당신의 생각에 영향을 줄 수 있을까?" 난 긍정적인 영향력이 있다고 확신한다. 예를 들어 5분 후에 멋진 무대에 오른다고 생각해보거나 데이트를 앞두고 있다고 생각해본다. 그러면 분명 긍정적인 변화를 느낄 수 있을 것이다. 회의적인 생각이나 화는 뒤로 몰아내고 좋은 기분과 자신감을 내보이려 할 것이다. 데이트를 생각하면 분명 매력적이고 사랑스러워지니 말이다.

여성들이 비언어적 커뮤니케이션 연구를 더 활발하게 하는 것 같다. 이 분야에서 굉장한 영향력이 있는 미국의 사회심리학자 에이미 커디Amy Cuddy도 여성이다. 커디 교수는 하버드 비즈니스 스쿨에서 승자 포즈와 자신감 포즈에 대한 연구를 했다. 커디 교수에 따르면 자신감은 항상 특정한 자세로 나타난다고 한다. 다시 말해서 몸을 움츠리지 않는 열린 자세는 자신의 몸을 더 크게 만드는 효과가 있는데, 이런 자세의 사람은 절대로 타인에게 구부정한 패자라는 인식을 받지 않는다. 승자의 포즈를 취하는 사람은 자신도 승자라고 느끼고 자신이 가야 하는 곳으로 발걸음을 뗀다. 그곳이 회의실이건 무대이

건 승자의 자세를 보이는 것이다.

흥미로운 것은, 생각에 빠진 몸짓이나 승자의 안정감을 표현하는 포즈가 전 세계 어디에서나 똑같다는 점이다. 아프리카의 부르키나파소에서나 도쿄, 뮌헨에서나 장소를 불문하고 동일하다. 승자 유형은 서구 문화뿐 아니라 전 세계 어디에서나 통용되고, 그들의 신호는 글로벌하게 효과를 발휘한다.

캐나다의 브리티시 컬럼비아 대학과 샌프란시스코 주립대학의 연구 결과가 이를 증명한다. 실험은 이렇게 진행됐다. 앞을 볼 수 있는 사람들, 어렸을 땐 시력이 정상이었지만 성인이 되어 시력을 잃은 사람들, 태어날 때부터 앞을 볼 수 없었던 사람들 모두에게 전형적인 승리의 포즈와 승자의 포즈를 취하라고 했다. 결과는 분명하게 드러났다. 세 그룹 참가자들 전원이 팔을 높이 들고 똑바로 서서 턱을 위로 치켜드는 자세를 취했다.

승리를 하면 자신을 크게 만드는 것은 우리가 태어날 때부터 가지고 있는 본능적인 행동이다. 반대로 패자의 포즈는 패배를 보이는 자세다. 자신을 작게 만들고 아래를 내려다본다.

스스로를 강하다고 생각하는 사람들은 위험을 두려워하지 않고 자의식이 강하고 자신이 승리할 수 있다고 확신한다. 반대로 불안해하며 기운이 없는 소심한 사람들은 자신이 승자의 편에 서 있다고 생각하지 않는다. 이 두 가지 상반된 감정은 우리 몸에서 나오는 호르몬으로도 설명할 수 있다. 자신감의 호르몬이라 일컫는 '테스토스테론'과 심한 부담감을 느꼈을 때 나오는 스트레스 호르몬인 '코르티솔'

이 그것이다. 코르티솔은 부신피질에서 생성되는 호르몬으로, 스트레스와 같은 외부의 자극이 생겼을 때 우리 몸이 이겨내기 위해 분비된다. 다시 말해 코르티솔이 나와야 우리 몸이 외부 환경에 적응할 수 있는 것이다.

커디 교수는 수많은 실험을 통해 매우 자신감 넘치는 사람들, 특히 리더의 자리에 있는 사람들은 테스토스테론 수치가 높고, 코르티솔 수치는 낮게 나타난다는 사실을 증명했다. 자신감 넘치는 사람들은 자신 있고 독립적이며 확신에 차 있을 뿐 아니라 스트레스를 이기는 능력도 뛰어나고 어려운 상황에 처해도 긴장하지 않고 차분하게 대처한다. 커디 교수는 이에 만족하지 않고, 여러 가지 실험을 했다. 그중 하나는, 자세가 변화했을 때 우리 몸의 호르몬 수치가 어떻게 변화하는지에 관한 실험이었다. 실험 참가자들에게 1분 동안 '힘 있는 자세 High-Power-Pose'를 취하게 했다. 대상자들은 자신의 몸을 꼿꼿이 펴서 크게 만들고 팔꿈치를 보이게 하고 넓은 공간을 사용했다. 다른 그룹의 대상자들에게도 1분 동안 '힘없는 자세Low-Power-Pose'를 취하게 했다. 이들은 어깨를 축 처지게 하고 턱을 내리고 적은 공간만 사용했다.

놀라운 것은 첫 번째 그룹에 속한 '힘 있는 자세'를 취했던 참가자들은 불과 1분 후에 테스토스테론 수치가 20퍼센트 포인트 올라갔고 스트레스 호르몬 코르티솔 수치는 25퍼센트 포인트 줄어들었다. '힘 없는 자세'를 취했던 그룹은 테스토스테론 수치가 10퍼센트 포인트 감소했고 코르티솔은 15퍼센트 포인트 증가했다. '힘 있는 자세'를 취했던 그룹은 위험을 무릅쓸 수 있다고 여겼고, 스트레스를 잘 이겨내며, 자신이 힘이 있고 강하다고 느꼈다. 불과 2분 만에 말이다.

이 실험 결과를 우리 일상 상황에 적용시켜볼 수 있다. 직장에서 사장과 아주 중요한 면담을 앞두고 있다고 가정해보자. 당신은 면담 직전에 어떻게 행동하겠는가? 어쩌면 당신은 사무실 책상 앞에 앉아 불안한 눈초리로 컴퓨터만 바라보고 있거나 메모만 계속 들여다보고 있을지도 모른다. 자, 그럼 당신이 어떤 자세로 의자에 앉아 있는지 주의 깊게 관찰해보라. 분명 당신은 몸을 움츠리고, 자신을 작게 만들고, 시선은 아래로 떨어져 있으며, 턱도 아래로 향해 있을 것이다. 마치 쥐구멍에 기어들어갈 준비라도 하듯 몸이 위축되어 있을지 모른다. 힘 있는 자세와는 분명 다른 자세일 것이다. 커디 교수에 따르면 바로 이런 상황에서 힘 있는 자세를 받아들이고 그 자세를 따라 할 가치가 충분하다고 한다.

또 다른 실험은, 아주 어려운 면접인데, 두 그룹이 참가했다. 면접관이 지원자에게 어떤 피드백도 취하지 않게 미리 조치해놓은 상태였다. 면접관은 고개를 끄덕이지도 상대방에게 용기를 주는 몸짓도 하지 않았다. 그렇다고 거부의 몸짓이나 태도도 보이지 않았다. 한마디로 아무 반응을 보이지 않은 것이다. 이럴 경우 상대방은 굉장한 스트레스를 받는다. 차라리 부정적인 신호라도 보내는 것이 아무 반응이 없는 것보다 낫기 때문이다. 대화는 각각 5분 동안 진행되었고 면접 과정은 녹화되었다.

한 그룹은 지원자가 면접 직전에 '힘 있는 자세'를 취했고, 다른 그룹은 아무 자세도 취하지 않았다. 녹화된 테이프를 세 번째 그룹에 보여주고 평가해보라 했더니 평가자들은 면접 전에 힘 있는 자세를 한 그룹이 아무 자세도 안 한 그룹보다 월등히 인터뷰를 잘했다고 말했다. 여기서 '잘했다'란 의미는 힘 있는 자세를 한 그룹을 채용하겠다는 의미다.

'모든 힘은 내면에서 나온다'라는 말이 입증된 셈이다. 자세는 생각을 변화시키고, 생각은 감정의 방향을 조정하며, 감정은 자세와 행동을 변화시킨다.

그럼 안정감과 자신감을 느끼려고 스스로 뭔가 거짓 연기라도 해야 한단 말인가? 억지로 연기까지 한다는 건 심하지 않은가? 아니다! 절대 그렇지 않다. 오히려 이런 가능성을 알고도 활용하지 않는 것이 잘못된 행동이다. 어떤 방법이 자신이 원하는 결과를 가져다준다면 그건 절대 잘못된 일이 아니다. 다른 사람에게 피해를 주거나 이데올로기를 조작하는 게 아니지 않은가. 개인의 삶이 조금 더 쉽고 편안해질 뿐이다. 그러니 이제 자신감 포즈를 배워라! 자신감 포즈를 받아들여라. 단 2분만 투자해도 그럴 만한 가치가 있다.

이제 난 백스테이지와 무대 세트 사이에 서서 두 팔을 높이 들고 머리를 목 뒤로 젖혔다. 지금 샤워기에서 내 몸으로 쏟아지는 시원한 물줄기를 느끼고 있다고 상상해보았다. 순식간에 기분이 전환되었다. 아주 긍정적인 변화다. 난 이 기분을 계속 느끼고 싶었다. 그러면 다 잘될 것이다. 난 무대를 향해 걸어갔다. 이제 쇼가 시작되어도 아무 문제도 없으리라 여기면서.

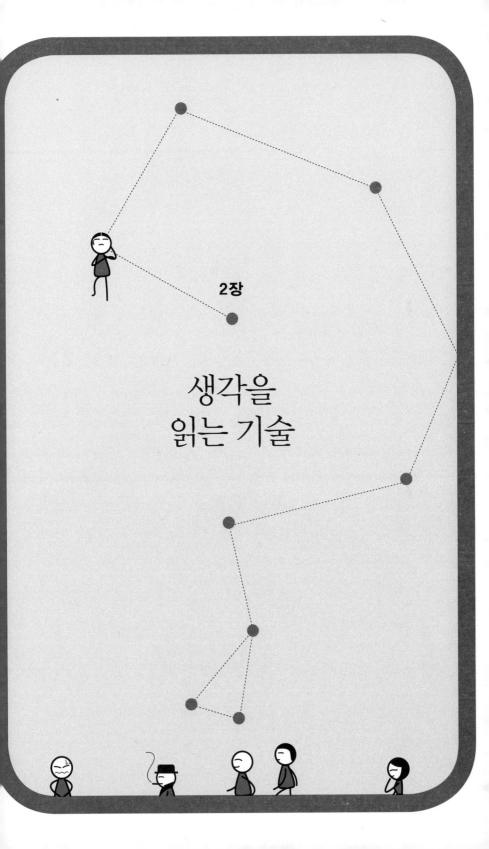

2장

생각을
읽는 기술

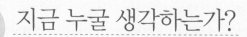
지금 누굴 생각하는가?

다른 사람의 진실은 그가 당신에게
보여주는 데 있는 것이 아니라
그가 당신에게 보여줄 수 없는 것에 있다.
당신이 그 사람을 이해하려면 그가 말하는 것을 따르지 말고
그가 말하지 않는 것을 따르라.

_ 칼릴 지브란

게임을 할 준비가 되어 있는가? 그러려면 게임을 같이 할 사람이 있어야 한다. 게임 파트너를 찾았는가? 그럼 이제 시작해보자. 파트너에게 세 가지 그림 중 하나를 머릿속에 생각해보라고 한 다음 당신은 파트너의 표정을 정확하게 관찰한다. 잠깐만 바라보면 된다.

자, 이제 파트너 앞에 앉아서 말해보라.

"내가 지금부터 말하는 세 가지 중 한 가지를 생각해봐."

• 달
• 큐피드의 화살을 맞은 심장

• 별

"위의 세 가지 중 하나를 고르는 거야. 결정했어? 좋아, 그럼 나한 테 힌트를 주지 말고 말도 하지 마. 이제 눈을 감고 네가 선택한 것을 머릿속으로 그려봐. 그리고 다 그렸으면 눈을 떠."

파트너가 눈을 뜨면 그가 어떤 그림을 머릿속으로 그렸는지 당신은 말할 수 있다. 맞힐 확률은 아주 높다. '비밀'은 간단하지만 꽤나 효과적이다. 파트너가 눈을 얼마나 오래 감고 있는지 그 시간만 파악하면 되는 것이다!

한순간 짧게 눈을 감았다면 게임 파트너가 달을 생각한 것이다. 파트너가 눈을 짧지도 길지도 않게 중간 정도의 시간 동안 감았다면 큐피드의 화살에 맞은 심장을 그렸을 것이다. 눈을 비교적 길게 감고 있었다면 게임 파트너가 별을 선택했을 가능성이 높다.

어느 정도로 길게 생각하느냐의 숨은 원칙은, 눈을 감고 당신이 직접 큐피드의 화살에 맞은 심장을 그려본 뒤 눈을 뜰 때까지의 시간을 알아보는 데 있다. 중간 정도의 시간이 어느 정도인지 머릿속에 그려놓고 그보다 짧은 시간과 긴 시간의 차이를 판단해보는 것이다. 당신이 큐피드의 화살에 맞은 심장을 그리는 시간보다 파트너가 눈을 비교적 오랫동안 감고 있었다면 파트너가 별을 염두에 두었을 가능성이 매우 높다. 더 짧다면 달을 생각했을 것이다. 여러 번 연습해보면 정확한 시간을 터득할 수 있다.

당신이 정답을 맞힐 확률은 3분의 1이다. 하지만 정확한 답을 말하면 그 효과는 매우 강하다. 상대방의 몸짓을 읽을 수 있다는 의미가 되니 말이다. 파트너가 눈을 감고 있는 동안 무엇을 상상하는지 당신은 상대방의 표정을 꼼꼼하게 읽을 수 있다. 그의 표정을 의식적으로 기억한 다음, 당신이 직접 세 가지 그림을 그리면서 그의 표정을 따라 해보라. 이런저런 방법으로 상대방의 표정을 내 표정에 적용시켜보는 것이다.

답을 맞히지 못했는가? 그렇다 해도 상관없다. "좋아, 몸을 푸는 연습게임이었어. 난 처음에 네가 심장을 택했을 거라고 생각했었어. 그런데 다시 별일지도 모른다는 생각이 들었지. 첫 번째 추측이 맞았는데 그대로 밀고 나갈 걸 그랬네." 이렇게 말하면 된다. 신체언어를 읽기 어려운 경우도 종종 있다.

이 게임은 신체언어에서 우선적으로 무엇을 해야 할지 보여준다. '관찰 – 인지하기'다. 당신이 어디를 봐야 할지 모른다면 신체언어에 대한 모든 지식은 아무짝에도 소용이 없다. 당신이 신체언어에 대한 책을 아무리 많이 읽었다 해도 말이다. 이 게임을 통해 신체언어에서 정말 중요한 것이 무엇인지 파악할 수 있다. 그것은 바로, 입만 말하는 것이 아니라 몸짓도 말한다는 것이다.

가족이나 친구 아니면 처음 본 낯선 사람이건 당신은 상대방을 관찰하면 된다. 상대방이 말하는 것을 듣지 못해도 화가 났는지 지루한지, 분노하는지, 기분 좋은지 알 수 있는 때가 많다. 우리가 상대방의 기분을 아는 건 대부분 그가 보내는 아주 작은 메시지를 통해서다. 짜증나는 눈빛, 처진 입꼬리, 오른쪽 눈꺼풀의 떨림, 턱의 움직임, 손으로 뒷목을 잡는 동작, 입술을 비죽거리는 행위 등이 바로 메시지다.

이런 몸짓이 입에서 나오는 말과 일치하지 않으면 우리는 얼른 알아차린다. 당신이 사랑하는 연인에게 새로 나온 향수를 선물하는 장면을 떠올려보자. 그런데 상대방이 포장을 벗기면서 코를 잠깐 찡그리더니 단조로운 목소리로 "아, 정말 좋다"라고 말하거나, 혹은 "이 세상 누구보다도 당신을 사랑해"라고 말하고 나서 당신 코앞에서 문을 쾅 닫는다면? 연인의 말이 진심이 아님을 금방 알아차릴 것이다.

그럼 우리가 단어로 말하는 것과 몸짓으로 표현하는 언어의 차이는 무엇일까? 좀 더 정확히 알아보기 위해 언어학을 소개하겠다. 언어학에서는 언어, 부언어paralanguage, 비언어적non verbal 신호를 각각 구별한다. 언어 혹은 언어적 신호는 당신이 다음 문장에서 읽을 수 있는 단어들이다. 사과, 바나나, 소포체endoplasmic reticulum, 세포질 내에서 볼 수 있는 수많은 소기관의 하나-옮긴이 등등. 부언어 신호는 소리의 크기, 말의 속도, 강세뿐 아니라 우리가 말하는 동안 목소리로 할 수 있는 모든 것을 포함한다. 그리고 비언어적 신호(비구술적 신호라고도 한다)는 예를 들면 몸짓, 표정, 시선의 방향, 좀 더 넓은 의미의 신체언어다.

또한 공간 언어적 신호도 언급되어야 한다. '근접학Proxemic'이란 신조어를 만든 미국의 인류학자 에드워드 T. 홀Edward T. Hall 교수는 특정한 공간에서 두 사람 간의 거리에 따른 신호가 비언어적 커뮤니케이션에 포함된다는 연구를 했다. 개인의 공간이나 사회적 공간을 어떻게 사용하고 받아들이는지에 관한 연구였다. "누군가 내 옆에 서 있

다"라거나 "차라리 난 좀 거리를 두겠어"라는 직접적인 언어 표현이
아니라, 공간에서 사용되는 비언어적 신호, 즉 공간 언어라고 할 수
있는 근접학에 대해선 나중에 자세히 소개하겠다.

미국의 심리학자 앨버트 머레이비언Albert Mehrabian 교수는 1967년에
이미 캘리포니아 대학에서 언어를 통한 메시지가 아주 미미하다는
것을 증명했다. 그의 이론에 따르면 단어(언어적 신호)를 통해 우리가
상대방에게 주는 영향력은 단 7퍼센트에 불과하다고 한다. 38퍼센트
는 목소리 톤 같은 부언어적 신호이고, 55퍼센트는 신체언어, 즉 비
언어적 신호라고 했다.

잠깐! 정말 그렇다고? 이 연구 결과가 사실이라면 다른 사람에게
전달하는 감정과 메시지 중 비언어적 신호가 93퍼센트에 달하고, 말
로 하는 전달은 7퍼센트에 불과하다는 것이다. 그렇다면 외국어를
배우는 모든 이들에게 이보다 좋은 소식은 없지 않을까? 외국어를
공부할 때 문법이나 단어를 잊어도 된다는 말일 테니. 이 연구 결과
만 보고 외국어를 공부할 필요가 없다고 김칫국부터 마실 사람도 있
을 것이다. 번역과 통역, 언어학을 전공한 경험자로 말하겠는데 그
런 가정에 귀가 솔깃했다면 당장 그 생각을 버려라. 머레이비언 교
수 스스로도 자신의 연구가 잘못 이해될 수 있다는 것을 오래전부터
알고서, 제대로 된 맥락을 보아야 한다고 분명하게 밝혔다(그의 웹사
이트www.kaaj.com/psych/smorder.html에 자신의 연구가 보여주고 싶은 것이
무엇인지 자세히 설명해놓았다).

신체언어에 사용되는 직감과 공감은 학문적으로 평가하기는 힘들

지만, 굉장히 큰 역할을 하고 있다. 신체언어를 물리학이나 수학 같은 영역에 같이 놓을 수는 없다. 그러기엔 너무 주관적이고 너무 많은 부분이 개인적 경험이나 판단에 따라 달라지기 때문이다. 그리고 몇몇 영역에서는 아직도 풀 수 없는 수수께끼 같은 것이 많다. 나 역시 신체언어의 경과를 설명하고 사용방법을 보여줄 수는 있지만, 자세한 원칙과 논리를 설명할 수는 없다.

다시 머레이비언 교수의 연구로 되돌아가보자. 그의 연구가 오해를 사는 건 그가 '모순된 메시지inconsistent messages'에 중점을 두고 있기 때문이다. 앞에서 예를 든 향수를 생각해보자. 아니면 사랑한다는 말도 좋다. 당신 자신이 '예'라 말해놓고 '아니오'를 의미한 적이 많지 않았는가? 머레이비언 교수는 바로 이런 것들에 중점을 두고 우리가 몸짓이나 표정, 목소리 강세 등에 얼마나 영향을 많이 받는지를 연구했다. 그는 그런 상황에서 언어가 몸짓이나 억양에 비해 얼마나 신뢰할 수 없는지를 밝히려 했던 것이다. 하지만 우리가 모순된 메시지를 전달하는 상황에 얼마나 자주 직면할까? 사실 감정이나 견해를 말할 때뿐일 것이다. 그러니 외국어를 공부하려는 사람들은 문법과 단어 공부가 매우 중요하다는 사실을 알아야 한다.

신체언어나 억양이 상대방과 말을 하고 커뮤니케이션을 할 때 중요한 근본 요소임은 부인할 수 없다. 그리고 때론 말없이 의사소통을 할 때도 있다. 바로 그래서 신체언어를 읽고 그것을 적용시키는 방법을 아는 것이 중요하다. 신체언어에 몸짓과 자세, 몸의 움직임만 포함되는 건 아니다. 그보다 훨씬 많다. 손의 색깔, 의상, 액세서

리, 손길, 눈빛 교환, 손과 다리, 심지어는 발로도 모든 걸 말할 수
있다.

신체언어 번역을 위한 ────────────
간단한 문법

　오스트리아의 심리학자 파울 바츨라빅 Paul Watzlawick 처럼 인간의 커
뮤니케이션에 대해 정확하게 연구한 학자도 찾기 힘들 것이다. 그는
내가 존경하는 영웅 중 한 사람이다. 파울 바츨라빅의 유명한 말이
있다.

　"우리는 매순간 커뮤니케이션하지 않고서는 살 수 없다."

　우리가 무엇을 하든 상관없다. 우리는 살아가면서 끊임없이 뭔가
를 전달한다. 아무 말도 하지 않더라도 이것조차 일종의 진술 표현
의 한 가지인 것이다. 당신이 어떤 방에 들어갔다고 가정해보자. 그
방 안에는 당신이 아는 사람들로 가득 차 있다. 그런데도 당신은 사
람들에게 인사를 하지 않는다. 그들 중 어떤 특정한 사람을 쳐다보
지도 않고, 눈을 마주치지도, 말을 걸지도, 미소를 짓지도 않는다.
이때 당신의 진술 표현은 당신이 '말을 하지 않는 것'이 된다.

　그리고 누구와도 눈을 마주치지 않더라도 그럼에도 당신은 어떤
특정한 표정과 몸짓을 드러낼 것이다. 그런 것들이 바로 커뮤니케이

션의 구성요소다. 표정과 몸짓만으로도 우리에게 중요한 것이 무엇인지 강조하고 추상적인 것들을 분명하게 만든다. 길거리에서 어떤 사람에게 기차역으로 가는 길을 설명해보라. 이때 손이나 팔을 절대 움직이지 말고 해보라. 그러면 당신도 몸짓 없이 말로만 길을 설명하는 게 얼마나 어려운지 금세 알게 될 것이다.

더욱 놀라운 것은 커뮤니케이션에서, 특히 신체언어를 사용할 때는 의식적으로 하는 행동이 거의 없다는 점이다. 거의 모든 신체언어는 무의식적으로 자연스럽게 흘러간다. 그리고 이런 자세는 대부분 자신도 모르게 하는 행동이기 때문에 통제하기가 어렵다. 이런 이유로 신체언어는 언어적 표현 방법보다 더 진실하고 진정성이 있는 것이다. 입으로는 거짓말에 성공했더라도 신체언어로 표현하는 과정에서는 거짓말을 하기가 어렵다. 표정과 몸짓이 얼마나 강하게 우리 생활에서 무의식적으로 사용되는지 이럴 때 알아차린다.

어떤 사람이 신체언어 세미나에 참가하고 나시 이제 더 이상 팔짱을 끼지 말아야겠다고 마음먹는다. 세미나에서 두 팔을 앞으로 팔짱을 끼는 몸짓은 상대방과 거리를 두고 거부하는 몸짓이라는 걸 들었기 때문이다. 더 재미있어지는 것은, 이 사람이 무의식적으로 팔짱을 끼려다 갑자기 그 행동을 한 채로 고민에 빠지는 것이다. 분명 세미나 강사가 더 이상 팔짱을 끼지 말라고 했다! '이제 팔을 어떻게 해야 하지? 좋아. 그냥 두 팔을 내려뜨리자. 아이고, 맙소사! 이거 진짜 바보같이 보이는걸. 그럼 손을 대체 어디에 두란 말이야?' 자, 이런 모습을 상대방이 지켜본다고 생각해보라. 정말 우스꽝스러워 보이지 않겠는가?

그런데 자기 팔을 어디에 둬야 할지 몰라 골치인 사람들에게 또 다른 문제가 있다. 자기 몸짓에 신경 쓰는 데 너무 바빠 대화를 나누는 상대방이 무슨 말을 하는지 이해할 수가 없다. 대화 상대가 친한 친구면 모르겠지만 직장 상사나 거래처 사람일 수도 있는데 이런 모습이 웃고 넘어갈 일만은 아니다. 이쪽에서 그런 생각과 어설픈 몸짓을 하고 있으면, 상대방 역시 불안해지고 몸짓에 신경을 쓰게 된다. 그도 손을 어디에 둘지 몰라 불안해한다.

결국, 신체언어 세미나에 참석했는데도 커뮤니케이션은 좋아지지 않고 더 나빠지게 된다. 자신이 습관적으로 하는 무의식적 행동을 의식적으로 변화하려 하기 때문에 이런 일이 생기는 것이다.

우리는 끊임없이 의사소통하고 생각하고 말한다. 입으로만이 아니라 몸으로도 말한다. 당신에게 묻겠다. 생각이 가장 먼저고 그다음은 무엇일까? 말이 먼저일까, 몸동작이 먼저일까? 그간 주의 깊게 관찰해온 결과에 따르면 다음과 같은 순서로 진행된다. 생각하기 → 몸동작으로 표현하기 → 입으로 말하기

예를 들어 지금 당신이 말할 수 없을 정도로 화가 나 있다면 다음과 같이 흘러간다.

1. 당신이 극도로 화가 나 있다는 사실을 뇌가 인지한다.
2. 손으로 책상을 내리친다.

3. 이렇게 말한다. "이제 더 이상 못 참아!"

또 다른 예는 당신이 뭔가 잊어버린 경우다.

1. 당신이 뭔가 잊었다는 사실을 뇌가 알아차린다.
2. 손으로 이마를 때린다.
3. 이렇게 말한다. "내 정신 좀 봐. 이런 멍청이 같은 짓을 했네. 다리미 플러그를 뽑았는지 안 뽑았는지 모르겠어!"

이런 순서로 진행되지만 우리가 그 순서를 알고 혹은 생각하고 행동하는 건 아니다. 당신이 누군가를 만나서 그 사람을 보고 반가워하면 일반적인 순서는 이렇다. 당신이 그 사람이 누구인지 알아차리고, 미소를 짓고, 그 사람에게 다가간다. 그런데 상대방이 당신의 친구가 아니라면 당신은 그 사람에게 다가가고, 그제야 미소 짓기 시작한다. 이때 우리 모두 무의식적으로 행동하지만, 어떤 과정으로 진행되는지 나중에 보면 깨닫게 된다. 우리에겐 훌륭한 안테나가 있기 때문이다. 이 과정을 처음 내게 보여준 이는 내 친구이자 언어 트레이너인 미하엘 로씨Micahel Rossie다.

생각을 표현하는 ————————
몸짓 읽기

지금부터 나오는 내용은, 이미 출간된 지난 책에서 자세히 설명한 것이지만, 신체언어의 기초가 되는 내용이라 이 자리에서 다시 한 번 간략하게 소개하고자 한다. 기본 내용에 조금만 관심을 갖고 습득하면 사람들이 당신 주변에서, 특히 당신에 대해서 어떻게 생각하는지 알아차릴 수 있을 것이다. 지금부터 소개하는 내용을 머릿속에 잘 담아두고 일상생활에서 반복해서 연습해보자.

유혹의 눈길은 왜 매력적으로 보일까

표정으로 우리는 사람의 감정을 매우 정확하게 읽어낼 수 있다. 우리 얼굴에는 44개의 근육이 있고 근육들이 함께 움직여 표정을 만들어낸다. 비언어적 커뮤니케이션이라는 분야의 선구자는 미국 심리학자 폴 에크먼Paul Eckman 교수로, 그는 월리스 프리젠Wallace Friesen 교수와 함께 'FACSfacial action coding system, 안면근육 활동 부호화 체계'라는 일종의 얼굴지도를 만들었다. 이들이 만든 얼굴지도는 오늘날 전 세계 심리학자들이 얼굴 표정을 표현하고 분류, 분석하는 데 사용하고 있다. 두 학자의 노력으로 수많은 얼굴 표정을 사진으로 담아낼 수 있었다.

사람이 낼 수 있는 아주 작은 얼굴의 움직임까지도 빠뜨리지 않았다. 얼굴지도 덕분에 캘리포니아의 픽사 애니메이션 스튜디오에서 〈토이 스토리〉와 〈니모를 찾아서〉 같은 애니메이션 영화를 만들 수 있었다. 이 영화들은 에크먼과 프리젠의 카탈로그를 근거로 하여 애니메이션으로 제작된 것이다.

얼굴지도에는 얼굴 근육의 수축으로 생기는 표정이 7,000개 이상 담겨 있다. 모든 표정에 구체적인 의미가 있는 건 아니지만 눈이나 코, 입 등 얼굴에서 움직이는 부분이 어디인가에 따라 특정한 표정만 보고도 그 순간 우리가 어떤 걸 느끼는지 거의 확실하게 추측할 수 있을 정도로 얼굴 표정은 결정적인 표현 방법이다. 두 학자는 연구를 통해 인간이 느끼는 기본 감정은 유전적으로 서로 연결되어 있음을 밝혀냈다. 기쁨, 행복, 놀람, 경멸, 공포, 혐오, 분노, 슬픔 등 인간의 기본 감정은 전 세계 어디에서나 똑같다는 사실을 알아냈기 때문이다. 사람들이 위에 언급한 감정들을 가상 자주 밖으로 표현한나는 말이기도 하다. 자신의 감정에 대해 의도적으로 깊이 생각하지는 않더라도 기본 감정은 비슷한 표정으로 전 세계에서 같은 모습으로 나타난다.

주변 사람을 통해 직접 확인해볼 수 있다. 위에서 말한 감정 중 한 가지를 선택해서 상대방에게 그 표정을 지어보라고 하라. 그가 이런 기본 감정에 대한 얼굴 표정을 곧바로 짓고, 당신은 그의 표정을 읽을 수 있다는 사실을 눈으로 확인할 수 있을 것이다. 우리가 상대방의 표정에 신경 쓰는 시간을 조금만 늘리고, 휴대전화 화면 보는 걸

줄이면 훨씬 더 좋을 것이다. 어느새 이마 부상을 입은 환자 수가 급격하게 늘어난 사실을 알고 있는가? 그들 중 다수는 길을 걸으면서 휴대전화에 시선을 두고 가로등에 부딪힌 것이라는 사실도?

에크먼과 프리젠의 연구에서 내가 특히 흥미롭게 생각하는 부분은 바로 '미세 표정micro expression'이다. 이것은 0.2초도 안 되는 짧은 시간에 나타나는, 그래서 사람이 제어하기 힘든 진짜 표정이다. 잠시 나타났다 사라지는, 너무 짧은 시간이라서 인지하기 힘들지만 몇 가지 인지 방법으로 분류할 수 있다. 미세 표정은 절대 숨길 수 없는 진짜 신호이기도 하다.

오래전 형이 마술 트릭을 내게 보여줄 때면 난 형이 트릭을 쓰는 순간을 자주 알아차릴 수 있었다. 형이 마술 트릭을 쓸 때, 매번 짧은 시간이지만 입꼬리가 살짝 위로 올라가며 미소를 지었기 때문이다. 아주 짧은 순간이고 거의 알아차리기 힘들 정도로 미세한 표정이었지만, 그 표정을 나는 분명히 보았다. 그래도 난 모른 척했다.

또 다른 예를 들어보자. 당신이 회의 중에 직장 동료에게 과제를 주는데, 동료가 이렇게 말한다. "괜찮아요. 제가 할게요." 그런데 동료가 말하는 순간 눈썹을 잠깐 찡그리고 코를 찌푸린다면 그의 얼굴 표정은 화가 났다는 것을 보여준다. 얼굴로 하는 말은 "정말 화가 났어"인 것이다.

얼굴 표정이 재미있는 이유는 우리가 짓는 표정 하나하나가 상대방의 얼굴 표정으로 돌아오기 때문이다. 다시 말해 당신의 얼굴 표정이 상대방의 표정 변화에 영향력을 발휘한다. 예를 들어 당신이 미소를 지으면 그도 당신에게 미소를 짓는다. 그러니 미소를 지으며 살아갈 만한 가치가 충분하다. 인상을 잔뜩 찌푸리고 다니는 사람은 외관상 아름답지도 않을뿐더러 주변의 분위기도 나쁘게 만든다. 명백한 사실이다. 기쁠 때만 웃는 것이 아니라 웃으면 기분이 좋아진다.

에크먼과 프리젠의 실험 결과 중 내 마음에 쏙 드는 기막힌 내용이 있어 소개하고자 한다. "다른 사람이 보내는 유혹의 눈길을 우리가 매력적으로 보는 이유는 바로 그 표정이 오르가즘을 느낄 때의 눈길과 똑같기 때문이다." 나도 그전에는 전혀 몰랐던, 생각지도 못했던 내용이다. 고마워요, 폴 에크먼! 고마워요, 월리스 프리젠!

전화통화할 때 손으로 말하는 이유

몸짓은 팔다리 혹은 머리를 움직이는 것을 말한다. 말없이 상대방과 커뮤니케이션을 하기 위해서 또는 말하는 것을 강조하기 위해서 몸짓을 이용한다. 우리가 말할 때 대개는 손을 사용하는데, 뇌의 언어 담당 중추와 손의 움직임을 담당하는 곳이 같은 구역이라는 걸 알고 있다면 크게 놀랄 일도 아니다. 언어와 손이 밀접하게 연결되어 있다는 건 우리가 말하는 것을 상대방이 볼 수 없는 경우, 예를 들자면 전화통화를 할 때도 손을 움직이는 걸 봐도 알 수 있다. 그리고 상대방이 어떤 몸짓을 사용하는 것을 한 번도 본 적이 없는 시각장애인도 말할 때 몸짓을 사용한다.

몸짓은 생각을 강조하고 싶을 때 사용된다. 하지만 역으로 사용되

얼굴 표정을 잘 구별하는 방법

상대방에게 뭔가 아주 재미있고 자극적인 생각을 해보라고 한다. 가장 좋은 것은 성적인 판타지 같은 내용이다. 그런 다음 그의 얼굴을 보라. 표정에 어떤 변화가 있는가? 상상하기 전보다 눈꺼풀이 좀 더 크게 열렸는가? 양쪽 콧구멍이 움직였는가? (흥분할 때 생기는 현상이다.) 상대방의 얼굴에서 어떤 변화라도 나타났다면 정확히 그 변화를 찾아 관찰해보라.

이번에는 상대방에게 다소 껄끄러울 수 있는 주제를 생각해보게 하라. 과거에 남의 물건을 슬쩍한 적이 있다면 어떻게 했는지, 진짜 나이, 비밀번호, 몸무게 등을 물어보라. 그가 다음 상상으로 넘어가는 그 순간 자동적으로 얼굴 표정도 바뀐다. 갑자기 아주 난처한 생각이 떠올랐을 수도 있다.

이제 다시 상대방의 얼굴 표정에서 그가 편안한 생각을 하고 있는지 그렇지 않은지 찾아내보라. 상대방의 머릿속 생각이 재미있는 것인지 화나는 것인지 그가 자신의 상상으로 불쾌하게 느끼는 건 아닌지를 살펴라. 그의 얼굴만 봐도 당신은 다 알게 될 것이다. 이 연습을 대상을 바꿔가면서 자주 하면 할수록 당신은 상대방의 얼굴 표정 읽는 방법과 그것을 이해하는 방법을 배우게 될 것이다.

이런 게임을 통해서만 배우는 것이 아니라 일상생활의 다양한 순간에도 연습해볼 수 있다. 당신이 상대방을 이해하는 법을 잘 배우면 배울수록 당신 자신을 더 잘 이해할 수 있을 뿐만 아니라 다른 사람들과의 관계도 개선된다. 대인관계나 배우자와의 관계가 더 좋아지고 쉽게 무너지지 않으며 서로 감정을 공유하는 멋진 기분도 경험하게 될 것이다. 커뮤니케이션이 잘되니 서로에 대한 만족감이 높아지는 것이다.

그래서 관찰 능력을 높이는 훈련은 할 만한 가치가 충분히 있는 것이다. 이번엔 다른 게임을 해보자. 조카나 친척이 아닌 상대방이 좋아하는 어린아이들의 사진을 인쇄하라. 그런 다음 상대방이 좋아하지 않는 사람들 사진도 인쇄하라. 상대방이 당신과 친한 사람이라면 그가 평소에 매우 싫어하는 인물, 예를 들면 혐오하는 정치인이나 연예인의 사진을 준비하라. 그의 맞은편에 앉아 사진을 건네고 카드 놀이하듯 사진을 섞으라고 하라. 다 했으면 그에게 사진 한 장을 집어 사진을 보라고 말한다. 물론 당신은 상대방이 보는 사진을 보면 안 된다. 이때 그의 표정을 주의 깊게 살펴라. 그의 평상시 얼굴 표정에 어떤 변화가 있는가? 그의 눈가나 코, 입 주변에 어떤 변화가 있는가? 이런 관찰 게임을 통해 얼굴 표정을 읽는 법을 차츰차츰 늘려갈 수 있다.

는 경우도 있다. 저명한 제스처 전문가이자 심리학자인 미국 시카고 대학의 수전 골딘 매도 Susan Goldin-Meadow 교수는 같은 분야의 전문가 인 메레디스 로위 Meredith Rowe 박사와 함께 2009년, 어린 자녀에게 몸 짓을 많이 쓰면 어휘력이 늘어난다는 연구 결과를 발표했다.

두 사람은 먼저 생후 14개월 된 어린아이들이 부모와 노는 장면 을 주시했다. 고학력 부모를 둔 아이들의 경우 아직 말을 유창하게 할 단계는 아니더라도 훨씬 더 많은 몸짓을 사용했다. 시카고 지역 의 다양한 가정에서 어린아이와 부모의 일상 활동을 90분간 비디오 녹화한 결과 고학력 가정의 아이들이 평균 24종류의 몸짓을 사용하 였고, 저학력 가정의 아이들이 사용한 몸짓은 13종류였다. 몇 년 뒤 연구진들은 아이들의 어휘력을 테스트했다. 결과는 놀라웠다. 이전 에 몸짓을 많이 사용했던 아이들이 그렇지 않은 아이들에 비해 어휘 력이 풍부했던 것이다. 아이들이 보여준 몸짓의 빈도 차이는 부모가 말할 때 몸짓을 얼마나 많이 사용하느냐로 설명할 수 있었다. 고학 력 고소득 부모를 둔 아이들이 몸짓을 더 많이 사용한 이유는 자기 부모와 대화를 할 때도 몸짓을 많이 사용했기 때문이다. 이 아이들 이 취학 준비에 더 유리하고 더 좋은 학업 성적을 내리라 예측할 수 있다. 다시 말하면 몸짓은 학습에 도움이 된다.

대부분의 몸짓은 무의식적으로 사용된다. 당신이 코를 만지거나 머리카락을 뒤로 쓰다듬을 때 그 행동을 하기 전에 심사숙고하는지 생각해보라. 물론 의도적인 몸짓도 있다. 하지만 조심할 것이 있다. 몸짓이 때로는 전 세계에서 통용되지 않는 경우도 있다. 문화에 따라 때로는 의미가 전혀 다르게 사용되기도 하기 때문이다. 예를 들면 고개를 끄덕이는 행동이 전 세계적으로 '예'라고 이해되지만, 인도나 파키스탄에서는 그렇지 않다. 그곳에서는 고개를 좌우로 흔들어야 긍정의 의미가 된다. 간단한 몸짓이 가장 곤란한 오해를 불러올 수도 있으니 조심해야 한다.

몸으로 말하다

상대방이 어떻게 걷는지 어떤 자세로 서 있거나 앉아 있는지 그것만으로도 그 사람에 대해 상당히 많은 것을 알 수 있다. 그 사람의 감정이나 현재의 기분까지도 알 수 있다. 당연한 일이다. 우리 생각은 우리 몸에 영향력을 행사하니 말이다. 감정에 따라 호르몬이 분비되고 신체의 순환이 더 촉진되기도 억제되기도 한다. 갑자기 움직이거나 순식간에 굳어버리기도 한다. 감정 상태에 따라 앉아 있는 자세도 달라진다. 기운이 없고 속상하면 맥없이 앉아 있거나 쪼그리고 앉아 있을 것이다. 걸을 때도 활기차게 걸을 때와 화가 나서 걸을 때의 걸음걸이가 다르다.

우리의 몸으로는 침묵할 수 없고, 마찬가지로 우리는 다른 사람이 몸으로 보내는 신호를 무시할 수도 없다. 몸으로 보내는 신호가 직감적으로 해석되는 순간 대개는 그 해석이 맞다. 어떤 사람이 의자 모서리에 쪼그리고 앉아 있다면 그 사람을 용기 있다고 보는 사람은 드물 것이다. 하지만 신체언어는 상당히 복잡하고 위에서 예로 든 경우처럼 항상 그렇게 분명하지 않아서 어떤 부분은 외국어를 배우듯 학습해야 하는 경우도 있다.

사람들은 커뮤니케이션을 할 때 한 공간에서 어떤 특정한 거리를 유지하거나 좀 더 다가가기도 한다. 이때 거리는 상대방에게 전달하려는 메시지와 밀접하게 연결되어 있다. 우리는 이 정도면 다른 사람과의 적당한 거리라는 직감을 가지고 있을 때가 종종 있다. 그래서 본능적으로 그렇게 행동하게 된다. 내가 적당하다 생각하는 그 거리가 다른 사람들에게도 편한 거리가 되기 때문이다. 엘리베이터에서는 어쩔 수 없이 다른 사람과 가까이 있어야 한다. 이때 우리는 될 수 있으면 거리를 두고 무시하려고 노력한다. 앞만 쳐다보거나 다른 사람과 눈을 마주치는 걸 피한다. 나만 그런 것이 아니라 상대방도 마찬가지다.

옷차림으로 전하는 커뮤니케이션

의상과 액세서리는 신체언어의 문화적 배경을 반영하는 표현 형태다. 옷을 고를 때 우리는 어떤 분위기, 예를 들어 펑크스타일로 입을 것인지, 눈에 띄지 않는 평범한 차림새를 할 것인지, 비즈니스맨 차림이나 운동선수 복장을 할 것인지 선택한다. 넥타이를 고르거나 진주목걸이를 목에 걸 때, 넥타이나 목걸이가 마음에 들어서 선택하기도 한다. 하지만 그날 자신이 대할 상대방과의 커뮤니케이션을 위해서, 장소의 분위기에 맞는 선택을 위해 그렇게 하기도 하다. 또는 어떤 특정한 그룹에 속한다는 것을 보여주기 위해서 혹은 돈이 있다는 것을 과시하고 싶어서, 다른 사람에게 자신의 모습이 오해받지 않고 싶어서 그렇게 한다. 우리 머릿속에 분명한 드레스코드가 있기 때문에 장례식장에 갈 때 화려한 옷 대신 검은색 옷을 입는다. 오페라를 관람하러 가면서 핫팬츠를 입는 사람은 거의 없다.

"자기야, 지금 누구 생각해?"

하베너 씨, 남자들은 모두 이런 질문은 질색을 하고 난처해하는데
당신은 이런 질문을 받으면 어떻게 반응하시죠?

신체언어를 해석하기 힘들 때가 종종 있다.
당신은 부인이 무슨 생각을 하는지, 부인이 말하지 않아도 그걸 알고 있나?

당신이 14세 때 처음 무대에 섰던 그 순간 어떤 기분이었나?

당신처럼 신체언어를 해석하는 사람이 대중 앞에서 어떤 경우에도 하지 말아야 할 것이 있다면
무엇인가?

"그걸 대체 어떻게 하셨죠?"라는 질문을 당신은 이미 수없이 들었을 것이다.
우리끼리 있을 때 하고 싶은 질문은 "그걸 어떻게 하는 거죠?"라는 것이다.

남자가 여자에게 호감을 사려고 할 때 '이것만은 제발!' 피해야 할 행동은?

그렇다면 여자가 남자에게 관심이 있을 때 여자는 어떻게 행동하는가?

여자는 어떤 남자의 옷차림에 끌리는가?

당신이 황금시간대에 TV 방송에 나올 것이라고 예상했는지?

직장에서 상사나 사장이 마주 보고 걸어올 때
절대 하지 말아야 할 행동은?

독자에게 팁을 좀 부탁하겠다.

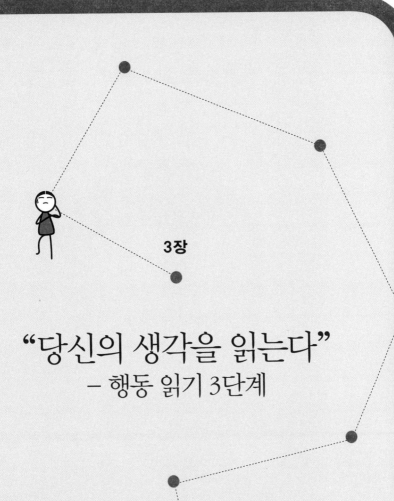

3장

"당신의 생각을 읽는다"
– 행동 읽기 3단계

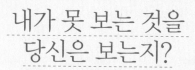

내가 못 보는 것을
당신은 보는지?

당신 인생에서
가장 위대한 결정은
당신의 정신 자세를 바꾸면서
당신 인생을 변화시킬 수 있다는 데 있다.

_ 알베르트 슈바이처

신체언어는 양방향으로 향하기 때문에(행동은 생각에 영향을 주고 생각
은 행동에 영향을 준다) 신체언어를 해석하는 사람은 양방향으로 번역
을 해야 한다. 양방향으로 일을 하려면 상대방의 자세(때로는 말의 강
세까지도)를 어떻게 파악하느냐에 성패가 달려 있다. 관찰하고 인식
하는 연습을 하고 나면 행동 분석을 해야 한다. 그리고 행동 분석으
로 얻은 지식을 자세와 생각에 적용시켜볼 수 있다.

상대방이 말할 때 유의해서 살펴보는 것부터 해보라. 그가 자기 말
을 어떻게 강조하는가? 그가 말할 때 몸을 어떻게 사용하는가? 우리
몸이 비언어적인 신호로 쉬지 않고 의사를 전달하고 소통한다는 것

을 당신은 곧 알게 될 것이다. 쉼표도 마침표도 없이 우리는 거의 쉬지 않고 끝도 없이 말한다. 남자들도 마찬가지다!

우리집 TV리모컨이 어떻게 생겼지? ───── 인지하기

신체언어 지식을 알고 있다 해도 상대방에게 일어난 일을 인지하지 못하면 아무 소용없다. 상대방으로부터 전달되는 신호를 분명하게 알 수 있는 경우도 있다. 남자와 여자가 남자 집 앞 도로에 있다. 남자가 자기 집으로 같이 올라가 자신이 수집한 사진을 커다란 TV 화면으로 같이 감상하지 않겠냐고 묻는다. 여자가 고개를 끄덕인다. 이럴 때 끄덕이는 건 의미가 분명하다. 그런데 때론 애매할 때도 있다. 직장 동료가 당신에게 칭찬을 늘어놓으며, 당신과 같이 일하는 것이 얼마나 즐거운지 모르겠다고 말한다. 그런데 동료의 발끝과 어깨가 당신을 향하지 않고 있다. 이럴 땐 판단이 서지 않을 것이다.

안타깝게도 우리는 우리가 생각하는 것보다 인지 능력이 그리 뛰어나지 않다. 실제로 우리는 주변에서 일어나는 일의 단편적인 것만을 인지한다. 그래도 그 정도의 인지 능력이 있다는 사실이 한편으론 다행스럽기도 하다. 왜냐하면 우리가 중요하지 않은 것과 중요한 것의 차이를 구별할 수 없다면 길을 가다 횡단보도를 건너는 상황이 될 때조차 안심할 수 없을 테니 말이다. 지나가는 신사의 애프터셰이브 향이 어떤지, 보도 위의 유모차가 노란색인지 초록색인지, 횡단보도를 향해 빠르게 달려오는 차가 오펠인지 포르쉐인지 이 모든 걸 우리가 다 인지할 필요는 없다. 중요한 것은 자동차 한 대가 다가온다는 사실! 그것도 빠른 속도로! 그것만 알면 된다.

우리가 매일 특정한 일들을 정확하게 알아차릴 수 있다 하더라도 그것들 대부분을 지나치거나, 우리에게 정말 의미가 있는 것들만 인지하고 받아들인다. 혹시 당신 집에 있는 리모컨이 어떻게 생겼는지 알고 있는가? 볼륨 조절 버튼이 오른쪽에 있는지, 왼쪽에 있는지? 버튼의 숫자가 정확하게 어떻게 생겼는지? 버튼은 무슨 색인지, 그 위의 숫자는 무슨 색인지?

테스트를 한번 해보자.

아래 보이는 글자는 무엇일까?

IIIIIIIIIII

알파벳 i의 대문자를 나열해놓았다고 생각할지도 모르겠다. 아니면 L의 소문자라고 말하는 사람도 있으리라. 아무래도 좋다. 위의 글자가 몇 개인지 말할 수 있겠는가? 정확하게 세보지 말고. 미국의 뇌 과학자 데이비드 이글먼David Eagleman은 《인코그니토Inkognito》라는 책에서 이렇게 썼다. "'숨겨진' '보이지 않는'이란 의미의 '인코그니

토'는 무의식을 지배하는 익명자로, 눈으로 보이지 않는 이 익명자가 우리의 생각이나 결정, 행동 등을 조종한다." 우리가 바라보는 대상을 전부 정보로 받아들이지 않고, 인간의 감각은 뇌가 해석하려는 범위 안에서 이루어진 것만 인식한다. 경험과 인식 이외의 또 다른 존재가 있다는 것이다.

지금 당신 입 안 혀의 위치는 어디인가? 물론 당신은 이 질문에 곧바로 대답할 수 있겠지만, 질문을 듣고 나서야 혀의 위치를 인식했을 것이다. 그렇지 않은가? 이런 위치나 자세에 대한 것들은 우리가 의식적으로 인식하는 게 아니다. '대부분의 것들을 뇌가 다 알 필요는 없다.' 이글먼은 말한다. "꼭 필요한 정보일 때만 알아야 한다. 뇌는 우리가 알아야 할 것들이 무엇인지 알고 있다." 당신은 당신의 혀가 입 안 어느 위치에 있는지 인식하지 않아도 된다. 왜냐면 이런 지식은 아주 드문 경우에만 필요하기 때문이다.

우리는 사람들이 관심을 가지지 않는 한, 일어나고 있는 일에 대해 아주 부분적인 것들만 알아차리고 받아들인다. 지금 냉장고의 소음이 들리는가? 아니면 당신 집 밖의 자동차 소리가 들리는가? 당신의 발이 신발 안에서 정확하게 어떤 느낌인지 아는가? 이런 세세한 부분에 대해서는 우리가 관심을 가져야 귀에 들어오고 눈에 띈다. 우리가 초점을 맞추고 관심 있게 보려 하는 것만 인식한다는 의미다.

참고로, 앞서 나열해놓은 글자의 개수는 I의 대문자 I이거나 L의 소문자 l이든 12개다.

볼 필요가 있는 것과 중요한 것이라면 우리는 전부 본다고 생각한다. 그뿐만 아니라 우리가 사실만을 인식한다고 생각한다.

이런 오해를 밝힐 시간이다. 다음 테스트는 당신의 눈을 뜨게 해줄 뿐만 아니라 재미도 선사할 것이다.

아래 두 개의 심벌을 잘 보자.

X　　　　　　　　　　　　

심벌 두 개의 모양을 머릿속에 넣었는가? 그럼 이제부터 아래 순서대로 잘 따라 해보라. 모든 과정을 꼼꼼히 읽고 다음 과정으로 넘어가야 한다.

- 책을 펼쳐놓고 오른손으로 잡는다.
- 왼손으로 왼쪽 눈을 가린다.
- 책을 잡은 오른쪽 팔을 눈높이 정도로 쭉 뻗는다.
- X를 오른쪽 눈으로 쳐다본다. 이때 시선을 X에 고정시키고 완전히 X에 집중한다.
- 천천히 오른팔을 앞으로 당긴다. 시선은 계속 X를 바라본다.
- 오른팔로 책을 계속 앞으로 끌어당긴다.
- 아주 놀랄 만한 일이 생길 것이다!

정말 신기하지 않은가? 당신 스스로 마술을 했다. 오른쪽에 있는 마름모 형태가 사라졌으니 말이다! 그런데 정말 마름모가 사라졌을까? 마름모는 종이 위에 그대로 있다. 그런데 그걸 못 보는 것이다. 이런 일들은 우리 인생에도 많이 일어난다. 어떤 일에 집중하면 다른 멋진 일들은 더 이상 볼 수 없는 경우가 많다. 분명히 이 세상에 존재하는데 우리가 못 볼 뿐이다.

예를 들어보자. 우리는 배우자나 연인을 생각할 때 그 사람에게 없는 것 혹은 그 사람이 나를 거슬리게 하는 데만 집중한다. 그래서 나중에는 그 사람의 뛰어난 면을 어느 순간부터 전혀 알아차리지 못한다. 이런 경우도 있다. 우리는 개인의 행복을 어떤 특정한 조건에 한정해서 행복과 그 조건을 연결시킨다. 그 조건이 채워지지 않아 지금 행복하지 않다고 말할 근거는 전혀 없는데도 그렇게 생각한다. 그 조건 외에 다른 것들로 행복할 이유가 충분하다. 찾는 행위만 하기 때문에 이미 발견한 것들을 인식하지 못하는 경우가 많다. 그래서 우리는 자신에게 항상 질문을 던져야 한다. 우리가 본질적이라고 생각하는 것들이 진짜 본질적인 깃인지 아니면 딘지 자신의 관심이 새로 생긴 것은 아닌지 말이다.

사라진 마름모는 우리가 세상을 불완전하게 인식한다는 것을 보여줄 뿐 아니라 그동안 눈에 보이지 않아 몰랐지만, 우리가 보는 것 말고 그 이외에도 다른 것이 존재한다는 사실을 알게 해주었다. 왜 그런가에 대해서는 이미 17세기에 연구가 진행되었다. 더 정확히 말하면 1668년이다. 그 당시 에듬 마리오트Edme Mariotte라는 프랑스 물리학자가 인간의 눈에 대한 실험을 했다. 시신경과 안구가 연결되어 있어 망막에 물체의 모양이 맺히면 시신경을 통해 인식하게 되는데,

실험을 통해 그는 시각세포가 없어 물체의 상이 맺히지 않는 부분이 있다는 것을 알았다. 이 지점을 '맹점 blind spot'이라고 하는데, 에듬 마리오트가 처음 발견했다.

그럼에도 빠짐없이 볼 수 있는 방법이 있다. 그게 어떻게 가능하냐고? 우리 눈이 두 개이고, 맹점의 위치는 각각 다르기 때문이다. 두 눈으로 무언가 바라보면 완전한 전체를 볼 수 있다. 앞에서 해본 테스트도 한쪽 눈으로만 바라봤기 때문에 검은색 물체가 전혀 보이지 않았던 것이다. 그러니까 우리는 눈에 보이는 것만 보는 게 아니라 뇌가 우리에게 보라고 말하는 것도 본다는 의미다.

인식의 착각현상은 우리의 기대치와 습관을 통해서도 나타날 수 있다. 여러 가지 사물을 동시에 보면 사물 각각의 가치를 구별할 수 없다.

다음 테스트를 해보자. 테스트는 두 단계로 진행될 것이다.

먼저 1단계 테스트부터 시작하자. 다음 도표(P. 70)를 보자. 각각의 네모 칸 안에는 여러 개의 단어가 있다. 당신이 해야 할 과제는 네모 칸 안에 있는 단어의 개수를 큰 소리로 말하는 것이다. 첫 번째 칸에는 '고양이'란 단어가 세 번 등장한다. 정답은 '셋'이라고 말하면 된다. 네모 칸을 보면서 각각의 칸 안에 있는 단어의 개수를 말하면 된다. 눈으로 읽지 말고 제대로 소리 내어 해보기 바란다. 대충 하면 재미가 없다.

1단계

고양이 고양이 고양이	볼펜 볼펜	종이	문 문	책 책	공	손 손 손
종이 종이 종이	책	손 손	문 문 문	공 공	볼펜 볼펜	고양이
고양이 고양이	문	책 책	공 공	손	종이 종이 종이	볼펜 볼펜 볼펜

2단계에서도 1단계와 같이 하면 된다. 기억할 사항은 네모 칸 안에 있는 단어를 말하지 말고, 단어의 개수를 말해야 한다는 점이다.

2단계

셋 셋	하나 하나 하나	넷	둘 둘 둘	넷 넷	둘 둘	셋
둘 둘	셋	넷 넷	하나 하나 하나	셋 셋	둘 둘 둘	넷
하나 하나	둘	셋 셋	하나 하나	넷 넷	이 이 이	하나 하나 하나

어떤가?

테스트는 아직 끝나지 않았다. 이번에도 두 단계로 되어 있다. 네모 칸 안에 있는 단어의 위치를 큰 소리로 말하면 된다. '위' '아래' '오른쪽' '왼쪽'이라고 말해라. 앞의 테스트와 마찬가지로 단어를 읽으면 안 되고, 단어의 위치를 말해야 한다. 1단계 맨 왼쪽 위의 칸은 '위'라고 말하고, 왼쪽에서 세 번째 칸은 '왼쪽'이라고 맨 마지막 칸은 '오른쪽'이라고 하면 된다. 가능하면 빠른 속도로 해보라!

1단계

위	아래	왼쪽	오른쪽	위	오른쪽
아래	위	오른쪽	왼쪽	위	왼쪽
오른쪽	아래	위	위	왼쪽	아래

두 번째 단계도 첫 번째 단계와 방법은 동일하다.

2단계

아래	위	오른쪽	오른쪽	아래	위
아래 왼쪽	왼쪽	오른쪽	오른쪽	아래	왼쪽
왼쪽	아래 위		왼쪽	왼쪽	오른쪽

어떻게 하는지 이해했는가? 우리 뇌는 두 개의 정보를 얻는다. 하나는 거스르는 것이라 서로 매치할 수 없는 것이다. 그래서 우리 머리 안에서는 서열관계가 형성된다. 우리는 이 순간 우리가 이미 알고 있는 것을 하고 싶어 한다. 자주 하지 않았던 것들은 어렵게 느껴진다. 그래서 그런 것들은 아주 아래 단계에 자리 잡게 된다. 이런 것들을 '자기강화'라고 부른다. 한번 뇌 속에 박힌 인식 방향은 그것이 자신을 지키는 한 끊임없이 계속되고 그 때문에 스스로 더 강해지는 것이다.

초등학교에 다니는 아이들은 이런 테스트에서 어른들보다 훨씬 더 좋은 점수를 받는다. 그 이유는 아이들은 아직 글자를 조성하는 데 그리 익숙하지 않기 때문이다. 읽기 경험이 더 많은 사람일수록 이 테스트를 더 어려워한다. 이미 자신이 갖고 있는 습관을 버리는 것만으로도 어른들에겐 큰 문제다. 일상에서도 이런 일은 흔히 일어난다. 어떤 사람에 대해 호감이 안 가고 영 마음에 들지 않는다고 받아들이면, 그 사람이 사실은 그렇게 나쁜 사람이 아니라 오히려 반대일 수도 있다는 것을 발견할 확률은 거의 없다. 아주 좋아하는 사람에 대해서도 이와 마찬가지로 그 반대의 면을 간과하기 쉽다.

우리가 다른 사람에 대한 인상을 얼마나 빨리 만드는지를 살펴보겠다. 2005년 미국 심리학자 알렉스 토도로프 Alex Todorov 교수는 뉴욕의 프린스턴 대학에서 실험 참가자들에게 지난해 미국 상원의원 선거에 출마했던 정치인들의 사진을 전부 보여주었다. 실험에 참가한 학생들은 정치인들에 대한 다른 정보는 전혀 알지 못했고 사진만으로 모든 걸 평가해야 했다. 짧은 시간 동안 사진만 보고 학생들은 정치인의 호감도와 유능함을 평가했다. 기막힌 결과가 나왔다. 실제 선거 결과와 비교해보니 학생들이 유능하다고 평가했던 인물들의 70퍼센트가 선거에서 당선되었다. 신체언어나 표정 같은 외적인 요소만으로도 선거 결과에 중요한 영향을 끼칠 수 있다는 것을 보여주는 실험이었다.

더 놀라운 사실은 학생들이 판단하는 데 걸린 시간이다. 0.03초 만에 참가자들이 사진 속 인물을 평가한 것이다. 평가하는 데 걸린 시간이 0.1초가 되자 학생들의 평가는 점점 더 명확해졌다. 0.167초가 지난 이후에는 사진 속 인물에 대한 자신의 의견을 바꾸지 않았다.

누군가를 진짜로 파악하고 이해하고 그걸 토대로 자신의 견해가 만들어지기 위해서는 어떤 선입견 없이 어느 곳에도 치우치지 않는 중립적인 시선으로 바라봐야 한다. 그때야 비로소 그 뒷면을 바라볼 수 있다. 물론 쉽지는 않지만 불가능하지도 않다.

연관성 없이는 곤란하다 :
변화 눈치 채기

신체언어와 몸짓 해석에 대한 오해 중 제일 큰 비중을 차지하는 것은, 모든 몸짓과 자세에는 어떤 의미가 있다고 받아들이는 것이다. 이건 절대 맞지 않는 얘기다! 어떤 특정한 상황에서 자세가 바뀔 때만 비로소 의미가 있다. 능숙한 신체언어 전문가도 변화가 있는 상황이 조성되어야 어떤 의미인지 이끌어낼 수 있다.

입으로 전하는 언어도 마찬가지다. 각각의 단어가 문맥이나 다른 것과 연관되지 않을 때는 의미 전달이 제대로 안 되는 경우가 많다. 예를 들어 '방크Bank, '은행'이란 뜻과 '벤치'라는 뜻의 독일어 단어－옮긴이'라는 단어를 다른 말 없이 단독으로 들으면 당신도 무슨 말인지 알지 못할 것이다. 이 단어가 주는 구체적 의미를 이해하려면 주변 환경이 조성되어야 한다.

내가 이렇게 말했다고 가정해보자. "그 사람은 돈을 찾으러 '방크'에 가야 해." 그러면 당신은 방크에 어떤 의미를 부여할 것인지 곧바로 알 것이다. 이 경우 방크는 돈을 거래하는 장소를 말한다. 이번에는 내가 이렇게 말한다. "그 사람이 '방크'에 앉아 있어." 이 경우에는 방크가 '사람들이 앉는 의자'라는 의미로 쓰였다는 걸 분명하게 알 수 있다. 때론 문장 속에서 어떤 의미인지 모호한 경우도 있다. 어떤 사람이 당신에게 "방크가 어디 있죠? 방크를 찾고 있어요"라고 말하면 당신은 혼란스러울 것이다. 왜냐하면 이 문장에서 방크가 어떤 의미인지 모르니 말이다. 돈을 찾는 곳, 아니면 의자? 당신은 이 단어가 문장에서 부연설명을 해줄 수 있는 다른 배경이 있을 때만 문맥을 이해하고 단어의 뜻을 알 수 있다.

이와 비슷한 경우가 신체언어에도 적용된다. 여기에도 몸짓이나 움직임을 의미에 맞게 정리하려면 항상 연관성이 있어야 한다. 대화 상대가 당신과 대화하는 동안 계속 손가락을 만지작거린다면 상황에 따라서 아무런 의미가 없는 행동일 수도 있고, 당신과 아무 연관이 없을 수도 있다. 어쩌면 당신의 대화 상대는 원래 손가락을 만지작거리는 걸 좋아하는 사람이라 언제 어디서나 그렇게 하는 것일 수도 있다. 그런데 당신이 새로운 주제를 꺼내자마자 손가락을 만지기 시작했다면 그때는 분명 의미가 있는 것이다. 예를 들어 주제가 바뀌면서 대화 상대가 감동했거나 긴장했을 수 있다. 그러니 항상 상대의 변화를 상황에 맞게, 전후 맥락에 맞게 분명히 파악하는 게 관건이다.

하품으로 알아보는 대화 상대의 본심

사람들이 한창 대화를 나누고 있는데 갑자기 한 사람이 하품을 시작한다. 이는 나머지 사람들에겐 김빠지는 신호다. 이럴 때 어떤 이들은 산소 부족 때문이라 변명하며 이를 내보이고 씩 웃는다. 하지만 학자들은 하품이 산소 부족에 대한 반응이 절대 아니라는 걸 밝혀냈다.

하품을 우리는 일반적으로 무관심이나 재미없다는 신호로 받아들인다. 당신이 들떠서 열심히 계획을 설명하는 데 상대방이 몸짓에 변화를 보인다고 상상해보라. 설명에 대한 반응으로 당신이 보낸 미소에 미소로 답하는 게 아니라, 당신 앞에서 하품을 한다고 말이다. 몇 시간째 지난 여행에서 찍은 슬라이드를 보여줘서 지겨운 걸 참기라도 하듯 지루한 표정으로 하품을 하면 설명을 하는 당신은 분명 맥이 풀릴 것이다.

하품은 전염성이 있다. 누군가 하품을 시작하면 잠시 후 모두 하품을 하는 모습을 흔히 볼 수 있다. 당신이 아무리 신이 나서 새로운 계획을 보고해도 당신 역시 하품을 하게 된다. 이때 당신이 하품을 하는 것은 무관심과는 전혀 상관이 없는데도 말이다.

'하품하다'라는 단어를 읽기만 해도 전염이 된다.

하품하다

하품하는 사람의 사진도 전염성이 있다.

하품 – 효과는 무슨 원리일까? 2008년 뉴욕 주립대학의 심리학과 교수 앤드류 갤럽 Andrew Gallup과 고든 갤럽 Gordon Gallup 박사는 하품이

뇌의 온도 변화와 연관성이 높다는 발표
를 했다.

코로 숨을 쉬는 실험 대상자들은 코를
집게로 집은 참가자들에 비해 하품의 전
염성이 강하지 않다는 실험 결과가 나왔
다. 그리고 이마에 온습포와 냉습포를
올려놓고 사람들이 하품하는 영상을 보
여주었더니 온습포를 올려놓은 참가자
가 하품을 더 많이 했다. 냉습포를 올려
놓은 참가자의 경우 '하품의 전염성'이 별로 없었다. 이 실험 결과를
통해, 하품을 하면서 코로 들어가는 공기가 비강의 혈관 온도를 냉
각시키고, 차가워진 혈액을 뇌로 보내면 뇌의 온도가 내려가 각성을
하고 좀 더 생각을 잘할 수 있도록 한다는 사실이 밝혀졌다. 하품은
상대방에 대한 예의가 없거나 지루해서가 아니라 이런 상태에 대항
하기 위한 반응이란 사실을 보여주는 것이다. 하품은 집중력과 각성
을 유지하려는 생리현상이라는 얘기다.

그렇다 해도 상대방의 하품하는 모습을 신체언어로 해석할 수 있
다. 그가 당신의 말을 정말로 잘 듣고 있는지 아닌지를 판단할 수 있
는 것이다. 이렇게 해보자. 일단 당신이 모른 척하고 유유히 자연스
럽게 하품을 해본다. 만일 다른 사람도 하품을 한다면 그 사람은 당
신의 말을 경청하고 있었다는 증거다. 하품을 따라 했다는 것은 더
각성하기 위해서 뇌의 온도를 식히려 차가운 혈액을 보낸 것이니 말

이다.

물론 자신을 소개하는 자리나 상대방을 유혹할 때 이런 테스트를
하면 좀 곤란하겠지만, 일상생활에서는 굉장한 재미를 주는 테스트
임에는 틀림없다. 당신이 직접 사진을 보고 하품을 했다면 당신은
상당히 공감 능력이 있는 사람이다. 당신이 사진 속 상대방의 입장
이 되어 행동을 바꾼 것이니 말이다.

간장공장 공장장-목소리 강세를 감지하라

상대방의 행동 읽기에서 '변화'란 그의 몸짓뿐 아니라 목소리도 포
함된다. 신체언어 해석은 입으로 하는 언어가 전혀 없는 경우도 포함
되기 때문이다. 특히 태국이나 노르웨이, 리스본처럼 말이 전혀 통하
지 않는 외국에서 아주 중요한 역할을 한다. 나도 이런 경험을 한 적
이 있다. 하지만 때로 사람들이 같은 언어를 쓰면서도 서로 이해를
못 하는 경우도 있다. 이때 목소리 톤에 신경을 쓰면 도움이 된다.

이제 당신에게 게임 하나를 소개하겠다. 상대를 찾아 그 사람 맞은
편에 앉아라. 그에게 특별한 생각을 하지 말고 그냥 긴장을 풀고 가
만히 있으라고 말한다. 이때 그에게 크고 분명한 소리로 '간장공장
공장장은 강공장장이고 된장공장 공장장은 공공장장이다'를 말해보
라고 하라. 이때 목소리 강세에 유념하라. 당신은 그가 하는 '간장공
장 공장장'을 입 밖에 내지 마라. 그가 속도를 정할 것이다.

상대방이 문장을 다 말하고 나면, 그가 견딜 수 없을 만큼 혐오하

는 사람을 생각해보라고 한다. 가능하면 세세한 부분까지 싫어하는 사람의 모습을 정확하게 상상하면서 말이다. 싫어하는 사람을 생각하는 동안 다시 한 번 '간장공장 공장장'을 소리 내 말해보게 한다. 그의 목소리 톤이 바뀌었는가? 어떤 식으로 변했는가? 상대의 말이 빨라졌는가? 아니면 느려졌는가? 목소리가 억압받은 것처럼 혹은 긴장된 것처럼 들리는가? 목소리에서 공격적인 느낌이 느껴지는가 아니면 슬픈 저음이 들리는가? 어떤 것이든 분명 달라졌을 것이다. 목소리의 뉘앙스에 유념하라.

이제 상대방에게 아주 좋아하는 사람을 생각해보라고 한다. 그리고 다시 '간장공장 공장장'을 말하게 한다. 이전 목소리와 다른 점이 무엇인가? 변화된 것을 전부 기억하라.

그런 다음 아주 혐오하는 사람 아니면 좋아하는 사람 중 한 사람을 생각해보라고 한다. 그러면서 다시 '간장공장 공장장'을 말하게 한다. 자, 이제 당신도 깜짝 놀랄 것이다. 다시 그의 목소리 변화를 분명히 느낄 테니 말이다.

변화를 분명하게 규정짓기 위해서는 상대방이 평상시에 어떻게 행동하는가를 알아야 한다. 그래야 평상시와 다른 행동을 보일 때 뭔가 다르다는 것을 알 수 있다. 전문가들은 이런 것을 일컬어 '베이스라인 구축Establishing a Baseline'이라 한다. 베이스라인이 구축되어 있어야 목소리의 강세가 달라졌다거나 자세나 몸짓의 변화를 알아차릴 수 있다.

손을 만지작거리는 이유는?
의미 찾기

이제 변화를 알아차렸는가? 그렇다면 당신도 이제 신체언어 전문 가로 가는 결정적인 단계에 올라섰다. 엄격히 말하면 두 번째 단계 까지는 오른 셈이다. 인지의 단계에 이어 상대방의 몸짓과 표정 변 화 알아차리기 단계까지 정복했으니 말이다. 그러면 이제는 세 번째 단계에 오를 차례다. 상대방의 변화에 어떤 의미가 있는지 분석하는 단계다. 가운데 손가락을 치켜세우는 행동처럼 의미가 분명한 것도 있지만 때론 애매모호한 것도 많다. 불분명한 행동을 정확하게 해석 하기 위해서는 많은 경험이 필요하다. 이때는 상대방의 비언어적 신 호뿐 아니라 당신이 어떤 신호를 보내는지도(이때 당신의 생각도) 중요 하다. 파워 포즈를 생각해보라!

순간의 변화로
'당신의 생각을 읽는다'

지금까지 말한 내용을 좀 더 이해하려면 미국 멘탈리스트^{마인드 매직}

을 전문으로 하는 마술사-옮긴이 밥 캐시디Bob Cassidy가 고안한 게임이 도움이 될
것이다. 이름을 찾는 테스트다. 상대방에게 학창 시절의 친구 이름
을 생각해보라고 한다. 혹시 그가 동창과 결혼을 했다면 배우자의
이름은 제외한다. 그리고 배우자와 같은 성을 가진 친구의 이름도
제외한다. 상대방에게 이렇게 말한다. "자, 이제 분필로 교실에 있는
칠판에 친구 이름을 적는다고 생각해봐." 그러고 나서 다음 과제를
준다. "내가 손뼉을 칠 거야. 그럼 곧바로 친구 다섯 명의 이름을 말
해봐. 성과 이름을 모두 얘기해. 다섯 명 중엔 네가 좀 전에 생각했
던 사람의 이름이 반드시 들어가 있어야 해. 나머지 네 사람은 네가
지은 이름을 말하면 돼. 그중 네가 아는 사람 이름이 있으면 안 되
고."

이제 손뼉을 치고 다섯 명의 이름을 말하게 한다. 더 이상 다른 질
문은 하지 말고 상대방에게 생각해낸 이름을 말해보라고 한다.

신체언어 해석의 세 단계에 따라 테스트 내용을 분석해보자. 그가
생각해낸 이름을 당신이 정말로 맞힐 수 있도록 말이다.

인지하기: 상대방의 얼굴을 잘 관찰한다. 진짜 친구의 이름을 말하
기 직전에 특정한 표정을 보일 것이다. 정답을 말하기 직전에 표정
변화가 없으면 나머지 네 사람의 이름을 말할 때 변화가 있을 것이
다. 예를 들어 그가 지어낸 이름 말하기 직전에 시선을 다른 곳으로
돌리고 진짜 이름을 말할 때 당신 눈을 똑바로 쳐다볼 수도 있다. 그
의 얼굴을 보고 어떤 변화가 있는지 잘 읽어보라.

변화 눈치 채기: 가짜 이름 네 개를 말할 때와 진짜 이름을 말할 때의 다른 점이 무엇인가? 상대방이 다섯 명의 이름을 말할 때 가짜 이름 앞에서는 잠시 머뭇거릴 수도 있다. 원래 아는 이름이 아니라 막 지어내야 하는 이름이니 말이다. 그래서 그가 이름을 말할 때 당신이 시간 압박을 약간 하는 게 더 효과적이다.

상대방이 당신에게 눈속임을 하려고 표정을 관리할 수도 있다. 이럴 경우에도 그는 지어낸 이름 앞에서 잠시 쉴 것이다. 이때 지어낸 이름 네 번 앞에서 쉬는 시간이 진짜 이름 앞에서 쉬는 시간보다 약간 길어지거나 짧아질 것이다.

이름을 말할 때 목소리의 강세가 서로 다르다는 것도 답을 맞히는 데 도움을 준다. 그가 지어낸 이름을 말할 때는 목소리가 조금 달라질 수 있다. '간장공장 공장장'을 생각해보라!

의미 찾기: 이 게임에서 의미란 간단하다. 변화가 있는 곳이 어디인지를 알아내면 바로 그때가 진짜 이름을 말하는 것이니 말이다.

상대방의 표정과 목소리를 다 보고 난 후 다시 한 번 전체 상황을 머릿속으로 생각해보라. 당신이 유리한 위치에 있다. 그는 시간 압박을 받으며 이름을 지어내야 했고, 이것은 그대로 얼굴에 나타난다. 게다가 이럴 때 진짜 이름은 대부분 세 번째에 나온다는 심리학적 통계도 당신 편이다. 진짜 이름이 처음이나 마지막에 오는 경우는 거의 없다고 심리학적 통계가 말해준다.

캐시디 게임은 관찰과 인지를 집중적으로 연습하고 변화를 파악하는 '거짓 알아차리기' 훈련에 아주 좋은 방법이다. 이 게임을 전화로도 할 수 있다.

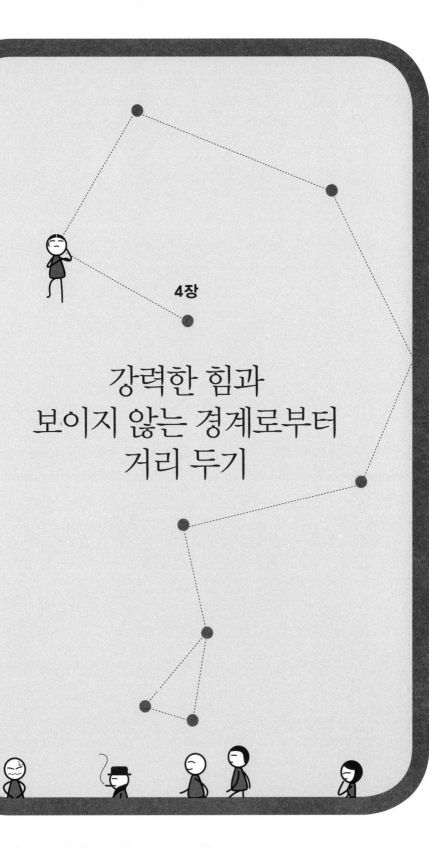

4장

강력한 힘과
보이지 않는 경계로부터
거리 두기

" 상대방이 당신에게
가까이 갈 수 있는 거리는?
"

남의 뒤를 따라가면
아무도 추월할 수 없다.

_ 프랑수아 트뤼포

쇼가 시작되었다! 난 무대 위에 서 있었고 관객 한 명을 지목했다. 여자 관객이었다. 그녀가 관중석에서 무대로 올라왔다. 그녀와 나는 6~7미터 정도 거리를 두고 있다. 그리고 난 이렇게 말한다.

"저한테 다가오세요. 오다가 멈추고 싶은 지점에서 멈추면 됩니다. 당신이 결정하세요." 난 그녀의 눈을 바라보고 집중적으로 생각한다. '거기서 멈춰!' 지금까지 테스트에 참가했던 사람들은 모두 약 2.5미터 정도 떨어진 곳에서 멈추었다. 그들이 나를 만질 수 없고 나 역시 그들을 만질 수 없는 거리다. 이번에도 다르지 않았다.

여자 관객이 나를 쳐다본다. 난 미소 짓는다. 그녀에게 어디에서 멈추라고 말하지 않았다. 대신 이렇게 말한다. "출발지점으로 돌아가서 다시 이쪽으로 다가오세요. 이번에도 당신이 원하는 곳에서 멈추세요." 난 그녀와의 게임을 반복한다. 이번에는 집중적으로 다른 말을 한다. '자, 더 가까이 다가와!' 무슨 일이 생길지 예상하겠는가? 여자가 멈춘다. 마법에 걸린 것처럼 말이다. 이번에는 내게서 80센티미터 정도 떨어진 곳이다. 큰 문제없이 서로 손을 잡을 수 있는 거리다.

같은 사람인데 왜 이렇게 다른 결정을 하는가? 왜 그녀가 한 번은 거리를 두고, 다음번에는 가까이 간다는 결정을 하는가? 지금까지 강조해왔던 두 가지 기본 개념이 여기에도 적용된다. 다시 반복하겠다. '모든 힘은 내면에서 나온다'와 '서로 넘지 못할 경계는 없다'를 기억하라.

이번 장이 거리 두기에 관한 내용인데 거리를 두라면서 경계가 없다니 좀 이상하게 들릴 게 분명하다. 내가 집에서 조용히 서류 작업을 하거나 글을 읽으려고 서재 문을 닫으면 이 또한 제한이며 경계 두기 작업이다. 그렇지 않은가? 하지만 지금 말하려는 건 이런 식의 경계 두기가 아니다.

여기서 경계가 없다는 말은 다른 관점을 받아들이는 데 경계가 없다는 것이다. 우주는 끝이 없다. 시간도 그렇다. 한이 없고 경계가 없는 영역은 수없이 많다. 우리는 무의식적으로 경계를 둔다. 프로그램을 작성할 때나 강연할 때, 책을 집필할 때 나는 제한을 두지 않고 어떤 경계도 긋지 않는다. 일단 모든 생각을 다 받아들인다. 그런 다음에야 비로소 나는 모아놓은 생각들을 정리하고, 그다음에 내게 필요한 생각과 그렇지 않은 것 사이의 경계를 분명하게 한다. 이때 경계는 내가 프로그램을 계획하고 초고를 만들 때 도움을 준다. 모든 사람들에게 재미를 주는 프로그램을 만들길 원하므로 버릴 것과 받아들일 것을 분명히 하는 작업이 필요한 것이다. 이런 경우 말고는 생각에 경계가 없다.

'모든 힘은 내면에서 나온다.' 내가 무대에서 여자 관객을 불러내 쇼를 할 때 처음 순간에는 이 말이 통하지 않는다. 특정한 지점에서 그 관객이 멈추어야 한다고 내가 생각했기 때문에 그녀가 멈추었으니 말이다. 그녀가 멈추게 된 힘은 외부에서 나온 것이다. 이런 거리 두기 게임은 자신의 생각이 신체언어에 영향력을 발휘하는지 확인하는 데 아주 좋은 게임이다. 내 여성 관객은 그런 생각을 전혀 할 필요가 없다. 그녀는 자동적으로 그렇게 행동한다. 그녀가 한 번은 더 일찍 또 다른 한 번은 더 늦게 멈춰야 한다는 것을 스스로 무의식적으로 감지한다는 의미다. 이것을 작동시킬 힘은 당신에게도 있다. 당신이 내 역할을 받아들이기만 하면 된다.

이 말은 당신 스스로 자신의 내면도 결정할 수 있다는 의미도 된다. 물론 이때 외적인 환경이 중요한 역할을 차지해서 몸이 좋지 않다거나 불행이 있을 때, 질병이나 주변 누군가 세상을 떠나서 당신 삶의 토대를 빼앗을 만큼 힘들 때는 자신도 어떻게 할 수 없다. 하지만 이런 극적인 때를 말하는 거 아니고 일상생활을 말하는 것이다. 일상생활에서도 때론 기분이 좋지 않거나 불만족스러운 경우도 있다. 직장에서 사람들이 당신에게 무리한 요구를 해서 혹은 케이크를

90

구웠는데 옆집 부인이 만든 것보다 잘 안 되어서 등등 일상에서도 기분이 나쁠 이유는 수천 가지는 될 것이다.

하지만 잘 생각해보라. **근본적으로 당신 자신만이 스스로를 불만족스럽게 만들 수 있다. 다른 사람들은 그렇게 할 위치가 안 된다. 당신만이 그럴 만한 힘을 가지고 있고 열쇠를 쥐고 있다. 당신이 화가 나서 분노하는 경우는, 상대방 자체의 문제라기보다는 당신이 옳다고 생각하는 대로 다른 사람이 행동하지 않아서일 경우가 많다.**

나는 프로그램을 진행할 때 관중들에게 그들이 자신의 팔을 더 이상 들 수 없게 암시할 때가 있다. 그러면 관중들은 정말로 팔을 들지 못한다. 암시할 때 다른 사람의 아이디어가 걸러지지 않고 무의식 속으로 들어가기 때문이다. 광고도 이런 방법으로 작동된다. 생각은 신체에 영향을 주고 힘을 발휘한다. 누군가 신호를 보내면 신호는 전부 일단 생각으로 나타난다. 그런 다음 주변으로 길을 튼다. 나는 생각을 말로 할 수 있고 몸으로도 표현할 수 있다. 당신도 나와 똑같이 할 수 있다. 당신이 어떤 가능성을 결정하는지에 상관없이 당신이 보내는 그 원천은 항상 당신의 내면에서, 당신 생각에서 찾아야 한다. 그리고 이런 생각은 실제로 굉장한 힘을 지니고 있다.

상대방의 반응에 우리가 영향을 끼칠 수 있는 상황이 꽤 많다. 당신이 그를 향해 '이 멍청한 머저리 같은 놈'이라는 생각을 품고 있으면 그는 당신이 '난 널 굉장히 좋아해'라고 생각할 때와는 다른 태도를 보일 것이다. 놀랍게도 이런 경우 다른 사람이 이와 같은 신호를 읽을 수 있도록 어떤 사용설명서도 줄 필요가 없다는 것이다. 인간은 그런 데에는 아주 좋은 감각을 가지고 있기 때문이다.

가까이 – 멀리 거리 두기 게임은 당신 자신이 스스로 시험해볼 수 있다. 어떻게 작동되는지 내가 당신에게 설명해줄 수는 없다. 내가 '이제 멈춰!' 혹은 '이제 더 가까이 와!'라는 생각을 할 때 내가 어떤 표정과 몸짓을 나타내는지 나 자신도 모른다. 하지만 어떤 일인지 무언가는 일어나지 않았겠는가. 그렇지 않으면 내 게임 상대가 반응을 나타내지 않을 테니 말이다. 그리고 그 역시 자신이 왜 그렇게 행동했는지 이유를 알지 못한다. 그는 자신의 내면에서 내리는 명령을 따랐을 뿐이다.

길에서도 이 게임을 적용해볼 수 있다. 공공건물이나 대중교통을 이용할 때 누군가 당신에게 다가오게 하거나 일정 거리를 유지하게 하는 것이다. 버스나 다른 대중교통 수단에 앉아 있는데, 당신 옆자리가 비어 있다. 당신은 옆자리에 누가 앉지 말았으면 좋겠다는 생각을 한다. 그럴 때 자리를 좀 더 넓게 차지하고 앉아 있으면 당신의 영역이 넓어진다. 계속 옆자리를 비워두고 조용히 앉아 있고 싶으면 옆자리에 가방이나 외투를 올려놓아서 당신 영토라는 암묵적 표시를 하는 것이다. '여기 내 물건이 올려져 있으니 이 자리는 내 자리다'라는 뜻을 품고 있는 것이다. 이런 신호는 상대방이 굉장히 진지하게 받아들인다. 혹시 여행지에서 선탠 침대 때문에 싸움이 벌어지는 광경을 본 적이 있는가? 어느 곳에서도 똑같은 법칙이 적용된다. 수건을 누가 올려놓았으면 그 자리는 수건 소유자 자리인 것이다.

물건을 놓는 행동이 좀 민망하고 우습게 들린다면 또 다른 방법도 있다. 당신이 자리를 혼자 차지하고 싶다면 그냥 집중적으로 이런 문장을 생각해보라. '날 좀 조용히 내버려둬.' 그럼 이 문장이 당신의 몸에서도 배어나와 놀랄 만한 결과를 가져올 것이다.

무대 예술가란 직업으로 살면서 난 이런 파워 게임의 형태를 재미 있는 방법으로 사용하기도 한다. 관객을 예상치 못한 놀람의 세계로 이끌어가기 위해 신체언어뿐 아니라 심리학과 최면, 그동안 학습했 던 마술 기법을 끌어들이는 걸 마다하지 않는다. 나는 관객을 기분 좋게 만들고 싶다.

앞에서 언급했던 미국의 인류학자 에드워드 T. 홀은 특정한 공간 에서 두 사람의 거리에 따른 신호가 비언어적 신체 신호임을 처음으 로 분석했다. 홀의 이론에 따르면 공간의 사용은 다른 사람을 가까 이하거나 멀리하는 힘과 직접적인 연관관계가 있다. '근접학' 이론 이다. 개개인이 받아들이는 거리에 의존해서 신체 신호를 교환하고, 이때 어떤 구역을 마킹하고 특정한 보호구역을 만드는 것이다. 홀은 공간적 태도를 네 가지 거리 구역으로 분류했다.

1. 친밀한 거리
2. 개인적 거리
3. 사회적 거리
4. 공적인 거리

친밀한 거리는 우리가 신뢰할 수 있는 가까운 사람과의 거리다. 배우자나 부모, 자녀, 친한 친구와의 거리다. 독일에서는 이 거리가 50센티미터 정도 되고, 문화나 국가에 따라 거리가 달라진다. 북유럽은 남유럽에 비해 친밀한 거리가 좀 더 길다. 남유럽 사람들은 이야기할 때 상대방과 가까운 거리를 둔다. 독일에서는 대화할 때 일반적으로 팔을 뻗는 거리 정도를 유지하고, 지중해에서는 일반적으로 팔꿈치 정도의 거리를 유지한다.

낯선 사람이 친밀한 거리로 다가오면 우리는 자동적으로 몸을 뒤로 뺀다. 언젠가 무대에서 남유럽 출신 관중과 대화한 적이 있었는데, 계속 내게 다가왔다. 그 관중에게는 내가 유지하는 '북쪽' 거리가 마음에 들지 않았던 것이다. 나는 계속 조금씩 뒤로 물러섰고 그 상태는 그리 오래가지 못했다. 더 가다가는 무대 아래로 떨어졌을 것이기 때문이다. 당시 나는 '근접학'에 대해 그다지 잘 알지 못했다.

하지만 항상 피할 수 있는 상황만 있는 건 아니다. 만원버스나 사람이 가득 찬 기차에서, 혹은 엄청난 관객이 몰린 록 콘서트에서, 사람이 꽉 찬 엘리베이터에서 우리는 '친밀한 거리'를 어쩔 수 없이 참아내야 한다. 모르는 사람과 가까이 있어야 한다는 사실이 마음에 들지 않아도 어쩔 수 없다. 뒤에 있는 남자의 숨소리를 목덜미에서 느껴야 할 때도, 앞에 있는 여자의 강한 향수 냄새를 참아내야 할 때도 있다. 옆에 있는 남자의 다리가 몸에 닿기도 한다. 낯선 사람과 이렇게 가까운 거리에 있으면 여간 불편한 게 아니다. 우리는 그런 상황이 되면 두려워하기도 하고, 때로는 위험을 느끼기도 한다. 이럴 땐 '누가 물건을 슬쩍하는 건 아닐까, 저 사람이 나한테 가까이 와서 신체 접촉을 하려는 건 아닌가?'라는 생각이 들게 마련이다.

그런 순간이면 거의 움직일 수 없고, 근육이 긴장하고, 멀리 있는 곳을 응시하고, 주변 사람과 눈을 마주치지 않으려 한다. 그러면서 결국엔 어쩔 수 없이 다른 사람과 가까이 있어야 하는 상황을 받아들인다. 그렇지 않으면 집 밖에 나갈 수가 없다. 비좁은 공간에서 '좀 비켜라. 가까이 오지 말고 저리 좀 가!'라고 마음속으로 계속 되뇐들 그 주문은 작동되지 않는다.

이런 상황에 직면했을 때는 '모든 힘은 내면에서 나온다'는 말이 도움이 된다. 이렇게 생각해보라. '그래, 지금 난 사람들 무리 속에 있어. 이런 곳에서 낯선 사람이 내게 다가온다 해도 이 정도쯤은 괜찮아.' 당신이 이런 생각을 하고 있다면 당신의 얼굴은 환하게 빛날 것이다. 그리고 주변 사람들이 덜 밀치게 될 가능성이 높다. 주변 사람들이 필요 이상으로 당신을 쳐다본다거나 불필요한 접촉이 있을 때에도 이와 비슷한 생각을 하면 좋을 것이다.

두 번째 거리는 개인적 거리로, 사람들이 손을 건넬 수 있는 영역 안의 거리다. 약 0.5~1.5미터 영역이면 신뢰할 수 있는 사람들 간에 허락할 수 있는 거리다. 물론 필요한 경우 자동적으로 신체 접촉을 하기에 충분한 공간이다.

파티에 참석해보면 당신이 정확하게 이 정도 거리를 두고 서 있을 것이다. 파티나 축하연은 여러 사람이 모이는 공개적인 공간이다. 그래서 당신도 어느 정도의 거리를 유지하는 것이다(파티가 끝날 때쯤에는 이 거리가 바뀔 수는 있다. 이런 경우를 말하는 건 아니다). 이때 낯선 여자나 모르는 남자가 접근해서 허락도 없이 이 반경 내에 들어오면 화가 날 것이다. 이런 경계를 넘어서는 사람이 있다면 그 사람에게서 위협을 느낄 수도 있다.

사회적 거리는 1.5~4미터이고, 몸이 스칠 수 있는 거리다. 점원과 손님 사이 혹은 집 수리를 하러 온 기술자가 일하고 있을 때, 혹은 책상을 사이에 두고 있는 회사 상사와의 거리다. 상사가 부하직원의 어깨를 두드리면(반대로 부하직원이 상사 어깨를 두드리는 일은 절대 없을 테고), 거리는 세 번째에서 두 번째로 변화된다. 그리고 이럴 경우 사람들은 대부분 기분 좋게 받아들인다.

공식적 거리는 4~8미터 정도로, 이 구역은 개인적 관계가 어떤 방법으로도 이루어지지 않는 거리다. 이 거리는 내가 무대에 올랐을 때 관객들과의 거리다. 개인적으로 나는 관객과의 호흡을 좀 더 효과적으로 하기 위해 경계를 없애는 걸 좋아한다. 내 쇼에서 나는 의식적으로 사회적, 개인적, 친밀한 거리마저도 그 경계를 허물 때가 있다.

'그 자리에 그대로 서 있어!'라고 생각하면 관객들은 사회적 거리를 유지한다. '좀 더 다가와'라는 명령에서 나는 제1구역인 '친밀한 거리'까지 다가간다. 내가 한 번도 본 적이 없는 사람인데도 말이다.

공간적 느낌은 비언어적 커뮤니케이션 수단의 하나인 시선으로도 조종할 수 있다. 카페에 앉아 있다고 생각해보라. 카페 안에 유일한 빈자리는 당신 테이블에 있는 의자밖에 없다. 한 사람이 당신에게 다가와 묻는다. "여기 좀 앉아도 되겠습니까?" 이렇게 묻는 사람의 시선은 아래를 향하고 있어서 당신은 앉아도 좋다고 말한다. 왜냐면 낯선 사람이 당신에게 물을 때 눈으로 이해를 구했기 때문이다. 이 사람의 시선은 '제가 당신의 영역을 빼앗는 걸 용서해달라'는 의미가 포함된 것이다. 이런 경우가 바로 긍정적인 비언어적 커뮤니케이션이다.

그런데 당신 테이블에 누가 앉지 않았으면 좋겠고 혼자 있고 싶다면 간단한 방법 몇 가지가 있다. 간단하지만 대단히 효과적인 심리학적 기술이다.

- 대중교통 수단을 이용할 때 옆자리에 가방이나 외투를 올려놓은 것처럼, 빈 의자에 가방이나 외투를 놓는다. 또는 휴대전화나 선글라스, 주문서 등 가능하면 여러 가지 물건을 테이블 위에 늘어놓고 공간을 차지하게 한다. 이때 당신이 전하는 메시지는 분명하다. '이 자리에 누구도 오지 마! 난 이 공간이 전부 필요해!'
- 누가 카페 안으로 들어왔는지 알아볼 수 없는 자리에 앉는다. 그러면 당신과 누구와도 눈이 마주칠 염려가 없다. 눈을 마주치지 않겠다는 건 상대방의 시선을 받아들일 의사가 없다는 의미다.
- 헤드폰을 머리에 쓴 채 카푸치노를 마시고 있으면 거리 두기 의지가 그대로 드러난다.

이런 자세는 당신이 지금 적극적으로 누군가를 맞이할 상태가 아니라 한 걸음 뒤에서 혼자 있고 싶다는 의미다. 있어도 있는 것 같지 않은 사람 옆에 누가 앉으려 하겠는가?

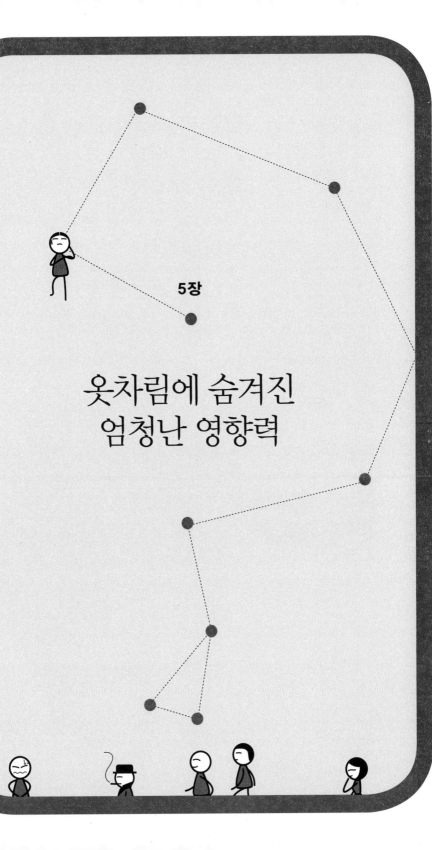

5장

옷차림에 숨겨진
엄청난 영향력

"
옷이 사람을 만든다.
그 사람의 인상을 볼 때
외적인 모습이 얼마나 중요한
역할을 하는가?
"

우린 지금 역대 최고의 팀이
될 수도 있어.
당신은 슈트만 걸치면 돼.

_ 바니 스텐손, 〈내가 그녀를 만났을 때(How I met your mother)〉

옷이 날개다! 어떤 옷을 입었는지가 그 사람의 표정과 신체언어에 대한 판단에 결정적 요인이 되기도 한다. 다시 말해 어떤 옷을 입었는지가 어떤 사람인지를 말하기도 한다는 것이다. 그리고 당신이 옷과 어떤 것들을 매치시켰는가, 어떤 보석과 액세서리를 했는가도 포함된다. 향수나 비누 향도 다른 사람에게 당신이란 사람에 대해 힌트를 준다. 향수가 저렴한 것인지 최고급 제품인지만으로도 상대방을 파악하는 데 큰 도움이 된다. 코를 찌를 정도로 강한 향수 냄새를 풍기고 다니는 사람이 있다면 눈에 띌 수밖에 없을 것이다. 이 모든 것이 자신을 나타낼 수 있는 소소한 방법이다.

첫인상은 신체언어에서만 나타나는 건 아니다. 어떤 의상을 선택했는가에서도 나타난다. 누가 등장하면 우리는 그 사람의 바지나 치마, 코트, 재킷을 먼저 본다. 사우나에 있지 않는 한 말이다. 손동작이나 매너가 옷차림과 모순되는 경우도 있기는 하다. 예를 들어 어떤 남자가 완벽한 정장 차림으로 앉아 있는데 테이블 매너가 좋지 않을 수 있다. 그래도 우리가 그 사람을 보고 느끼는 첫인상은 그 사람의 정장이 더 지배적이다.

한동안 나는 수염을 기르고 머리를 지금보다 몇 센티미터 더 길렀던 적이 있었다. 그때는 무대에 오를 때 검은색 정장을 입지 않고 여러 가지 옷을 입었다. 때로는 청바지 차림일 때도 있었다. 결과는 당혹스러웠다. 청바지 차림이었을 때는 그 이전보다 확실히 박수를 덜 받았다. 내 프로그램이 전보다 별로였나? 프로그램이 나빠진 것이란 생각은 들지 않았지만, 그래도 이유를 확실하게 알고 싶었다. 그 이후 나는 청바지 대신 다시 슈트와 셔츠를 입고 넥타이를 맸다. 그러자 사람들의 박수소리가 우레 같았다. 물론 프로그램은 변하지 않았고 옷만 달랐을 뿐이다. 관중들이 편안한 스타일의 옷차림보다는 정장 차림으로 공연할 때 더 신뢰하고 더 칭찬을 한다는 결론을 내렸다. 흥미로운 것은 관중들은 자신들이 공연자의 옷차림에 따라 다른 반응을 보인다는 사실을 전혀 모른다는 것이다. 자신도 모르게 무의식적으로 결정하는 것이다.

다른 예를 들어보자. 내 친구가 대학을 졸업한 뒤 곧바로 이케아에서 면접을 보았다. 경영학 학위를 받자마자 처음 있는 면접이라 이 친구는 정장에 넥타이를 매고 참석했다. 그런데 주변에 눈을 씻고 봐도 자신 말고는 아무도 정장을 입은 사람이 없었다. 그럼에도 그는 1차 면접을 통과했고, 2차 면접을 보게 되었다. 이번에는 다른 옷을 입었다. 정장 대신 청바지와 셔츠를 입었다. 그 회사 분위기에 맞는 정확한 결정이었다. 미래의 상사가 될 사람이 그에게 인사하며 이렇게 말했다. "이제야 자네도 옷을 제대로 입었군."

앞의 두 가지 예에서 분명하게 드러난 사실은, 옷 자체가 중요한 것이 아니다. 그보다는 장소와 때에 맞는 옷차림이 중요하다는 것이다. 환경과 상황에 따라 요구되는 옷차림이 달라질 수 있으므로 그때그때 분위기에 맞는지 확인하고 옷을 입을 필요가 있다.

어떤 사람이 저렴한 평상복을, 그것도 오래되어 낡은 옷을 입고 있는데 손목에는 아주 비싼 시계를 차고 있다면, 직장에서 성공한 사람이지만 집에서는 아주 편안하고 격식을 차리지 않아도 되는 옷을 입고 있는 것일 수도 있다. 이런 걸 뭐라 할 사람은 아무도 없다. 다른 사람 눈에 거슬릴 일이 없으니 말이다. 한편, 편안한 옷차림을 한 파티에 단 한 사람만 완벽한 정장 차림으로 왔다면 다들 이 사람이 왜 정장을 입었는지 한번쯤 생각해볼 것이다. 중요한 출장에서 곧바로 파티 장소에 오느라 어쩔 수 없이 정장 차림으로 온 게 아닐까라고 생각할 것이다. 파티에 꼭 참석하고 싶은데 집에 가서 옷 갈아입을 시간이 없어 그랬을 것이라고 말이다. 내게도 이런 경우가 종종 있었다. 강연 직후에 곧바로 편안한 모임에 가야 했다. 사실 이런 '잘못된' 옷차림을 한 당사자는 마음이 편하지 않다.

옷차림이 장소에 적당한지는 그 분위기가 결정한다. 증권회사 임원이 잔디를 깎을 때 슈트를 입지는 않을 것이며, 임원회의에 해진 청바지 차림으로 가지는 않을 것이다. 이 사람은 옷장에 두 가지 옷을 다 가지고 있을 테고, 어떤 옷을 입을지 선택하는 기준은 바로 분위기다.

옷이 단정치 못하면 그것도 그 사람의 일부라는 생각이 들 때가 많다. 어떤 사람이 외모에 신경을 안 쓰고 소홀히 하면, 사람들은 그를 다른 부분에서도 소홀히 하는 사람이라고 여긴다. 자신이 끝내야 하는 일이나 친구들과의 관계에서도 그럴 것이라고 생각한다. 하지만 조심해야 할 경우도 있다.

언젠가 저녁에 친구와 시내에 갔는데, 길을 가다 친구의 직장 동료를 우연히 만났다. 나는 친구의 동료를 처음 봤다. 그 사람은 찢어진 낡은 청바지에 물 빠진 티셔츠를 입고 발목까지 오는 낡은 스니커즈를 신고 있었다. 그런데 그 사람의 두 손은 굉장히 깔끔했고 게다가 그에게서 나는 향수 냄새는 튀지 않는 고급스러운 향이었다. 머리는 더부룩하긴 했지만 그럼에도 지저분해 보이지 않고 정돈되어 있었으며, 스타일도 살아 있었다. 옷차림새와 달리, 절대 게으르거나 나태한 사람은 아닌 것 같았다. 그가 그런 차림으로 다니는 건 분명 어떤 이유가 있을 것 같았다. 난 그 사람을 꼼꼼히 살펴봤다. 손을 먼저 봤다. 손가락은 길었고 손톱은 깔끔하게 깎여 있었다. 왼쪽 어깨가 오른쪽 어깨보다 약간 높았다. 이런 사람들은 왼쪽 어깨에 뭔가 메고 다니는 경우가 많겠다는 생각이 들었다. 기타를 메고 다닐 수도 있을 것 같았다. 헤어질 때 나는 그에게 이렇게 인사했다. "밴드 연주 즐겁게 하세요!" 내 예측이 맞았다. 그 사람은 블루스 밴드 전자기타 연주자였다. 그날 내 예측이 100퍼센트 확실한 건 아니었다. 그 사람이 데이트하러 가는 길이었을 수도 있으니 말이다.

어떤 액세서리를 선택했는가도 자신을 보여주는 방법이다. 팔찌나 목걸이, 기타 장신구 등을 너무 많이 달고 다니는 여성은 일반적으로 외향적이고 자신이 시선을 끌기 바라는 경우가 많다. 액세서리를 단 하나만, 그것도 진짜 눈에 띄는 것을 착용하는 여성은 내면에 관심을 받고 싶다는 의도가 숨어 있다. 기분전환용이 아니다. 어쩌면 그것을 아주 특별한 선물로 받은 것일 수도 있고, 아니면 스스로에게 수고했다고 자신이 산 것일 수도 있다. 이런 액세서리가 오래된 것이라면 유산으로 물려받았을 가능성도 있다. 남자가 문장紋章이 있는 인장반지를 끼고 있으면 이 사람은 자신이 전통 있는 부유한 집안 출신이란 사실을 나타내고 싶은 것이다.

우리는 옷을 선택할 때 마음에 드는 것을 택할 뿐 아니라 그 옷으로 우리가 살고 있는 주변 환경과 '대화'를 나눈다. 어떤 특정한 그룹에 속해 있다는 것을 보여주기 위해, 돈이 많다는 것을 혹은 돈이 없다는 것을 보여주기 위해 그에 맞는 것을 선택한다. 때로는 다른 사람이 어떻게 생각하든 신경 쓰지 않는다는 것을 보여주기 위해 선택하기도 한다. 어떤 옷을 입겠다는 당신의 선택은 다른 사람들이 당신을 어떻게 받아들이고 당신에 대해 어떻게 생각하는지에 영향을 준다. 당신 자신이 어떻게 느끼는지 그리고 어떻게 행동하는지에도 영향을 준다. 나 역시 정장을 입었을 때와 청바지를 입었을 때의 느낌과 행동이 다르다. 상황에 맞게 입는 것이 답이다.

당신이 돋보이길 원하고 카리스마를 드러내 보이고 싶다면 주변 사람들보다 옷을 좀 더 잘 입어야 한다.

신발과 애착불안

2012년 미국 캔자스 대학 심리학자들은 첫인상을 결정할 때 신발이 어느 정도의 영향력이 있는지를 연구했다. 연구진은 실험 대상자들에게 가장 자주 신는 신발 사진을 제출하도록 했다. 그런 다음 이들의 성격을 테스트했다. 다른 그룹의 참가자들에게는 자신들이 모르는 사람들의 신발 사진을 보여주고 그들의 성격, 나이, 수입 등을 알아맞혀보라고 했다.

거의 모든 참가자가 솔직함, 호기심, 외향성, 내향성 같은 본질적 특징을 신발 주인의 성향과 유사하게 맞혔다. 신발 사진을 보고 평가를 한 그룹은, 새 신발 사진을 제출한 사람들은 관계에 불안감을 느끼거나 다른 사람의 반응에 민감한 사람일 것이라고 판단했다. 즉, 신발로 좋은 인상을 남기고 싶어 하는 사람들은 배우자나 연인과의 관계가 불확실할 것이라는 해석이다. 세련된 스타일의 신발 사진을 본 실험 참가자들은 애착불안이 있는 사람일 것 같다고 판단했다. 색이 화려한 신발 주인은 외향적인 사람일 것이라는 데 의견을 통일했다. 앞코가 뾰족한 신발이나 로고가 있는 신발 주인은 앞코가 둥근 신발이나 로고가 없는 신발 주인에 비해 덜 다정한 성격일 것이라는 의견이었다. 비싸고 불편해 보이는 신발을 신고 다니는 사람은 별로 사랑스럽지 않을 것 같고, 아주 오래됐지만 신발을 잘 관리한 사람은 자부심이 강할 것이라고 판단했다. 하이힐을 신고 다니는 여성은 침착하지 못한 변덕스러운 사람일 것으로 분류했다. '불편한 신발을 신고 다니는 사람은 성격이 안정적이지 않을 것이다'라는 게 참가자들의 의견이었다.

다른 사람의 신발 사진을 보고 참가자들은 수입이나 나이, 애착불안 등 매우 정확하고 바른 해석을 했다. 신발만 보고도 전혀 모르는 사람의 성격을 알 수 있다는 흥미로운 연구 결과였다.

슈트 업!
정장을 사라!

학자들은 의상 자체의 영향력에 대해 연구하면서, 특정한 옷차림이 그 사람의 특성과 연관이 있는지를 놓고 실험을 했다. 미국의 물리학자 레오나르드 믈로디노프 Leonard Mlodinow 는 그의 책 《새로운 무의식^{Subliminal}》에서 한 가지 실험을 소개하며, 우리가 다른 사람의 옷을 보고 무의식적으로 얼마나 많은 영향을 받는지를 정확하게 보여주었다. 백화점 안의 매장에서 면도도 안 하고 잘 씻지 않은 남자가, 닳아빠진 청바지에 낡은 티셔츠를 입고 매장에 있는 물건 하나를 자기 주머니에 넣고 지나갔다. 곧바로 백화점 직원이 이 고객에게 다가와 도둑질한 것을 신고하겠다고 말했다.

같은 백화점에서 갓 면도한 남자가, 깔끔하게 주름 잡힌 바지에 셔츠를 입고 넥타이를 매고 스포티한 재킷을 걸치고 물건을 슬쩍 집어넣었다. 이곳에도 백화점 직원이 나타났지만 신기하게도 도둑이 사라지고 나서였다.

두 가지 범죄 행동을 한 이들은 실험 참가자였는데, 모두 배우였다. 이 실험에서 밝히려 했던 건 어떤 사람이 더 자주 도둑으로 의심받는가였다. 당신도 답을 잘 알 것이다. 면도를 하지 않고 지저분한 옷을 입은 남자가 재킷을 걸친 남자보다 도둑질을 했다는 신고를 훨씬 더 자주 당했다. 이 실험 내용을 읽었을 때 나는 특히 섬세한 부분에 대해 놀랐다. 재킷을 입은 남자를 신고할 때는 주저하듯 의심했는데, 차림새가 후줄근한 '도둑'에 대해서는 거의 확신하는 의심이었다.

우리가 원하든 원치 않든 우리는 어떤 범주 안에서 생각한다. 다른 사람을 생각할 때만이 아니라 자신에게도 그렇다. **옷차림은 다른 사람이 나를 어떻게 생각하느냐에만 영향을 주는 것이 아니라, 나 자신의 정신적 힘에도 영향을 준다. 당신은 믿지 않는가?**

옷이 사람을 똑똑하게 ─────────
만들어준다

이 책을 읽으면서 집중하는 데 어려움이 있었는가? 그렇다면 지금 흰색 가운을 입어보는 게 좋겠다. 노스웨스튼 대학교 켈로그 경영대학원의 애덤 갈린스키[Adam Galinsky] 교수와 그의 팀 동료 하조 애덤[Hajo Adam] 교수는 흰색 가운을 입으면 실제로 집중력이 좋아진다는 사실을 밝혀냈다.

두 사람은 자신들의 연구에서 실험 참가자들에게 집중력과 반응 능력을 촉진시키는 과제를 주었다. 첫 번째 그룹은 흰색 의사 가운을 입었고, 다른 그룹은 평상복을 입었다. 흰색 가운을 입은 참가자들은 평상복을 입은 참가자들에 비해 읽기에서 실수를 절반 정도 적게 했다. 흰색 가운을 입는 것만으로도 참가자들의 능력을 개선시킨 것이다. 의사들은 지적이고 꼼꼼하다는 고정관념이 강하게 작용되어서 가운을 걸치고만 있어도 그 순간 집중력이 더 높아졌기 때문이다.

또 다른 실험에서 참가자들은 거의 유사한 사진들의 차이점을 찾아내라는 과제를 받았다. 이번에는 세 그룹으로 나누었다. A그룹은 의사 가운을 건네받았고, B그룹은 흰색 가운이지만 화가 가운을 받았고, C그룹은 평상복을 입었다. 세 그룹은 테스트 전에 잠시 작문을 했다. 주제는 '의사 가운에 대해 당신은 개인적으로 어떤 걸 연상하는가?'였다.

결과는 다음과 같다.

의사 가운을 입은 그룹이 집중력 테스트에서 가장 좋은 점수를 받았다. 당황스러운 건 C그룹 참가자들의 점수가 B그룹 참가자들의 점수보다 높았다는 점이다. 이 결과의 의미는 우리가 정신적으로 똑똑한 사람들에 심취하면 더 영리해진다는 것이다.

우리가 옷을 걸치는 그 순간 그것은 우리의 일부가 된다. 다른 사람에 대한 외적인 효과뿐 아니라 옷은 자신의 생각과 감정, 태도를 결정짓는 중요한 도구가 된다. 파워 포즈와 더불어, 올바른 의상을 선택하는 것은 성공이냐 실패냐를 결정할 수 있다.

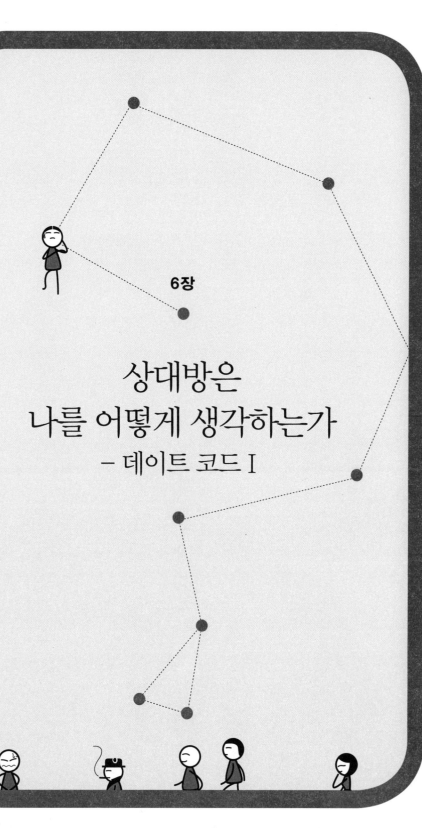

6장

상대방은
나를 어떻게 생각하는가
– 데이트 코드 Ⅰ

"부인과의 첫 데이트에서
어떻게 하셨죠?
여심을 사로잡은
비법이라도 있나요?"

나는 절대 추측을 하지 않네.
그건 아주 나쁜 습관이니까.

_ 아서 코난 도일, 《네 개의 서명》

코끼리 부인은 제이슨과 케빈이라는 두 아들이 있다. 이 어머니의 이름은 뭘까! An elephant lady has two sons: Jason and Kevin. What is the name of the mother!

이 수수께끼를 다시 한 번 읽고 답을 생각해보라. 어딘가 꼼수가 있는 문제가 절대 아니다. 당신이 알아야 할 것은 이 두 문장 안에 다 있다. 아직도 오리무중인가?

이 수수께끼는 우리의 기대와 습관, 더 나아가서는 우리의 인지와 연관 있다. 두 번째 문장은 물음표가 아니라 느낌표로 끝난다. 다시 말해 이 문장은 우리의 기대와 달리 의문문이 아니라 서술문이다.

그러니까 그녀의 이름은 '무엇^{What}'인 것이다. 물론 좀 억지스럽고 괴상한 이름인 건 사실이지만, 이름이 어찌됐든 그건 중요하지 않다. 이 수수께끼와 앞으로 이어갈 이야기에서 그보다 더 중요한 것은 우리가 바로 그런 디테일에 어떻게 주의를 기울일 수 있느냐 하는 것이다. 이 수수께끼에서처럼 몸의 신호에 모든 정보가 다 있다. 상대방은 자신의 생각을 우리에게 전달하기 위해 온갖 신호를 보낸다. 우리가 무엇에 주의를 기울여야 하는지 알기만 하면, 상대방의 생각을 읽어내기란 정말 누워서 떡먹기다.

당신은 경험한 바에 따라 으레 두 번째 문장이 의문문이라고 생각했을 것이다. 자신이 체험하고 인지하는 것이 경험의 상당 부분을 차지하여 추측을 좌우하기 때문이다. 우리는 누구나 그와 같은 정신적 틀을 가지고 세상을 파악한다. 그 틀은 우리가 환경에 빨리 익숙해지는 데 도움을 주지만, 결정적인 디테일을 인지하지 못하게 방해하기도 한다. 경험에 부합하는 것은 인지하고 그렇지 않은 것은 산과해버리는 것이다. 그러므로 우리는 자기 습관의 제물, 즉 정신적 틀의 제물이 되는 셈이다. 그러한 제물이 되지 않기 위해 나는 기회가 될 때마다 신체언어 읽기 훈련을 하곤 한다. 예를 들자면 이런 식이다.

금요일 저녁 8시가 막 지난 시각. 뮌헨의 단골 레스토랑에 자리를 잡고 앉아 휴대전화를 비행기 탑승모드로 바꿨다. 레스토랑은 신체언어 읽기 훈련에 완벽한 장소다. 내가 그곳을 찾은 것도 그 때문이다. 또한 이는 내가 지겹도록 들어온 '생각 읽기를 배울 수 있는 방법은 무엇인가?'라는 질문에 대한 답이기도 하다. 방법은 아주 간단하다. 음식점 같은 곳에 가서 휴대전화를 옆으로 치워놓고 주위에 있는 사람들을 관찰하는 것이다. 사람들이 어떤 동작을 취하고 어떻게 인사를 나누는가? 어떤 식으로 서로를 바라보거나 서로 시선을 피하는가? 남자가 자신의 턱에 있는 흉터를 계속 쓸어내리는 건 왜일까? 어렸을 때 롤러스케이트를 타다가 넘어져서 생긴 흉터일까? 아니면 누군가를 구하기 위해 유리창을 깨부수다가? 저 여자는 왜 자신의 머리카락을 끊임없이 잡아당기고 있을까? 대화 상대가 재미없고 지루해서일까? 혹은 머리를 하러 가지 못한 것이 신경 쓰여서 그러는 걸까?

이와 같이 탐정이 범인을 가려내듯 단서를 추적해보라. 그러면 전에는 무심코 지나쳤던 많은 것들을 갑자기 찾아내게 될 것이다. 나는 탐정 노릇이 삶의 일부가 되어버려서 주변 사람들을 자세히 살펴보지 않고는 배길 수 없게 되었다. 그들의 몸짓이나 표정과 같은 비언어적 신호를 해석하고 번역하고자 하는 욕구는 마력처럼 나를 강하게 사로잡는다.

관찰자이자 신체언어 전문가로서 내가 늘 알고 싶었던 것은 사람들이 어떻게 접촉을 하며 서로를 대하느냐는 것이다. 나는 이것을 수많은 관찰을 통해 알아냈다. 나는 일을 잘해낼수록 더 큰 능력을 보여주는 통역사가 된 기분이다. 더 큰 능력이란 상황에 대한 직관력과 감수성, 통찰력이 좋아지는 것을 뜻한다. 그리고 이 모든 것은 커뮤니케이션이 있는 상황에서 언제나 쓸모가 있다. 특히 연인 관계에서는 두말할 나위 없이 중요한 것이기도 하다.

식사 주문을 하기 전에 나는 레스토랑 안을 스캔하듯 쭉 둘러봤다. 식사보다 중요한 내 '업무'를 시작한 셈이다. 오른쪽에는 30대 중반과 초반의 남녀 한 쌍이 있었다. 두 사람은 오래 만나온 사이가 아니다. 둘이 서로를 얼마나 호기심 있게 살피는지, 또 얼마나 조심스럽게 서로에게 접근하는지를 보면 알 수 있다. 여자는 와인 잔을 쥐고 있는 남자의 손을 유심히 관찰하는가 하면, 그를 노골적으로 쳐다보면서 그의 시선이 자신을 향하는지 계속 체크하기도 했다. 그녀는 마주 보고 앉아 있는 상대가 마음에 드는 기색이었다. 한편 남자는 깊이 파인 옷 사이로 드러나는 그녀의 몸매를 쳐다볼 엄두도 못 내고 있었다. 그녀에게 무슨 실수라도 해서 데이트를 망칠까봐 조심스러운 듯 보였다. 그녀는 어디서나 흔히 만날 수 있는 그런 여자가 아니다. 두 사람은 아직 같이 자본 적이 없지만, 오늘 밤이 지나면 만리장성을 쌓은 사이가 될 수도 있다.

두 사람은 어떻게 만났을까? 남자는 스니커즈를 신고 청바지에 세련된 흰색 셔츠와 딱 붙는 감색 재킷을 입고 있었다. 여자는 굽이 날렵한 펌프스를 신고 검은색 스커트와 블라우스를 입었으며 그 위에 어울리는 재킷을 걸치고 있었다. 둘 다 아주 멋진 모습이었다. 외모만 보더라도 둘이 잘 어울리는 한 쌍이라는 건 전문가가 아니어도 금방 알 수 있는 사실이다. 또한 냅킨을 만지작거리거나 옷매무새를 고치는 등 긴장한 행동을 하지 않는 것으로 봐서 첫 데이트도 아니다. 두 사람이 웃는 모습을 보면 자연스럽고 친밀감이 어느 정도 엿보인다. 어쩌면 두 사람은 친구들과 모임에 왔다가 우연히 만나 서로에게 호감을 갖게 된 사이인지도 모른다. 그들이 지금 무슨 이야기를 나누고 있는지 신경 쓸 필요가 없다. 내 유일한 관심사는 두 사람이 몸으로 무슨 말을 하고 있느냐는 것이다.

그런데 무엇을 보고 두 사람이 아직 사귀는 커플이 아니라는 것을 알 수 있을까? 둘은 아직 키스도 하지 않는 사이다. 만약 했다면 내 손에 장을 지져도 좋다. 왜냐면 공간적으로 두 사람 사이의 거리가 아직 너무 멀었기 때문이다. 여자는 물 컵을 잡다가 혹시라도 자신의 손이 남자의 손에 닿을까봐 조심했다. 그뿐만 아니라 그녀는 다리를 꼴 때면 상대방의 발이나 다리를 건드리지 않으려고 테이블 밑을 살폈다. 같이 밤을 보낸 적이 있는 커플이라면 그런 식으로 신체 접촉을 피하지는 않을 것이다. 연인 사이라면 사랑하는 사람과 몸을 가까이 하려고 애쓰게 마련인데, 두 사람한테서는 아직 그런 분위기가 감지되지 않았다.

하지만 나는 두 사람이 곧 연인 관계로 발전하리라는 강한 확신이 들었다. 그들을 보고 고개를 끄덕이며 이렇게 말해주고 싶은 심정이었다. "당신들은 둘의 관계가 어떻게 될지 아직 불확실하겠지만, 난 확신할 수 있습니다."

모락모락 김이 오르고 있는 내 테이블의 라자냐에 시선을 잠시 두었다가 이번에는 고개를 왼쪽으로 돌렸다. 그곳에도 남녀 한 쌍이 앉아 있었다. 남자는 30대 후반인 듯했고, 여자는 그보다 좀 젊어 보였다. 두 사람은 연인 사이가 아닐뿐더러 그렇게 될 가능성이 전혀 없어 보였다. 남자는 모던한 분위기의 청색 재킷과 주름이 잘 잡힌 바지를 입고 있었다. 한편 여자는 가죽 롱부츠를 신고 해진 청바지와 몸에 딱 달라붙는 스웨터를 입고 있었다. 남자와는 스타일이 전혀 달랐다. 패션 감각이 뛰어나 보이는 차림새였다.

내 눈길이 남자의 입으로 향하는 순간, 나는 갑자기 여자가 불쌍하다는 생각이 들었다. 입을 한시도 쉬지 않고 놀리면서 끊임없이 지껄여대고 있었기 때문이다. 그가 늘어놓는 이야기는 안타깝게도 별로 재미없는 내용인 것 같았다. 그녀의 눈썹이 위로 치켜세워진 것을 보면 알 수 있다. 그런 모습은 그 자리에서 벗어나고 싶다는 분명한 경고신호이기 때문이다. 하지만 그녀는 그의 수다를 멈추려는 시도조차 하지 않았다. 그저 자신과 상대방 사이에 보이지 않는 벽을 쌓아놓고 그것으로 충분히 안전하기를 바라고 있을 뿐이다. 자꾸 위로 향하는 그녀의 눈을 보면 그 벽이 하염없이 높아지고 있음을 알 수 있다. 그가 관찰력이 눈곱만큼이라도 있는 사람이었더라면 지껄이기를 벌써 그만두었을 것이다. 여자가 무엇을 원하는지 눈치챘더라면 그는 벌써 계산서를 갖다달라고 했을 텐데 말이다. 그랬다면 그녀가 처음이자 마지막으로 그에게 미소를 지었을 것이다.

나는 라자냐를 먹으면서 문득 궁금해졌다. 저렇게 다른 두 사람이 어째서 저녁 시간을 같이 보내고 있는 걸까? 그것도 내 단골 레스토랑에서! 원치 않는 결혼을 앞둔 커플 같지는 않았으므로 사업상 만

난 것일 수도 있다. 그러나 그녀의 옷차림이 그런 자리에 어울릴 만한 것이 아니어서 그도 아닌 듯했다. 짐작컨대 온라인으로 서로 알게 돼서 첫 데이트를 하는 자리가 아닐까 싶었다.

브로콜리 조각을 씹으면서 나는 두 쌍의 남녀를 더 자세히 살폈다. 디테일이야말로 행동 읽기에서 없어서는 안 될 요소다. 특히나 발을 주의 깊게 관찰하면 대단히 중요한 정보를 얻을 수 있다. 신체 부위가 머리에서 멀리 떨어질수록 의식으로부터 더 많이 벗어나기 때문이다. 손이나 얼굴은 거의 통제할 수 있지만, 발은 그렇지 않다. 포커페이스라는 말은 누구나 알고 있겠지만, 포커풋pokerfoot이라는 말은 아직 들어본 적이 없을 것이다.

오른쪽에 있는 (예비) 커플을 보니, 남자와 여자 모두 발끝이 상대방을 향하고 있었다. 좋은 징조다. 무엇보다 발은 뇌가 흥미롭다고 인지한 방향을 무의식적으로 택하도록 되어 있기 때문이다. 그러므로 발이 당장이라도 출구를 찾아 나가고 싶은 듯한 인상을 불러일으킨다면 아무런 가능성이 없는 셈이다. 그 자리에서 달아날 생각뿐인 사람과 가까워진다는 것은 불가능하다고 봐야 한다. 온라인 커뮤니티를 통해 알게 된 이성과 만날 생각이라면, 유리 테이블이 있는 장소를 선택하는 것이 가장 좋은 방법이다. 그래야만 상대방의 발이 어떤 모습인지 슬쩍 살피려고 테이블보를 들어 올리는 수고를 하지 않아도 될 테니까.

이번에는 온라인을 통해 첫 데이트를 하는 것처럼 보이는 왼쪽 남녀의 발을 체크해보자. 남자의 두 발은 여자 쪽을 향하고 있었다. 그의 앞에 앉은 여자는 정말 매력적이었으므로 조금도 이상할 것이 없었다. 반면에 여자는 양다리를 안에서 바깥으로 의자 다리에 감고 있는 자세였다. 후퇴할 궁리를 하고 있음이 명백한 신호였다. 발과 다리를 의자 뒤에 감추고 싶어 하는 사람은 어떻게든 자신과 상대방 사이의 공간을 넓히려 한다. 말 그대로 그런 사람은 퇴각하여 상대방에게 진로를 열어주는 양상이다. 그러니까 앉은 상태로 달아나기를 시도하는 것이나 다름없다. 당장 일어나 그 자리를 박차고 나가고 싶지만, 순전히 예의상 의자 다리에 자신을 묶고 억지로 참고 있는 것 같아 보여 안쓰러웠다.

그녀와 마주 앉은 남자는 테이블보 때문에 그 모습을 볼 수가 없다. 설령 유리 테이블이라 해도 그가 그 모습을 자신의 언어로 번역하기는커녕 눈여겨보지도 않을 테지만 말이다. 비언어적 신호를 읽는 것은 그와 거리가 먼 일이다. 그가 상대방 여자를 거의 인지하지 못하고 자기 자신을 더 염두에 두고 있는 것만 봐도 알 수 있는 사실이다.

이제 그는 크게 몸짓을 해가며 떠들기 시작했고 그러면서 몸을 살짝 앞으로 숙였다. 사실 잘못된 행동은 아니다. 상대방과 가까워지려면 상대방의 영역 안으로 밀고 들어갈 수밖에 없으니까. 이처럼 자기 주위 공간을 적절히 이용하는 것은 비언어적 커뮤니케이션에서 대단히 중요한 역할을 한다. 다만 이 남자는 때를 완전히 잘못 골라서 들이대고 있는 것이다. 여자가 조금 더 마음을 여는 태도를 보일 때까지 기다렸더라면 좋았을 텐데. 이제 여자는 마음속으로 돌을 하나 더 쌓아 자신의 보호벽을 더 높이 올리면서 잔뜩 긴장한 모습으로 팔짱을 낀 채 남자 앞에 앉아 있었다. 그녀는 자신의 발뿐만 아니라 손까지 감추고 눈을 거의 마주치지 않았다. 마음의 문을 완전히 닫아버린 듯 보였다. 상대방에게 한 치도 마음을 내주지 않은 채 그녀는 의자를 오히려 뒤로 더 뺐다.

물론 남자는 그것을 눈치채지 못하고 계속 들이댄다. 그러자 여자는 팔짱을 낀 채 몸을 한층 더 뒤로 기대면서 그의 무분별한 태도에 대응을 한다. 이 남자만 빼고 누구나 알아차릴 법한 거부의 신호다. 상체에는 심장이나 폐 같은 생명 유지에 매우 중요한 기관이 있기 때문에 위협을 받으면 이 부위를 보호하려는 몸짓을 하게 마련이다. 대부분 직관적으로, 즉 무의식적으로 나타나는 이와 같은 신체언어가 전하는 메시지는 명료하다. "내게 너무 가까이 다가오지 마!"

내 오른편에 있는 남자 역시 여자의 영역 안으로 밀고 들어가려 한다. 그런데 그 방법이 훨씬 더 섬세하고 능수능란하다. 와인을 한 모금 마시고는 와인 잔을 여자 쪽으로 조금 더 가까이 내려놓았다. 자신의 영역을 넓히려는 의도가 담긴 행동이다. 여자도 사소한 그 변화를 금방 알아차리고, 또 알았다는 것을 그에게 보여주려 한다. 그래서 그의 비언어적 작전에 몸을 뒤로 기대고 팔짱을 끼는 몸짓으로 반응한다. 방금 왼쪽 테이블의 여자가 취한 것과 똑같은 행동이다. 다만 그녀의 반응은 이 경우에 완전히 다른 의미를 지닌다. 그녀는 그와 함께 있어 편안하고 기분이 좋기 때문에 몸을 뒤로 기댄 것이다. 여자는 남자가 시작한 게임을 계속하고 싶어 한다. 그러므로 이 몸짓은 상대방을 거부하는 것이 아니라 그가 그녀에게 가까이 다가오는 것에 동의한다는 의미다.

이때 남자가 무슨 이야기를 하면서 고개를 끄덕였다. 그러자 여자도 같이 고개를 끄덕였다. 그가 상대방으로 하여금 자신에게 장단을 맞추어 고개를 끄덕이게 만드는 이야기를 의식적으로 골라서 한 것이라면 고단수라고 할 수 있다. 상대방은 대부분 무의식적으로 고개를 끄덕이게 되지만, 그 행동은 즉각적으로 뇌에 영향을 준다. 고개를 끄덕이면서 동시에 아니라고 말하기는 어렵기 때문이다. 무대에서 관객을 상대로 게임을 할 때 내가 즐겨 이용하는 방법이다. 어떤 관객에게 내가 원하는 카드를 뽑도록 고개를 끄덕이면서 무심한 척 묻는 것이다. "본인 스스로 이 카드를 선택하셨나요?" 그러면 관객은 어쩔 수 없이 내게 장단을 맞춰 같이 고개를 끄덕일 수밖에 없기 때문에 대부분은 그렇다고 대답한다. 바로 옆 테이블에서도 그 방법이 통한 듯, 여자가 미소를 지으며 또 한 번 고개를 끄덕였다.

손에 관한 이야기로 다시 돌아가보자. 손은 뇌에 가까이 있어서 발보다 뇌의 지배를 더 많이 받기는 하지만, 꼭 그런 것만은 아니다. 여자는 말을 할 때도 상대방의 손을 남자보다 더 많이 쳐다본다고 한다. 손으로 커뮤니케이션하는 경우도 많은데, 대부분은 무의식적인 것이다. 하지만 손을 의식적으로 사용할 수도 있다. 만약에 당신이 손을 의도적으로 테이블 밑이나 등 뒤 혹은 바지 주머니에 감춘다면, 상대방은 당신이 뭔가 숨기려는 것 같다는 인상을 받을 수 있다. 상대방이 왼쪽 테이블 남자처럼 무딘 사람이 아니라면 손을 감추는 행동은 불신감을 불러일으킨다. 상대방에게 이와 같은 불신을 심어주고 싶지 않다면 손을 다시 내보이는 것이 좋다. 특히 손은 추상적인 생각을 신체언어로 옮기는 데 꼭 필요한 도구이기도 하다.

스니커즈를 신은 남자는 센스가 넘친다. 여자가 와인 잔을 비우자, 그는 한 잔 더 마시겠냐고 묻는다. 그의 말이 들리지는 않지만, 활짝 편 손으로 와인 병을 가리키는 그의 몸짓을 보면 알 수 있다. 그녀로서는 그러겠다고 또 한 번 고개를 끄덕일 수밖에 없다.

내 왼쪽 테이블은 이미 볼 장 다 봤다. 남자가 여자에게 빵을 더 먹겠냐고 묻기는 했지만, 주먹을 쥐고 검지만 편 손으로 빵바구니를 가리키고 있었기 때문이다. 손가락질하는 것 같은 이런 손짓은 '명령을 내리는' 몸짓으로 보이기 십상이다. 권위적인 직장 상사라면 몰라도 구애하는 사람은 그런 식으로 행동하지 않는다. 그와 동행한 여자는 고개를 저으며 거절을 한다(이 몸짓과 더불어 그녀의 거부감도 더 커진다). 이어서 그녀는 손을 내젓는 동작을 하면서 빵은 물론이고 그 밖의 어떤 것도 사양한다는 뜻을 나타낸다. 불안한 자세로 앉아 있는 그녀의 머릿속에는 한 가지 생각뿐이다. '여기서 벗어나고 싶어!'

반면에 오른쪽 테이블에서는 분위기가 한층 더 무르익어 가고 있다. 여자는 더 편안해진 모습으로 미소를 지으며 남자 쪽으로 조금 몸을 숙여 두 사람의 거리를 더 좁혔다. 그러고는 와인을 한 모금 마시고 나서 와인 잔을 남자 쪽에 더 가깝게 내려놓음으로써 그의 영역 안으로 밀고 들어갔다. 검지로 와인 잔 다리를 위에서 아래로 쓸어내리면서 그녀는 이렇게 말하고 있는 것 같았다. "당신이 이 잔이면 좋겠어요." 하지만 그녀는 자신의 행동을 자각하지 못하고 있을 것이다.

이런저런 생각을 좇는 사이에 내가 주문한 라자냐는 차갑게 식어버렸지만, 트레이닝에 도움이 되는 유익한 시간이었다. 왼쪽으로 시선을 돌려보니 그쪽 테이블의 남녀가 계산서를 갖다달라고 하는 모습이 보였다. 남자가 계산을 하고 나자, 두 사람은 일어나서 밖으로 나가더니 문 앞에서 짧게 인사를 나누고 헤어졌다. 오른쪽 커플은 그대로 남아 디저트를 먹으면서 함께 있는 시간을 즐겼다. 내가 레스토랑에서 나갈 때 그 테이블 옆을 지나갔는데도 두 사람은 전혀 신경 쓰지 않았다. 그들의 눈에는 자기 앞에 앉은 사람만 보일 테니 당연한 일이었다.

붉은색의 마력

오바마 대통령은 오늘 백악관에서 세 시간 동안 '시뻘건 얼굴'과 담소를 나누었다.
아파치족 추장 '시뻘건 얼굴'은 그날로 서둘러 귀로에 올랐다.
– 오토 발케스(독일 코미디언)

침팬지 암컷은 배란을 하면 생식기가 더 빨갛게 부풀어 오른다. 그러면 수컷 침팬지는 자위를 하거나 암컷 위에 올라타면서 이와 같은 암컷의 신체 신호에 반응한다. 동물의 세계에서 행해지는 신체언어 읽기인 셈이다.

그런데 붉은색은 우리 인간에게도 아주 특별한 의미를 지닌다. 붉은색은 열과 불, 정열, 섹스, 분노, 공격성 등을 상징한다. 그리고 생기를 나타내기도 해서 홍조를 띤 얼굴이 창백한 얼굴보다 더 건강하고 매력적으로 보인다. 이것은 과학자들에 의해 입증되기도 했지만, 상식적으로 충분히 알 수 있는 사실이다. 홍조를 띤다는 것은 체내 혈액순환이 잘되고 있다는 뜻이기 때문이다. 물론 시뻘건 얼굴은 창피하거나 화가 났음을 표현하는 것일 수도 있다. 이 경우 얼굴색은 얼굴 표정과 일치한다.

얼굴 중에서도 특히 입은 이목이 집중되는 신체 부위다. 브리스톨 대학의 심리학자들은 실험을 위해 사진 속 남녀의 입술을 포토샵으로 원래 색깔보다 더 빨갛게 만들었다. 이 사진을 보고 사람들은 여자들의 입술 색 보정을 긍정적으로 평가해서 얼굴이 더 매력적으로 보인다고 답했다. 반면에 남자들의 입술을 더 붉게 보정한 것은 불리하게 작용하여 남성적인 매력이 떨어진다는 평가를 받았다.

이처럼 붉은색이 지닌 마력은 실로 대단하다. 그래서 올림픽 경기에서 붉은색 운동복을 입은 선수들이 푸른색 운동복을 입은 선수들보다 금메달을 더 많이 딴 것으로 나타났다. 어떤 색의 운동복을 입을 것인지는 추첨에 의해 결정되었는데도 말이다. 영국 더럼 대학의 인류학자 러셀 힐Russel A. Hill과 로버트 바튼Robert A. Barton 교수는 2004년 올림픽 경기에서 치러진 네 가지 종목을 조사한 결과, 붉은색 운동복을 입은 선수들이 대부분의 시합에서 이겼다는 사실을 알아냈다. 어떤 종목인지 또 체급이 무엇인지는 상관이 없었다. 다만 강력한 우승 후보 없이 실력이 대등한 선수들끼리 붙는 경우에만 붉은색의 마력이 결과에 영향을 주었다.

한편 붉은색은 일상생활에서도 중요한 역할을 한다. 옥스퍼드 대학의 한 연구팀은 붉은 쟁

반 위에 접시를 올려놓거나 접시 자체가 붉은색일 때 음식을 덜 먹게 된다는 사실을 발견했다. 그러나 살을 빼고 싶다면, 토마토소스가 들어간 스파게티를 붉은색 접시에 담아 먹지 않도록 조심해야 한다. 접시와 음식이 같은 색이면 오히려 더 많이 먹게 되니까!

옷을 선택함에 있어서도 붉은색은 저항할 수 없는 마력으로 상대방의 마음을 사로잡는다. 예컨대 여자가 붉은색 옷을 입고 차를 세우면 남자 운전자들이 태워줄 확률이 더 높다. 또 붉은색 유니폼을 입은 여종업원이 남자 손님한테서 팁을 월등히 더 많이 받는다. 프랑스 사회과학자 니콜라스 게겐Nicolas Guéguen의 실험에 따르면 팁의 액수가 15~26퍼센트 포인트 더 많아진다고 한다. 다른 색은 남자들을 그렇게까지 후하게 만들지 않는다. 그리고 남자 손님들은 혼자 식사를 하고 있어야만 관대해진다.

더 매력적으로 보이기 위해 굳이 붉은색 옷을 입을 필요는 없다. 그냥 붉은색 벽을 배경으로 앉아 있으면 그것으로 충분하다. 뮌헨 루드비히 막시밀리안 대학의 다니엘라 니스타 카이저Daniela Niesta Kayser 연구팀이 밝혀낸 바에 따르면, 첫 데이트에서 남자가 붉은색 옷을 입은 여자에게 더 은밀한 질문을 많이 하고 더 가까이 접근한다고 한다.

그러므로 당신이 여자라면 첫 데이트 장소로 붉은색 벽이 있고 여종업원이 붉은색 옷을 입지 않은 레스토랑을 택하라.

방금 궁금해진 건데, 어째서 붉은색 의사 가운은 아직 없을까?

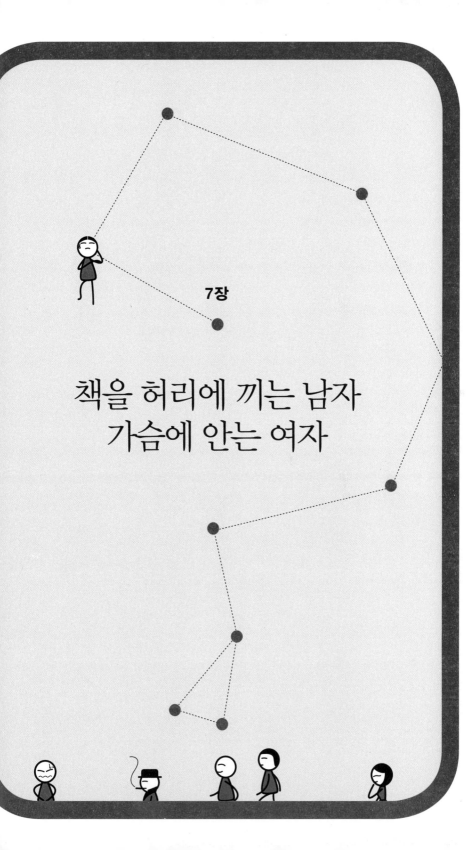

7장

책을 허리에 끼는 남자
가슴에 안는 여자

> 흔히들 남자는 말 한 마디,
> 여자는 사전 한 권이라고 한다.
> 이 말이 신체언어 읽기에도
> 해당될까요?

상담사님께

제게 조언을 좀 해주셨으면 합니다. 지난주에 있었던 일인데요. 그날 아침 제가 출근을 하기 위해 집을 나설 때 남편은 집에서 TV를 보고 있었어요. 1.5킬로미터쯤 차를 몰고 가다가 차가 그만 길에서 멈춰서고 말았어요. 그래서 저는 남편에게 도움을 청하기 위해 다시 집으로 걸어왔어요. 그런데 집에 들어선 순간, 제 눈을 의심하지 않을 수 없었습니다. 제 남편이 열아홉 살짜리 이웃집 딸과 침대에서 뒹굴고 있는 거예요. 저는 서른둘, 남편은 서른네 살이고 결혼한 지 10년이 되었습니다. 제가 꼬치꼬치 캐묻자, 남편은 6개월 전부터 그 짓을 해왔다고 털어놓더군요. 제가 같이 부부클리닉에 가보자고 해도 남편은 싫다고 합니다. 그날 아침 이후로 저는 정신적으로 완전히 패닉 상태입니다. 어떻게 해야 할까요?

카린 무스터만 드림

무스터만 부인께

차가 조금 달리다가 고장 나는 이유는 여러 가지가 있습니다. 우선 연료 공급에 문제가 없는지 검사를 해보는 게 좋겠습니다. 그런 다음 점화 장치와 케이블도 점검을 해봐야 합니다. 아니면 주유 탱크가 비어서 그럴 수도 있습니다. 어쨌든 제 답변이 조금이나마 도움이 되길 바랍니다.

인생 상담사 드림(남자 상담사)

남자와 여자의 생각 차이란! 남자와 여자는 차가 고장 났을 때뿐만 아니라 신체언어 읽기에서도 늘 중심 테마가 된다. 관객을 무대로 불러내어 게임에 동참시킬 때 나는 특정 기준에 따라 관객을 선정한다. 물론 어느 한쪽을 선호하는 것은 아니지만, 성별 역시 관객 선정에서 중요한 역할을 한다. 남자를 데리고 하는 것이 더 나은 게임도 있고, 여자와 같이 하는 게 더 효과적인 게임도 있기 때문이다. 하지만 어떤 게임에 어느 성별을 택하느냐는 일반적으로 직관에 따라 결정된다.

TV 방송에서 유명 인사의 휴대전화 비밀번호를 알아내는 미션이 내게 주어진 적이 있다. 소냐 치틀로프Sonja Zietlow와 아체 슈뢰더Atze

Schröder, 이 두 유명 인사 가운데 한 사람을 선택할 수 있었다. 바닥에는 0부터 9까지의 숫자가 그려진 대형 카펫이 깔려 있었다. 마치 거대한 휴대전화 자판처럼 배치되어 있는 숫자 위를 이리저리 뛰어다니면서 비밀번호를 맞히는 것이었다. 유명 인사는 내 옆에 서서 내가 선택해야 할 카펫 위 숫자에 생각을 집중해야 했다. 그리고 나와 말을 해서는 절대로 안 되며 생각으로만 신호를 보내야 했다. 그러면 나는 말을 못 하는 내 파트너가 보내는 비언어적 신호를 근거로 네 자리의 비밀번호를 맞혀야 했다.

1초의 망설임도 없이 나는 소냐 치틀로프를 택했다. 그녀를 선택한 데에는 그럴 만한 이유가 있었다. 최근 보스턴 노스 이스턴 대학의 심리학자 유디트 홀Judith A. Hall과 사라 거너리Sarah Gunnery 교수가 입증한 바에 따르면, 여자가 일반적으로 남자보다 비언어적 커뮤니케이션에 더 강하기 때문이다. 여자는 남자보다 표현력이 풍부한 몸짓을 할 뿐 아니라 이해받는 것을 중시하기 때문에 대화 상대와의 거리를 남자보다 더 가까이 좁히는 경우가 많다. 그리고 얼굴 표정에서도 남녀 간의 차이가 두드러지게 나타난다. 1998년에 이미 앤 크링Ann Kring과 앨버트 고든Albert Gordon이 여자는 영화를 볼 때 자신의 감정을 남자보다 더 뚜렷하게 얼굴에 드러낸다는 사실을 밝혀냈다. 유쾌한 영화든, 슬픈 영화든, 무서운 영화든 장르는 상관없다. 이는 여자가 남자보다 자신의 감정을 더 강하게 체험해서가 아니라 단지 그 감정을 더 강하게 드러내기 때문이다.

그러므로 신체적 거리가 더 가깝고 몸짓과 얼굴 표정이 더 풍부한 여자를 비밀번호를 알아내는 게임 파트너로 선택한 것은 당연한 일이었다. 이런 게임에서 여자의 어떤 신호가 남자와 다르며 더 강한 건지는 나도 잘 모른다. 그건 순전히 느낌으로 알 수 있는 일이다. 아체를 택했더라면 정말로 실패했을지, 혹은 소냐가 이 미션을 더 쉽게 해낼 수 있는 파트너였는지 알 수 없다. 다만 성공했으니까 내 선택이 옳았던 셈이다. 하지만 앞에서 말했듯이 내 결정은 직관적으로 내려진 것이었다.

비록 비언어적 신호의 강도에는 남녀 간의 차이가 있지만, 그 밖에는 크게 다른 점이 없다. 오히려 성별 차이보다는 개인 차이가 더 클 때가 많다는 것이 학자들의 입장이다. 심리학자 도리스 비숍 쾰러Doris Boschofköhler도 2013년 6월 〈디 차이트〉와의 인터뷰에서 선천적으로 남자와 여자가 다르게 태어나는 것은 아니라는 견해를 밝힌 바 있다.

그와 같은 견해가 맞든 틀리든, 신체언어 읽기에서 중요하며 여러 연구에서 확인된 성별 차이에 대해 알아보기로 하겠다. 우선 여자들은 상대방의 시선을 남자들보다 더 많이 좇는데, 이는 여자들의 특출한 감정이입 능력과 연관이 있는 것으로 보인다. 뛰어난 신체언어 통역사는 이와 같은 능력을 잘 이용할 줄 안다. 사람들의 생각을 다른 언어로 옮기는 것이 신체언어 통역사가 하는 일이기 때문이다(일반적으로 통역은 남자보다 여자에게 훨씬 더 매력적인 일이라는 것은 내가 대학에서 통역 공부를 할 때 남학생은 4명에 불과했고 여학생이 106명이나 되었다는 사실이 그 증거가 되지 않을까 싶다).

또 다른 성별 차이는 다른 사람과 이야기할 때 남자보다 여자가 더 많이 고개를 끄덕인다는 점이다. 고개를 끄덕이는 것은 한편으로 상대방의 말을 이해했다는 것을 보여주는 몸짓이며, 다른 한편으로는 상대방을 격려하여 계속 이야기를 하게 만드는 행동이기도 하다. 당신도 상대방이 이야기를 멈추지 않고 계속하기를 바란다면 고개를 끄덕여보라.

여자는 더 많이 고개를 끄덕일 뿐만 아니라, 남자보다 미소를 더 많이 짓는다고 유디트 홀과 사라 거너리가 2013년에 밝혔다. 이 두 가지 행동은 상대방에게 스스럼없고 기분 좋은 인상을 심어준다. 포커페이스 유형보다는 자기를 보고 미소를 짓거나 고개를 끄덕이면서 이해했다는 신호를 보내는 사람과 대화를 하고픈 마음이 드는 것은 당연하다. 초등학생 때까지만 해도 남자아이와 여자아이가 똑같이 자주 미소를 짓지만, 사춘기가 되면 남자아이는 냉담한 척하고 싶어 하기 때문에 미소를 잘 짓지 않는다. 그러다가 성인이 되면 남자가 다시 미소를 되찾아서 성별 차이가 확연히 줄어든다.

미소를 많이 짓는 사람을 보면 상대방도 함께 미소를 짓게 된다. 여자 둘이서 대화를 나눌 때 미소를 짓는 일이 가장 많고, 남자 둘이서 대화를 나눌 때 미소를 짓는 일이 가장 적은 것도 그 때문이다.

그리고 캐나다의 심리학자 제니퍼 헤이스 Jennifer Heisz 교수 연구팀의 실험도 매우 흥미롭다. 연구팀은 2013년에 온타리오 주 맥매스터 대학에서 얼굴 기억 실험을 하였다. 그 결과 여성이 남성보다 얼굴을 더 잘 기억하는 것으로 나타났다. 여성은 세부적인 얼굴 부위에 더 많이 관심을 기울이고 무의식적으로 응시하기 때문에 얼굴 모습을 더 집중적으로 기억한다. 그에 반해 남성은 얼굴을 전체적으로 한번 쓱 보고 마는 경우가 많다. 이 실험 결과에 따르면, 의식적으로 얼굴의 세부적인 부위를 눈여겨봄으로써 얼굴을 기억하고 식별하는 능력을 향상시킬 수 있다는 것이다.

물론 헤이스 교수 연구팀의 실험 결과가, 남성이 자세히 쳐다보지 않아서 좋은 관찰자가 못 된다는 것은 절대 아니다. 오히려 남성은 일반적으로 생각하는 것보다 더 자세히 관찰하기 때문에 빠른 움직임이나 디테일 같은 것을 여성보다 더 명확하게 식별한다. 그뿐 아니라 방 안에서 불을 켰다가 바로 끄면 남성이 여성보다 더 빨리 명암에 적응한다. 그 대신 여성은 색 지각력이 더 뛰어나다. 심리학자 이즈리얼 아브라모브 Israel Abramov 교수의 연구 결과에 따르면 여성이 미묘한 색의 뉘앙스를 더 잘 구별할 수 있다고 한다. 의사이자 과학 저널리스트인 베르너 바르텐스 Werner Bartens 는 이와 같은 성별 차이가 진화에서 기인한 것으로 보고 있다. 옛날에는 적을 빨리 식별하는 것이 남성의 몫이라면, 열매가 익었는지 아니면 음식이 썩지 않았는지 판단하는 것은 여성의 몫이었다는 것이다.

그렇다면 비언어적 신호에서 그토록 확연한 성별 차이를 어디에서 찾아볼 수 있을까? 나는 답을 알고 있을 법한 여성과의 전화 인터뷰에서 다짜고짜 그 질문을 던졌다. 그 여성은 바로 앞서 언급한 미국의 사회심리학자 유디트 홀이다. 40년 넘게 성별 차이에 대한 연구를 해온 그녀의 답변은 남자와 여자가 책이나 납작한 물건을 서로 다르게 든다는 것이었다. 그러니까 남자는 책을 허리 옆에 끼고 여자는 가슴에 안는다는 말이었다. 남자는 일부러 과장하거나 가식적으로 꾸밀 때를 제외하고 여자처럼 손을 많이 흔들지 않는다. 유디트 홀에 의하면, 가장 큰 차이는 신체언어가 아니라 '에'나 '음'과 같은 군소리에 있다고 한다. "당신이 히드로…… 음…… 런던 아니면…… 에…… 찰스 드 골…… 음…… 프랑스 아니면…… 에…… 음…… 로마, 그 거리가 얼만지 본다면……." 독일의 정치인 에드문트 슈토이버Edmund Stoiber의 이런 말을 듣고 있으면 속이 터지지만, 남자가 여자보다 군소리를 훨씬 더 많이 쓴다는 것을 잘 보여주는 예다.

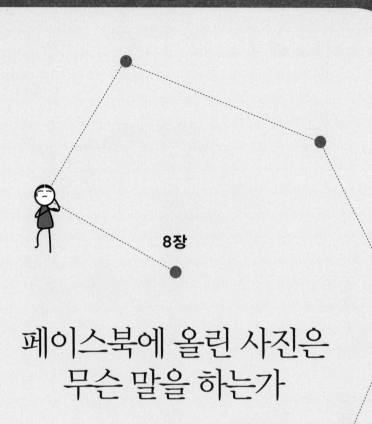

8장

페이스북에 올린 사진은
무슨 말을 하는가

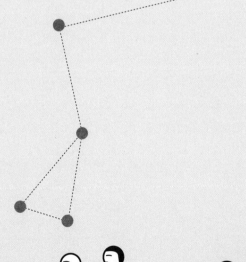

시선을 끄는 페이스북 사진이란?

자신의 여권 사진과 비슷해
보이기 시작하면
휴가를 떠날 때가 된 것이다.

_ 에프라임 키숀

고전적인 카드 마술을 학창 시절에 수도 없이 해봤다. 카드 마술은 다들 알고 있을 것이다. 관객이 자기만 볼 수 있는 카드를 한 장 선택하면, 마술사가 어느 카드인지 찾아내는 것이다. 이 트릭은 매번 성공했지만, 그것으로 감정을 전달한 것은 아니었다.

훗날 나는 어떻게 하면 이 마술에 감정을 실어서 관객에게 잊지 못할 경험을 선사할 수 있을지 고민해보았다. 그때 문득 카드 대신 연인의 사진으로 시도를 해보면 어떨까 하는 생각이 들었다. 그래서 지금은 다음과 같은 방법으로 마술쇼를 진행한다. 연인 한 쌍을 무대 위로 청해서 폴라로이드 카메라로 남자 친구의 사진을 찍은 다음, 그 사진을 수십 장의 다른 폴라로이드 사진과 섞어 놓는다. 그런 다음 여자 친구가 안 보이게 뒤집어놓은 사진들 가운데 한 장을 뽑는다. 그녀에게 사진을 아직 보지 말고 뒤집어서 들고 있게 하고는 커플을 마주 보게 한다. 이제 여자 친구에게 그녀가 선택한 사진을 보라고 한다. 남자 친구를 찍은 폴라로이드 사진이다.

연인들의 반응은 대단히 강렬해서 서로 포옹하거나 키스를 하기도 한다. 카드 마술에서는 단 한 번도 경험하지 못한 일이다. 사진은 크로바 9 같은 카드보다 더 많은 감정을 전달하기 때문이다. 사진에는 감정이 실린다는 것, 바로 그 사실이 중요하다.

이 장의 마지막 부분에서 사진 속 얼굴과 신체언어가 무슨 말을 하고 있는지 알게 될 것이다. 또 이 지식을 페이스북이나 멀티미디어 메시지, 데이트 포털 사이트 같은 곳에서 활용하는 방법도 터득할 수 있다.

사람들의 사진에는 많은 이야기가 담겨 있다. 미국에서 심리학자들이 고등학교를 졸업한 지 30년이 지난 사람들을 대상으로 얼마나 행복하며 만족스러운 삶을 누리고 있는지 설문조사를 한 적이 있다. 놀랍게도 옛날 졸업 사진에서 미소를 짓고 있는 사람들은 하나같이 미소를 짓지 않은 사람들보다 더 행복하다고 답했다. 비록 일부는 직업적으로 그렇게 성공하지 못했음에도 불구하고 말이다. 버지니아 대학의 연구 결과도 삶에 대한 만족도와 페이스북 프로필 사진 속의 미소와도 연관성이 있음을 입증해주었다. 여러 차례 강조했듯이 이는 곧 우리의 생각이 신체언어로 나타나며 또 신체언어가 생각에 강한 영향을 미치기도 한다는 뜻이다. 미소를 많이 짓는 사람은 미소를 많이 짓는다는 이유만으로 이미 행복한 것이다(그래서 더 매력적이고 더 끌리는 인상을 주기도 한다)!

상대방을 어떻게 생각하는가는 그야말로 찰나적으로 이루어지기 때문에 페이스북이나 데이트 포털에 사진을 올릴 때는 신중해야 한다. 페이스북 프로필 사진이 매력적이면 그만큼 친구 맺기가 쉽다. 매력적인 것과 거리가 먼 사진을 올리느니 프로필 사진이 아예 없는 편이 더 낫다.

손에 기타를 들고 있으면 ──── 친구 요청 수가 올라간다

실험을 위해 이스라엘 연구팀은 젊은 남성의 가짜 페이스북 프로필 사진을 두 가지 버전으로 올렸다. 첫 번째 버전에서는 사진 속 남자가 카메라를 보며 미소를 짓고 있다. 그리고 두 번째 버전에서도 똑같이 미소를 짓고 있는데 손에 기타를 들고 있는 것만 다르다. 연구팀은 두 개의 계정으로 각각 50명의 싱글 여성에게 "안녕하세요? 당신 사진 멋지네요."라는 밋밋한 글을 달아 친구 요청을 했다. 그 결과 기타 연주자처럼 보이는 사진은 긍정적인 답을 15건이나 받았고, 기타를 들고 있지 않은 사진은 5건에 불과했다. 이 말은, 음악적 재능이 여성에게 대단히 매력적으로 보인다는 것이다. 그런데 어떤 악기를 선택하느냐도 상당히 중요한 것 같다. 마우스하프나 튜바 같은 악기를 가지고 실험을 했더라면 분명 다른 결과가 나왔을 것이다.

페이스북 프로필에 올리려고 특별히 기타를 구입했다면, 외출할 때 기타 가방도 챙기는 것이 좋다. 프랑스 브레타뉴 대학의 사회과학자 나콜라스 게겐의 연구 실험에서도 기타 가방을 들고서 낯선 여자에게 전화번호를 가르쳐달라고 하는 남자가 성공할 확률이 더 높은 것으로 나타났다. 빈손으로 여자에게 말을 거는 것은 성공 가능성이 낮았고, 그보다 더 안 좋은 것은 운동 가방을 들고 있을 때였다.

다시 페이스북 프로필 사진으로 돌아가보자. 독일과 미국의 연구에 따르면, 페이스북 프로필 사진을 보고 그 사람의 인성을 잘 평가할 수 있다고 한다. 페이스북 사진에 담긴 다양한 신호들을 다음과 같이 정리해놓았다. 프로필 사진을 읽는 데 도움이 될 것이다.

특이한 표정을 짓는 유형: 페이스북 이용자가 사팔뜨기 눈을 하거나 혀를 쑥 내밀고 오만상을 찌푸리는 표정으로 사진을 찍어 올렸으면 자의식이 강한 사람이다. 이런 사람은 남들과 다르기를 원하며 자신의 유머감각을 과시하고 지속적인 인상을 남기고 싶어 한다. 온라인뿐 아니라 오프라인에서도 마찬가지다. 충동적인 성격이며, 형식에 얽매이지 않고 개성이 강한 사람이라는 걸 다른 사람에게 보여주고 싶어 한다.

여권 사진 유형: 이 유형의 사진은 이력서에 붙이는 사진과 흡사하다. 이들은 대체로 진부하고 성실한 성향을 보인다. 프로필 사진을 올릴 때와 마찬가지로 실생활에서도 함부로 모험을 감행하지 않는다. 이들은 신뢰할 수 있고 철저하며 모든 일이 원만하게 해결되기를 바란다. 그리고 일단 어떤 일에 손을 대면 제대로 하며 결코 중도에 그만두지 않는다. 책임감이 강하고 세부적인 것에 주의를 기울이며 시작한 일은 끝을 본다.

자신을 숨기는 유형: 자신의 프로필 사진 대신에 애니메이션 캐릭터나 축구팀 로고 같은 것을 올리는 사람이다. 이 유형은 자기 자신보다 차라리 자기가 관심 있는 것을 보여주려 한다. 그 이유는 여러 가지가 있을 수 있다. 자신의 사적인 영역을 보호하고 싶어서 그러는 것일 수도 있지만, 매우 상처를 잘 받아서 다른 사람에게 공격당할 수도 있는 약점을 가급적 내보이지 않으려는 것일지도 모른다. 이런 사람은 긴장감이나 괜한 오해를 불러일으키는 일을 피하며, 중심에 서기를 꺼린다.

적극적인 유형: 마라톤이나 기타 연주 등 어떤 활동을 하고 있는 자신의 모습을 보여주는 사람이다. 그럼으로써 자신이 지루한 사람이나 여권 사진 유형과는 완전히 거리가 멀다는 것을 설명하고 싶어 한다. 이런 유형은 자신의 이미지에 신경을 많이 쓰므로 다른 사람에게 좋은 인상을 주기 위해 프로필에 어떤 사진을 올릴지 한참 고민

한다. 그리고 결코 편한 길을 가지 않겠다는 강한 의지를 표현하고 싶어 한다. 이런 사람은 책임을 감당해낼 수 있을 뿐 아니라, 모험심이 강하고 진취적이며 호기심이 많고 언제든 나설 준비가 되어 있다.

스포츠맨 유형: '적극적인 유형'과 어느 정도 유사한 면이 있다. 이런 유형은 배구를 하거나 러닝머신 위를 달리면서 식스팩을 드러낸 사진을 올려 자신을 과시하려 한다. 활동적인 것과 외모를 중요시하므로 자기 자신과 운동에 많은 시간을 할애한다. 건강한 삶에 비중을 많이 두고 대부분 균형 잡힌 식단으로 몸매 관리에도 늘 신경을 쓴다. 운동을 통해 자제심을 길렀기 때문에 일과 근면이란 단어는 이 유형에게 낯선 말이 아니다. 파워가 넘치며 자신이 무엇을 원하는지 잘 알고 있는 사람이다.

이와 같은 사진의 내용뿐 아니라 일부분만 드러내는 사진 컷 또한 많은 것을 말해준다.

내게 맞는 짝을 어떻게 찾을까?

페이스북이나 온라인 데이트나 마찬가지다! 다만 온라인 데이트

사진 컷 :

❶ 두뇌형 인간, 주의력이 깊음, 비만형일 가능성이 있음.

❷ 소심함, 경박함, 매부리코일 가능성이 있음.

❸ 숨김이 없고 이야기하기를 좋아함. 머리 숱이 적을 가능성이 있음.

❹ 칠칠치 못함. 대머리일 가능성이 있음.

줌 :

❶ 내향적임. 외톨이거나 어두운 비밀을 감추고 있을 가능성이 있음.

❷ 평범함, 원만함.

❷ 외향적임, 마키아벨리 성향(목적을 위해 수단과 방법을 가리지 않는 성향 – 옮긴이)을 지니고 있을 가능성이 있음.

❷ 강렬함, 열정적임, 시인이거나 살인자일 가능성이 있음(아니면 둘 다이거나).

에서 중요한 것은 우리 인생의 중심 테마 가운데 하나, 즉 '내게 맞는 짝을 어떻게 찾을까?' 하는 문제다. 페이스북에서는 이용자들 대다수가 자신의 모습을 있는 그대로 보여준다. 하지만 온라인 데이트에서도 과연 사람들이 솔직할지는 의문이다.

미국의 커뮤니케이션 연구가 제프리 행콕Jeffrey Hancock과 카탈리나 토마Catalina Toma는 2009년 위스콘신 대학에서 온라인 데이트 네트워크에 올라와 있는 프로필 사진이 이용자의 실제 외모와 얼마나 일치하는지 조사해보았다. 그 결과, 프로필 사진의 3분의 1이 실물보다 더 나은 것으로 나타났다. 실물이 더 뚱뚱하거나 더 말랐고, 더 늙었거나 머리 스타일이 더 엉망이었다. 하지만 이 연구조사는 대다수가 포토샵을 보조적으로 이용했을 뿐이며 그밖에는 비교적 사실적으로 자신을 묘사했음을 보여주었다.

이 연구논문을 읽는 순간 호기심이 발동했다. 나는 지금까지 단 한 번도 온라인 데이트 포털에 들어가본 적이 없지만(20년 동안 내 아내만 쳐다보고 살았으니 그럴 수밖에), 이 책을 집필하는 데 필요한 자료 조사를 위해서라면 한 번의 예외는 괜찮을 것 같았다. 우선 여자를 찾는 남자로 회원 등록을 한 다음, 남자를 사귀는 데 관심이 있는 여자로 등록했다. 그 사이트에 등록된 사람들의 이름도 시사하는 바가 많았다. 이를테면 여자들의 이름은 티마우시T_Mausi, Mausi는 '귀여운 생쥐'라는 뜻-옮긴이, 페릴리Fee_Lillyusi, Fee는 '요정'이라는 뜻-옮긴이 같은 식이었고, 동물 이름을 붙인 경우도 꽤 많았다. 한편 남자들은 카사노바나 하르트차르트Hart-Zart, '강하고 부드러운'이라는 뜻-옮긴이 같은 식의 이름이었다. 내 이름은 그냥 행크 무디Hank Moody, 미국 드라마 〈캘리포니케이션〉의 주인공 이름와 데브라 모건 Debra Morgan, 미국 드라마 〈덱스터〉에 나오는 인물이라 지었다.

이 사이트에 올라 있는 프로필 사진들을 실제 그대로 설명하자면, 카사노바는 전망 좋은 넓은 거실에서 이렇게 말하고 있는 것 같은 모습이었다. "여기 좀 보세요. 이렇게 전망 좋은 넓은 집을 소유하고 있습니다. 나는 목표의식이 분명하고, 지금 하고 있는 일이 잘될 거라 확신합니다. 또한 장기적인 것을 좋아하며 장애물이 있어도 좌절하지 않습니다. 나는 큰 그림을, 그리고 전체를 봅니다. 청바지를 즐겨 입는 것을 보면 알겠지만, 편안한 남자이기도 합니다. 카사노바라는 이름에 걸맞게 연애에는 자신이 있지만, 아직까지 제 짝을 만나지 못한 것 같습니다."

스포츠카 앞에서 찍은 사진을 올린 하르트차르트는 속도를 즐기며 근사한 것에 돈 쓰기를 좋아한다는 것을 보여준다. 그에게 있어 돈은 아주 중요한 테마다. 또 외향적이며 미관을 중시한다(그렇지 않으면 굳이 스포츠카를 타고 사진을 찍지는 않았을 테니까). 그는 넓은 거실이 아니라 고급 스포츠카로 자신의 지위를 과시한다. 이것은 빠른 차로 달리면 짧은 시간 안에 멀리까지 갈 수 있으므로 큰 영역을 상징하는 것이기도 하다. 그가 실제로 그렇게 하고 있는 것은 아니지만, 자기가 원하기만 하면 언제든지 할 수 있다는 것을 나타내고 있다. 자신의 꿈을 좇고 또 펼치고 있음을 보여준다. 돈을 안 쓰고 모아두는 것이 아니라 인생을 즐긴다. 사람들에게 인정받기를 원하며, 어떨 때는 강하다가 또 어떨 때는 마냥 부드러운 남자다.

고풍스러운 기사의 성 앞에서 찍은 사진을 올린 페릴리는 분명 고풍스러운 것을 좋아할 것이다. 단언컨대 다프트 펑크의 일렉트로팝 같은 음악은 그녀의 취향이 아니며, 스포츠카에도 전혀 관심이 없을 것이다. 그녀의 체형이 약간 둥글둥글한 것으로 봐서 운동에도 크게 관심이 있을 것 같지는 않다. 그녀는 휴대전화를 잠시 옆으로 치우고 꿈속 세계로 빠져드는 것을 좋아할 것이다. 또 낭만적인 성향 탓에 벽난로나 모닥불, 촛불 같은 것을 좋아할 뿐 아니라, 기사도 정신이나 전통을 중시하고 모험이나 아늑한 분위기도 좋아한다. 그녀와 첫 데이트를 한다면 촛불이 있는 레스토랑을 추천하고 싶다.

레저복 차림으로 공항에서 찍은 사진 속의 티마우시는 자신이 넓은 세상을 꿈꾸는 여성임을 나타내고 싶었을 것이다. 그녀는 여기저기 여행을 다니면서 찍은 사진들을 상자에 모아두었거나 컴퓨터와 휴대전화에 담아놓은 게 분명하다. 첫 데이트에서는 여행 중심의 대화가 이어질 것으로 예상된다. 진취적인 그녀는 이미 알고 있는 곳이든 아니든 아직 가보고 싶은 곳이 많을 것이다. 짐작컨대 외국어도 여러 개 구사할 줄 알고 신문을 보면 외국 관련 기사를 가장 먼저 읽을 것이다. 여행을 많이 하는 사람은 개방적이고 즉흥적인 경향이 있다. 그런 사람과 사귀려면 보조를 맞춰줄 수 있을 만큼 활동적이어야 한다.

짚신도 짝이 있다는 말처럼 각자 자신에게 맞는 짝이 이 세상 어딘가에 있을 것이다. 그리고 인터넷은 바로 그런 짝을 만나기에 더없이 좋은 기회를 제공해준다.

데이트 포털 사이트에 올린 프로필 사진의 경우, 신체언어 읽기 원칙이 페이스북 사진에서와 별반 다를 게 없지만, 주의해야 할 사항이 몇 가지 있다. 전 세계적으로 방문자 수가 가장 많은 웹사이트로 꼽히는 오케이 큐피드OkCupid는 온라인 무료 데이트 포털이다. 이 사이트의 운영자들이 어떤 프로필 사진의 클릭 수가 가장 많은지 평가를 해본 결과, 적절한 프로필 사진으로 온라인 파트너의 관심을 끌 수 있는 기본원칙 일곱 가지가 있다는 점이 밝혀졌다.

1. 당신이 여자라면, 가상의 파트너에게 매력을 어필해보라. 예컨대 미소를 짓고 있는 사진만 올려도 댓글이 더 많이 달린다. 그리고 애교가 넘치거나 상대방을 유혹하는 눈길로 쳐다봐도 마찬가지다. 상대방을 유혹하는 얼굴이, 셀카를 찍을 때 흔히들 하는 것처럼 입술을 내미는 얼굴보다 낫다. 이때 상대방을 똑바로 쳐다보는 듯한 시선이 중요하다. 유혹하는 얼굴이긴 한데 상대방을 쳐다보지 않는 사진에는 댓글이 가장 적게 달린다. 얼굴 표정으로는 "나랑 사귈래요?"라고 묻고 있지만, 눈으로는 "당신 말고!"라고 말하고 있기 때문이다. 이것이 바로 신체언어의 힘이다.

2. 당신이 남자라면, 먼 곳을 바라보라. 남자들은 상대방을 쳐다보지 않고 미소를 짓지 않는 사진일 때 댓글 수가 가장 많다. 그러니까 페이스북의 프로필 사진 요령과는 정반대인 셈이다. 오히려 먼 곳을 바라보는 눈길이 섹시하게 느껴질 뿐 아니라, 이렇

게 말하는 것처럼 받아들여진다. "나는 지평선 너머를 바라보며 생각에 잠기곤 합니다. 데이트라는 테마를 진지하게 받아들이며 결코 장난으로 여기지 않습니다. 이제 당신과 함께 미래를 바라보고 싶습니다." 한편 상대방을 똑바로 쳐다보지 않으면서 유혹하는 얼굴을 하고 있는 남자는 여자의 경우와 마찬가지로 댓글 수가 가장 적다.

3. 시선의 각도에 신경 쓸 것. 여자들은 휴대전화를 멀찌감치 떨어뜨려 위에서 비스듬한 각도로 셀카를 찍어서 올리면 댓글이 가장 많이 달릴 수 있다. 가장 인기 있는 이 각도는 '마이스페이스 앵글'이라고도 불린다.

4. 남자라면 애완동물과 함께 사진을 찍는 것도 좋은 방법이다. 그런 사진을 올린 남자들이 눈에 띄게 많은 댓글을 받았기 때문이다. 하지만 아무 동물이나 괜찮은 것이 아니라 반드시 털이 있는 동물이어야 한다. 거미나 벌레, 뱀 같은 동물은 오히려 역효과가 난다.

5. 여자인 경우, 애완동물을 데리고 찍은 사진을 올리는 것은 피해야 한다. 이런 여자들은 유혹하는 얼굴이긴 하나 시선이 딴 데가 있는 여자들과 마찬가지로 거의 관심을 받지 못한다. 새 여자 친구의 사랑을 애완동물과 나누지 않고 혼자 독차지하고 싶어서 남자들이 꺼리는 게 아닐까 싶다.

6. 성적 매력을 발산하라. 몸매를 많이 드러내는 여성이 높은 점수를 얻는다. 이와 관련하여 흥미로운 것은 쇄골이 드러나는 노출

을 했을 때 열여덟 살은 24퍼센트 포인트, 서른두 살은 79퍼센
트 포인트 더 많은 댓글이 달렸다는 사실이다. 남자들도 식스팩
을 보여주는 등 노출을 많이 하면 점수가 높아진다.

7. 아무것도 마시지 말 것. 프로필 사진의 주인공이 남자든 여자든
상관없이 술잔이나 술병을 손에 들고 있으면, 상대방을 유혹하
려는 시도에 불리하게 작용한다.

얼굴 전체가 보이든 말든 아무 차이가 없었다는 사실은 내게 좀 뜻
밖이었다. 결정적인 것은 보는 사람 눈에 사진이 얼마나 흥미로운가
였다. 이를테면 자기 사진에서 보이는 것이라고는 귀와 목덜미 부분
밖에 없었던 사람에게 평균 이상으로 많은 댓글이 달린 것처럼 말이
다. 그 사진은 '매우 에로틱하고 자극적인 것'으로 이해되었을 뿐 아
니라, 목은 아주 약한 부분이기 때문에 상대방을 신뢰한다는 의미로
받아들여지기도 했다. 댓글 수가 많았던 두 번째 사진은 늘씬하게
쭉 뻗은 여자 다리가 묶여 있는 에로틱한 모습이었다.

그래서 나도 의사 가운을 걸치고 기타를 든 모습으로 사진을 찍어
올렸다.

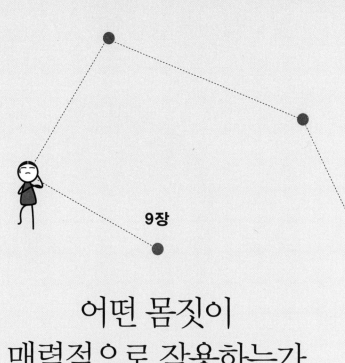

9장

어떤 몸짓이
매력적으로 작용하는가
- 데이트 코드 Ⅱ

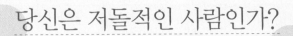

당신은 저돌적인 사람인가?

데이트는 부담이고
스트레스다.
사실 저녁 시간 내내 면접을 보는 것과
조금도 다를 바 없으니 말이다.

_ 제리 사인펠트

베를린 포츠담 광장 쇼핑가에 있는 한 상점의 쇼윈도 앞에 사람들이 구름처럼 모여 있었다. 대부분 여자들이었다. 쇼윈도 안에는 20대 중반의 볼프람이라는 청년이 버티고 서서 사람들을 쳐다보고 있었다.

클립보드를 들고 나는 여자들 사이를 뚫고 들어가 설문조사를 했다. 그 청년을 얼마나 매력적이라고 생각하는지 평가하는 것이었다. 볼프람 본인은 자신을 매력이 전혀 없는 남자로 평가했는데, 여자들의 눈에도 과연 그렇게 보였을까? 그는 중간 키에 짧은 머리를 한 정감 어린 얼굴이었다. 조지 클루니 같은 유형은 아니지만, 그렇다고 '노트르담의 꼽추' 콰시모도 같지도 않은, 그는 내 생각에 전형적인 그리고 평균적인 남자인 것 같았다. 볼프람은 청바지와 티셔츠 차림으로 쇼윈도 안에 똑바른 자세로 서 있었다. 때때로 그는 모여 있는 사람들을 바라보면서 상냥하게 고개를 끄덕이는가 하면, 가끔씩 사람들 너머의 허공을 쳐다보기도 했다. 어깨 넓이만큼 다리를 벌리고 두 팔은 편안하게 늘어뜨린 자세였지만, 한 번씩 자신감 있게 두 손을 허리에 얹기도 했다. 모든 것이 지극히 평범한 모습이었다. 그래서 설문조사 결과도 내 예상을 빗나가지 않았다. 다수의 여자들이 그의 외모에 호감을 느꼈다는 결과가 볼프람에게는 의외였지만 대단히 기쁜 일이기도 했다.

쇼윈도 안에 그를 세워놓은 것은 일종의 사전 테스트였다. TV 쇼를 위해 우리는 어떤 신체언어 신호가 데이트에서 중요한 역할을 하는지 알아내고자 했다. 볼프람은 우리의 '실험용 토끼'가 되어야 했지만, 그의 '시장가치'를 조사한다는 의미도 있었다. 어쨌든 그렇게 해서 우리는 그를 잠시 쇼윈도 안에 세워두었다.

좋은 평가를 얻어서 가벼운 마음으로 나는 다음날 볼프람을 TV 스피드 데이트에 참가시켰다. 스피드 데이트는 되도록 빨리 짝을 찾아야 하는 방식이다. 시간제한이 있기 때문에 특히 신체언어가 중요한 역할을 한다.

일반적으로 스피드 데이트에서 여자들은 자기 자리에 그대로 있고, 남자들이 몇 분 후 자리를 바꾼다. 그리고 마지막에는 참가자 전원(남녀 각각 최대 10명씩)이 그중에서 누구를 다시 만나고 싶은지 지목한다. 남자가 여자보다 더 많은 이름을 대는 게 보통이다. 이 TV 쇼를 준비하기 위해 읽은 2009년의 연구논문에서는, 규칙을 바꿔서 남자들은 자기 자리에 그대로 있고 여자들이 자리를 옮기도록 했다. 그러자 여자들은 남자들과 같은 수의 이름을 댔다. 여자들이 적극적으로 행동함으로써 더 큰 자신감과 우월감을 느꼈다는 아주 간단한 이유 때문이었다. 이 실험 결과, 특정한 사회적 여건 하에서 남자와 여자의 행동이 점점 같아진다는 것을 알 수 있었다.

스피드 데이트 참가자들(여자 아홉, 남자 아홉)에게는 자신의 매력을 어필할 수 있는 시간이 3분씩 주어졌다. 이 행사는 베를린의 분위기 좋은 로프트하우스에서 개최되었고, 참가자들 몰래 카메라로 촬영되었다. 괴팅엔 대학에서 진화심리학을 연구하는 베른하르트 핑크 Bernhard Fink 교수와 신체언어 번역가 역할을 맡은 내가 참가자들의 몸짓을 분석하였다. 우리 둘은 참가자들과 같은 공간이 아니라 한 층 더 높은 곳에 앉아 모니터를 통해 데이트 과정에서 일어나는 일을 생생하게 지켜보았다. 이 실험의 목표는 개별 참가자들의 유혹 행동을 정확하게 평가하는 것이었다. 어떤 몸짓이 매력적으로 작용하는가? 또 어떤 행동이 진정한 '유혹의 한 수'인가?

이 실험을 위해 나는 베른하르트 핑크 교수를 파트너로 지목했다. 열정적인 신체언어 전문가이기도 한 그는 20년 넘게 인간이 짝을 선택할 때 기본이 되는 진화생물학적 그리고 심리학적 원리에 대한 연구를 해오면서 얼굴과 신체 및 동작의 시그널 효과를 조사했다. 그 결과 춤을 출 때 여자가 남자를 보고 관심을 갖게 되는 특별한 동작 패턴이 있다는 사실을 알아냈다.

실험을 시작하기 직전에 핑크 교수에게 질문을 던졌다. "어떻게 동작 패턴을 자극 신호로서 연구할 생각을 하게 되었습니까?"

핑크 교수는 이렇게 답했다. "무엇이 얼굴이나 몸을 매력적으로 만드는지는 이제 누구나 알고 있을 겁니다. 하지만 클럽에서 데이트를 할 때와 같은 상황에서는 상대방의 얼굴을 자세히 볼 수 없죠. 그런 경우에는 상대방이 몸을 어떻게 움직이는가가 훨씬 더 중요하다고 생각했어요." 일리가 있는 말 같았다. 핑크 교수는 이야기를 계속했다. "우리 연구팀은 수컷 농게의 교미 행동처럼 동물의 세계에서 벌어지는 일을 모델로 삼았습니다. 수컷 농게는 큰 집게발을 가지고 있는데, 그것을 흔들어대며 암컷을 유혹하는 것 외에는 아무 쓸모도 없어요. 집게발을 가장 멋들어지게 흔들어대는 수컷이 선택을 받을 확률이 가장 높습니다. 사람의 짝짓기도 이와 비슷한 방식으로 이루어지죠."

어떻게 그 사실을 알아냈는지 궁금해하는 내게 그는 자세한 설명을 덧붙였다. 연구팀은 남자들의 관절에 소형 리플렉터(반사장치)를 붙인 다음, 남자들만 컴컴한 방 안에서 춤을 추게 했다. 춤추는 모습을 12대의 카메라로 촬영하긴 했으나, 여성 실험 참가자들에게는 리플렉터의 움직임만 보여주었다. 그래서 차림새나 얼굴, 머리 모양은 잘 안 보이고 춤추는 스타일만 눈에 들어오게 했다. 이어서 설문조사를 한 결과, 오른쪽 무릎을 빠르게 움직이는 동작이 평가에 긍정적인 영향을 준 것으로 나타났다. 그러나 가장 중요한 관건은 남자들이 끊임없이 새로운 동작을 취하느냐는 것이었다. 계속 헤드뱅

잉만 해대거나 똑같이 허리를 흔드는 동작만 반복하는 것은 여자들을 지루하게 만들었다. 이 모든 이야기가 매우 흥미진진했지만, 더 이상 궁금한 것을 물어볼 시간이 없었다. 볼프람이 출연하는 스피드 데이트가 곧 시작되었기 때문이다.

나는 베른하르트 핑크 교수와 함께 대형 모니터를 응시했다. 데이트 참가자들은 갈수록 긴장되는 듯, 5분 전보다도 더 자주 자기 몸을 만지는가 하면 손가락으로 테이블 위를 두드려댔다. 또 눈을 깜박이는 횟수도 더 많아지고, 도주로를 찾는 것처럼 출구 쪽 문을 자꾸 쳐다보기도 했다. 그런 행동은 본인도 모르게 무의식적으로 나오는 것이다. 나는 쇼윈도 안에 서 있던 청년 볼프람이 어떻게 행동할지 기대가 되었다. 그는 첫인상을 좌우하는 30밀리세컨드, 즉 0.03초의 시간을 잘 이용할 수 있을까?

볼프람이 드디어 첫 여자 파트너와 마주 보고 앉았다. 밝고 명랑해 보이는 젊은 아가씨였다. 그가 자리에 앉자, 그녀는 두 발을 의자 밑으로 끌어당겼다. 출발이 좋지 않아 보였다. 두 사람은 대화를 나누기 시작했다. 핑크 교수와 나는 소리가 안 들리고 영상만 볼 수 있어서 그들이 무슨 이야기를 하는지 알 수 없었다. 시간이 지나도 그녀는 여전히 발을 뒤로 뺀 상태였다. 대화를 나누는 동안 여자는 한쪽 입꼬리만 올라가게 미소를 지으면서 한쪽 어깨를 위로 올렸다. 두 사람 사이의 분위기가 별로 좋지 않음을 암시하는 또 다른 징후다. 한쪽만 몸을 움직이는 것은 뭔가 썩 내키지 않고 마음이 불편하다는 신호다. 보통은 미소를 지을 때 양쪽 입꼬리가 올라가고 양어깨를 들썩이게 마련이다. 한쪽 입꼬리만 올리고 웃는 것은 반감의 표시이며, 최악의 경우 경멸을 나타내는 것이기도 하다. 이어서 여자는 멍한 표정으로 체크를 할 때 쓰라고 놔둔 볼펜을 자신과 볼프람 사이에 가로놓았다. 넘지 말아야 할 선을 그은 것이다. 결과는 보나마나였다.

자리를 바꾸라는 종이 울렸다. 볼프람에게는 다행스러운 일이었다. 두 사람은 상대방을 다시 만나고 싶은지 종이에 체크를 하고 난 후였다. 핑크 교수와 나는 첫 라운드가 시작되고 몇 초도 안 지나서 이미 두 사람의 답을 알고 있었다. 우리가 예상했던 대로 여자는 '아니오'에 체크를 했고, 그녀가 보내는 신호를 제대로 읽은 볼프람도 망설임 없이 '아니오'를 선택했다.

다음 라운드가 시작되었다. 이번에는 예감이 좋았다. 여성 참가자의 두 발이 원위치를 유지한 채 볼프람 쪽으로 향해 있었기 때문이다. 그밖에도 볼프람의 새 파트너는 자주 웃었으며, 몸짓이 점점 커졌고 긴장이 많이 풀린 것처럼 보였다. 1분이 지나자 두 사람은 완전히 똑같은 자세를 취하는 등 일치된 모습을 보였다. 그가 볼펜을 가지고 장난을 하면, 그녀는 자기 머리카락을 가지고 장난을 하기 시작했다. 또 그가 앞으로 몸을 숙이면 그녀도 따라 했다.

완벽했다! 둘 다 다시 만나고 싶다는 항목에 '예'라고 체크했다.

볼프람은 두 번째 라운드에서 어떤 신호를 보낸 것일까? 그리고 첫번째 라운드에서 그는 어떤 신호를 놓친 것일까?

여자들은 어떤 신호에 주의를 기울일까? ———
: 농게의 비밀

남자들에게 매력적으로 보이기 위해 여자들이 보내는 신호에 대해 다양한 연구가 이루어졌다. 여자들은 높은 구두를 신음으로써 자신의 다리와 골반, 가슴 등을 강조한다. 또 자신의 몸매를 드러내는가 하면, 빨간색으로 입술을 강조하기도 한다. 반면 남자들이 여자들에게 퇴짜 맞지 않고 말을 걸어도 좋다는 비언어적 허락을 받기 위해 어떤 신호를 보내야 할지에 대해서는 거의 알려진 바가 없다.

행동연구가이자 진화생물학자인 카를 그라머Karl Grammer가 2004년의 실험 연구에서 입증한 바에 따르면, 바에서 성공적으로 여자에게 말을 건 남자들은 하나같이 몸동작이 컸다고 한다. 다리를 쩍 벌리고 똑바로 앉아서 팔을 쭉 펴는 동작을 많이 했다는 것이다. 수컷 농게와 조금도 다를 게 없다. 그런 남자들은 여럿이서 어디를 갈 때 자기 몸을 만지거나 친구들을 툭툭 건드릴 때가 더 많다. 하지만 앞의 예와 반대로 작은 몸짓에 만족하는 남자들은 여자들에게 완전히 무시당해서 비언어적인 허락을 받지 못한다. 중요한 사실을 한 가지 덧붙이자면, 여자가 곁에 없으면 남자들은 몸동작을 크게 하지 않는다.

수줍은 미소는 말을 걸어도 좋다는 뜻

여자들은 데이트나 연애를 할 때 남자들보다 비언어적 신호를 더 많이 보낸다. 하지만 여자에게 말을 걸기 위해 첫걸음을 내딛는 쪽은 대부분 남자들이다. 이와 같은 의도를 마음속에 품은 남자는 여자한테서 교제에 관심이 있다는 신호부터 먼저 받아야 한다. 그 말은 곧 모든 연애는 여자의 미묘한 신호와 더불어 시작된다는 뜻이다. 여자는 눈빛으로 남자에게 말을 걸어도 좋다고 허락한다. 그런데 남자가 허락도 없이 여자에게 말을 걸었다가는 시작도 하기 전부터 이미 승산이 없다고 봐야 한다.

그러면 남자들이 '적중률'을 높일 수 있는 방법은 무엇일까 궁금해질 것이다. 결정적인 실수를 하지 않으려면 남자 입장에서 어떤 신호에 주의를 기울여야 할까? 한편 여자들 입장에서는 어떻게 하면 자신의 비언어적 신호를 자기가 원하는 바로 그 남자에게 전할 수 있는지에 관심이 있을 것이다.

남자를 위한 첫 번째 원칙은 자신의 눈길에 반응이 올 때까지 기다리라는 것이다. 파티에서 어떤 여자를 찍어서 자신의 이상형이라고 단순하게 생각하는 남자들이 많다. 여자는 파티에 그런 남자가 있는지조차 모르고 있는데 말이다. 앞서 말했듯이 시선 접촉이 없으면 아무것도 이루어지지 않는다. 물론 남자 입장에서는 여자에게 얼마든지 이야기를 늘어놓을 수 있다고 생각하겠지만, 허락을 받지 않는다면 아무 소용이 없다. 그리고 여자들은 오로지 눈빛으로만 말을 걸어도 좋다는 허락을 한다.

길을 가다가 우연히 낯선 사람과 눈을 마주치면, 이 시선 접촉은 보통 1초나 2초 정도밖에 안 걸리고 금방 각자 다른 곳을 본다. 그런 식으로 우리는 상대방을 인지했음을 보여주지만, 그와는 더 이상 볼 일이 없음을 알리기도 한다. 하지만 여자가 남자를 2초 넘게 쳐다본다면, 자신에게 가까이 다가와도 좋다는 의미를 눈으로 표현한 것이다. 이때 중요한 것은 여자의 시선이 평소보다 아주 약간 더 오래 머문다는 것이다. 그리고 여자가 상대방의 시선에 답할 때 위쪽 눈꺼풀을 잠시 들어올리면 좋은 전조로 받아들일 수 있다. 이런 행동은 실제로 순식간에 스쳐지나가서 여자가 대시를 받고 싶어 하는 남자만 인지할 수 있는 것이기도 하다. 여자가 눈썹까지 같이 치켜세운다면, 말을 걸어오라는 확실한 신호다.

여자는 자신의 시선이 향해 있는 남자가 그 시선을 알아차리고 응대를 해올 때까지만 그를 쳐다본다. 특히 여자가 남자의 시선에 몇 초간 답하고 나서 시선을 계속 유지한 채 고개를 살짝 돌린다면, 남자는 대시를 허락받은 것으로 확신해도 좋다. 남자가 여전히 자신을 바라보고 있으면 여자는 고개를 다시 제자리로 돌린다. 자신이 무엇을 원하는지 잘 알고 있는 여자들은 그것이 말을 걸어오라는 신호임을 남자가 깨달을 때까지 계속 이 행동을 반복하기도 한다.

시선을 교환한 후에는 미소, 특히 수줍은 미소영어로 'coy smile'이라 한다가 이어진다. 수줍은 미소의 경우, 양쪽 입꼬리가 반쯤만 위로 올라가고 두 눈은 아래로 약간 처지면서 상대방을 똑바로 쳐다본다. 일반적인 미소와는 다르게 수줍은 미소일 때는 상대방에게서 머리와 몸을 돌리고 시선만 좇고 있는 경우가 많다. 그렇다고 꼭 수줍은 미소여야 하는 것은 아니다. 토라진 듯 입을 살짝 오므리거나 거의 눈에 띄지 않게 입술을 축이는 동작도 분명한 신호가 될 수 있기 때문이다.

입은 웃고 있지만 눈은 웃고 있지 않을 때가 있다. 그런 태도는 서로 적인 두 사람이 괜히 친한 척 인사를 나누는 것처럼 어색해 보이기도 한다. 하지만 상대방을 유혹하는 상황에서는 남자에게 '더 가까이 다가오라.'는 확실한 신호가 될 수도 있다.

유혹에 응할 준비가 되어 있음을 아주 명확하게 나타내는 신호는 남자든 여자든 목 옆 부분을 강조하는 것이다. 이곳은 경동맥이 지나가며 우리 몸에서 극도로 약한 부위다. 여자가 이 부위를 강조하면, "가까이 다가와요. 난 당신에게 위험하지 않아요"라는 말이다. 여자가 머리카락을 가만히 뒤로 넘기거나 목을 살짝 만지거나 하는 것을 보면 그런 행동임을 알 수 있다. 그뿐만 아니라 머리를 약간 옆으로 움직이는 것이나 여자가 짧은 헤어스타일인데 머리가 긴 것 같은 동작을 하는 것도 상대방을 유혹하는 신호다. 남자들한테도 이런 동작이 있다. 넥타이를 자꾸 만지작거리거나 있지도 않은 머리카락을 목에서 떼어내는 행동이다.

이런 신호들 가운데 단 한 가지만 있어도 더 가까이 다가오라는 유혹일 수 있지만, 그것은 단지 말을 걸어도 좋다는 허락일 뿐, 그 이상은 아니라는 것을 명심하라.

연애를 시작하고픈 남자들을 위한 ────
체크리스트

일단 허락을 받고 나면 남자들은 가장 중요한 순간을 맞게 되는데, 바로 자기소개와 언어적 접촉이다. 이 순간은 그다음의 모든 과정에 결정적인 역할을 하기 때문에 여기서 상세하게 다룰 수밖에 없다. 시작단계를 성공적으로 끝낸 후라면 반드시 다음과 같은 신체언어에 주의해야 한다.

여자가 보내는 유혹 자세

일반적으로 성공적인 연애를 하려면 열린 자세를 취해야 한다. 닫힌 자세는 좋지 않다. 하지만 여자가 추워서 떨고 있는 상황이라면 팔짱을 끼고 있다고 해서 꼭 마음을 닫은 상태라고 할 수는 없다. 그냥 추워서 팔짱을 낀 것뿐이니까! 하지만 저녁 내내 열린 자세를 취하고 있다가 하필 남자가 말을 걸어오는 순간에 팔짱을 낀다면, 갑자기 엄습한 추위 탓이 아닐 가능성이 높다.

이때 다리를 보면 상황을 보다 정확하게 판단할 수 있다. 남자가 말을 걸어온 직후에 여자가 다리를 이리저리 꼬면 그것은 유혹의 표시다. 다리를 자꾸 이리저리 꼬아대는 것은 여자가 더 편안한 자세

로 앉고 싶어서 하는 행동이 아니라, 상대방에게 자기 다리를 주목
하게 만드는 데 있다. 또한 이 과정은 무슨 일이 일어나고 있는지 남
자든 여자든 아무도 눈치 채지 못하는 사이에 진행된다. 그럼에도
불구하고 다리를 꼬는 동작은 무의식적으로 아주 잘 인지되기 때문
에 유혹에서 중요한 부분을 차지한다.

여자들은 다리를 강조해서 남자들에게 더 오래 기억나게 만드는
재주를 가지고 있다. 갑자기 발뒤꿈치를 들고 걷는 것 역시 남자의
관심을 다리로 쏠리게 하기 위한 신호일 수 있다. 그리고 발끝으로
걸으면 다리가 더 길어 보일 뿐 아니라 등도 곧게 펼 수 있다. 또 등
을 곧게 펴면 가슴과 엉덩이가 더 돋보이기도 한다. 늘씬한 다리와
가슴 그리고 엉덩이는 여성의 몸이 지닌 강력한 무기가 아닌가! 〈플
레이보이〉 커버 사진이나 〈빌트〉에 실린 여성들 사진을 잘 보면, 모
두들 허리를 곧게 쭉 펴고 있다. 늘 다른 곳에 시선이 가 있어서 당
신이 미처 몰랐던 사실이겠지만 말이다.

남녀 간 거리도 단계가 필요하다

더 가까워진다는 말은 친해진다는 뜻이다. 또 더 가까워진다는 것
은 말 그대로 서로 간의 거리가 가까워졌다는 공간적 행동으로 이해
할 수도 있다. 공간적 행동에서는 두 사람 사이가 얼마나 가까우며
몸동작을 할 때 어떻게 서로를 끌어당기는가가 중요하다. 그래서 경
험이 많은 신체언어 번역가는 커플의 감정적 거리에 대해 많은 것을

이해하고 있다.

보편적으로 연애를 막 시작하는 사람들의 거리는 쭉 뻗은 팔 길이 정도다. 이때 이 간격은 대략 개인적 거리와 일치한다.

남자는 대단히 신중을 기해야 하며 파트너의 사적인 영역을 막무가내로 침범하지 말아야 한다. 어떤 경우라도 남자가 여자에게 '너무 가까이 다가가는 것'은 금물이다. 앞에서도 나왔지만, 친밀한 거리는 50센티미터이며 독단적으로 그 선을 넘는 것은 피해야 한다. 그 범위 안으로 들어가는 것은 상대방에게 부담을 주고 기분을 나쁘게 만드는 일이다(연애할 때만 그래야 하는 것이 아니라 면접을 볼 때도 친밀함과 거리를 유지하는 것에 주의해야 한다. 이 장의 도입부에 인용한 제리 사인펠트의 말처럼 면접과 연애는 공통점이 많다).

그렇다고 개인적인 신체적 거리를 영원히 유지할 수는 없는 노릇이다. 그 이상의 관계를 원한다면, 여자에게 더 가까이 가고 싶다면 어떻게 해야 할까? 그럴 때는 몸으로, 그러니까 비언어적으로 접근에 대한 동의를 구하는 것도 좋은 방법이다. 근본적으로 연애에서는 거리를 좁혀 상대방도 더 가까이 다가오기를 원하는지 알아보는 것이 중요하기 때문이다.

미국의 심리학자 피터 콜릿Peter Collet 교수는 《당신이 말하지 않는 것을 나는 본다》라는 그의 저서에서 퀵스텝에 대해 설명하고 있다. 퀵스텝은 상대방에게 더 가까이 다가가도 될지 테스해볼 수 있는 동작이다. 연애를 시작한 남녀 한 쌍이 있다. 두 사람의 몸은 서로를 향해 있으나, 둘 사이에는 아직 공간적인 거리가 있다. 그런데 잠시 후 여자가 말을 하면서 남자 쪽으로 한 발자국 가까이 다가선다. 그녀는 말을 마치고 부드러운 몸놀림을 한 뒤 다시 원위치로 돌아간다. 남자는 그것을 의식적으로 인지한 건 아니지만 즉시 반응을 한다. 이번에는 남자가 말을 하면서 똑같이 여자 쪽으로 한 발 다가간다. 그것으로 그는 여자를 매력적으로 생각한다는 것을 보여주는 셈이다. 그러면 다음 라운드가 시작되는 종이 울린다. 여자는 원래 서 있던 자리로 되돌아감으로써 미묘한 신체언어 신호를 준 것이다. 그녀는 몸으로 "더 가까이 다가와요!"라는 말을 전했다. 그녀가 남자에게 가까이 다가선 상태로 계속 있었다면 모양새가 좋지 않았을 것이다. 그래서 그녀는 다시 제자리로 돌아가 자석처럼 그를 끌어당겼고, 그는 자기도 모르는 사이에 그녀에게 다가가게 되었다.

서 있는 상태가 아니고 연애 파트너와 함께 테이블 앞에 앉아서 슬쩍 거리를 좁히고 싶은 경우라면, 상대방의 오른쪽 코너에 앉는 것이 가장 유리하다. 그렇게 앉으면 부담스러워 보이지 않으면서 거리를 좁힐 수 있고, 우연한 신체 접촉도 가능하다.

여자의 팔보다 자기 팔을 만지는 게 낫다

연애가 언제나 흥분되는 일이란 건 당연하다. 하지만 막상 개인적인 거리를 두고 파트너 앞에 앉거나 서 있으면 파트너의 몸에 손을 댈 엄두가 나지 않는다. 그러기에는 시기적으로 아직 너무 일러서 둘의 관계를 오히려 망치게 될까봐 두렵기 때문이다. 그래서 파트너

대신 자기 자신을 만지게 된다. 자기 몸을 만지는 것은 긴장했을 때 나타나는 전형적인 증상으로, 남자와 여자 모두에게서 찾아볼 수 있다. 내 뺨이나 팔을 쓰다듬으며 기운을 북돋아줄 사람이 아무도 없지만, 상관없다. 나 스스로 그렇게 하면 되니까. 이와 같은 몸짓은 자기 자신을 달래는 데 도움이 되며 '어댑터adapter 제스처'라고도 불린다.

물론 잠시 자기 몸을 만지는 데에는 또 다른 이유가 있다. 당신도 이미 알고 있을 '에너지는 집중에서 나온다'라는 원칙은 이 경우에 이렇게 이해하면 될 것이다. '상대방은 우리가 집중하는 곳을 쳐다본다'라고 말이다. 그러므로 상대방의 관심을 끌기 위해 자신의 몸을 만지는 것일 수도 있다.

그러나 더러는 조금 더 섬세한 방식이 요구될 때도 있다. 남자가 자신의 이상형인 여자에게 스킨십을 해도 될지 아직 확신이 없을 때는 의도적인 신체 접촉을 어떤 물건으로 옮겨 테스트해보는 방법이 있다. 앞서 소개했던 내 단골 레스토랑에서 있었던 장면을 기억하는가? 여자는 와인을 한 모금 마시고 나서 와인 잔의 다리를 손가락으로 천천히 위에서 아래로 쓸어내렸다가 다시 아래서 위로 더듬어 올라간다. 한편 남자가 무심코 테이블 위에 있던 자동차 키를 손에 쥐고 만지작거린다면 이는 기꺼이 와인 잔이 되고 싶은 남자의 심정을 보여주는 것이다.

다른 형태의 게임이 한 가지 더 있는데, 파트너가 어떤 물건을 만지기 시작하면 상대방이 다른 물건으로 일을 마무리하는 것이다. 예컨대 남자가 와인을 한 모금 마시면 이어서 여자가 전혀 불필요한 행동임에도 불구하고 냅킨으로 입을 닦는 것처럼 말이다.

보푸라기로 스킨십 유도하기

이제는 어떤 물건뿐 아니라 상대방의 팔이나 어깨를 슬쩍 만지는 것쯤은 가능할지도 모른다. 물론 그런 일은 그냥 상대방이 뭔가 재미있는 이야기를 해서 무심결에 일어날 수도 있다. 어찌되었건 스킨십은 그야말로 민감한 주제이므로 항상 조심해야 하지만, 또 한편으로는 아주 효과적인 방법이기도 하다. 왜냐하면 우리가 쇼핑을 할 때 어떤 물건을 만지면 그 즉시 카트에 넣을 가능성이 급상승하기 때문이다. 이 사실을 잘 이용해서 파트너가 당신을 만지게끔 유도하라. 스킨십이 일어나자마자 연애의 장밋빛 전망을 확신할 수 있을 테니까. 파트너가 뺨을 때리지 않는 한, 당신은 목표를 초과 달성하게 되는 셈이다.

당신이 남자라면 다음과 같은 방법으로 스킨십을 유도할 수 있다. 이 방법은 유명한 미국의 마술사 듀오 펜과 텔러Penn Jillette and Teller가 보여준 트릭에서 착안한 것이다. 필요한 재료는 실 1롤과 바늘 1개, 재킷 1벌이 전부다. 재료는 간단하지만 세심한 준비 과정이 필요하다. 외출하기 전에 입고 나가려는 재킷 색깔과 강하게 대비되는 색깔의 실을 준비하라. 실을 바늘에 꿴 다음, 재킷의 어깨 부분 안쪽에 바늘을 찔러 넣어 바깥쪽으로 빼낸다. 실이 재킷을 관통해서 밖으로 나오면 바늘을 빼고 실을 앞쪽 어깨 부분에서 1.5센티미터쯤 밖으로 튀어나오게 한다. 재킷 안쪽에 있는 실은 실타래에 감긴 채로 안주머니에 집어넣는다. 그러니까 재킷 밖으로 나와 있는 것은 보푸라기가 아니라 실타래에 감겨 있는 실의 끝부분인 셈이다.

여기까지 준비한 다음 당신의 할 일은 기다리는 것뿐이다. 당신의 이상형인 그녀가 재킷 밖으로 튀어나와 있는 보푸라기를 보고 떼어내주고 싶다는 생각을 한다면, 순전히 연애 테크닉으로만 봤을 때 아주 좋은 징후다.

그녀가 당신의 재킷에 붙은 실을 떼어내려고 잡아당기면 실이 끊임없이 따라 나온다. 당신도 놀란 듯 눈을 크게 뜨고 점점 길어지는 실을 쳐다보며 이렇게 덧붙이는 것이다. "어라, 내 속옷에서 풀린 실인가본데!"

마음이 맞으려면 상대방에게 자신을 맞춘다

모든 일이 잘 풀려나가면, 남자와 여자의 신체언어는 주로 열린 자세나 스킨십, 친밀감 등 주로 행동 유도성 신호들로 이루어진다. 두 사람의 마음이 맞으면, 그들의 자세와 동작 속도도 서로 일치한다. 남자가 몸을 앞으로 숙였을 때 바로 여자도 몸을 숙이면 동시적 행동이라고 할 수 있다. 남자가 차 숟가락을 가지고 장난을 치자 여자도 금방 같은 행동을 하는 경우도 마찬가지다. 그런데 서로 마음이 맞기도 전에 그런 일이 가능하다는 것은 꽤나 흥미진진하다.

어쨌든 파트너와 마음이 맞고 싶다면, 자신의 신체언어를 파트너의 신체언어에 맞춰야 한다. 이처럼 상대방의 말이나 행동을 따라 하는 것을 전문용어로 '미러링mirroring'이라 한다. 여자가 앞으로 몸을 숙이면 당신도 똑같이 따라 한다. 그녀가 머리를 쓸어 넘기면 당신도 같이 쓸어 넘긴다. 하지만 주의할 것! 이 방법은 대단히 효과적이긴 하지만 위험할 수도 있다. 상대방이 당신의 행동을 눈치 챌 가능성이 도사리고 있기 때문이다. 따라 하다가 들키면, 연애고 뭐고 다 틀린 것이다. 파트너는 당신이 자신을 흉내 내는 것이 아니라 인지해주길 원하므로. 미러링을 하다가 들킬 가능성을 줄이기 위해서는 조금 더 주도면밀하게 행동하는 것이 좋다. 예를 들어 파트너가 머리를 쓸어 넘기면 당신은 잠시 코를 쓰다듬는 것이다. 동시적 행동을 다른 신체 부위로 옮기는 방법이다.

시간차 미러링 역시 성공적인 연애 테크닉이다. 이 테크닉은 파트너가 그다음 동작으로 넘어가고 나서야 파드니의 동직을 따라 하는 것이다. 이를테면 당신의 이상형인 그녀가 오른손으로 왼쪽 약지를 만지작거린다고 하자. 당신은 그걸 인지하긴 했지만, 아직 아무 행동도 취하지 않는다. 하지만 그녀가 그 동작을 멈추고 오른손으로 뭔가 다른 행동을 하면, 당신의 오른손으로 왼쪽 약지를 만지작거리기 시작하는 것이다. 이런 식으로 파트너의 동작이나 몸짓을 한 박자씩 늦게 따라 하면 된다. 파트너가 무엇을 하고 있는지 관찰한 다음 그녀가 다른 행동으로 넘어가는 순간, 방금 관찰한 파트너의 동작을 따라 하기 시작한다. 그러므로 앞의 예처럼 당신의 동작을 다

른 신체 부위로 옮기는 것이 아니라 시간차를 두고 똑같이 따라 하
는 것이다.

'같은 자세 취하기 게임'의 큰 장점은 상대방과 같은 자세로 앉아
있으면, 그 사람이 느끼는 것을 똑같이 느낄 수 있는 가능성이 극대
화된다는 것이다. 당신도 잘 알고 있겠지만, 생각이 우리 몸에 영향을
미칠 뿐만 아니라 몸이 우리의 감정에 영향을 주기도 한다. 그래서
상대방의 자세를 똑같이 취하면 그 사람에게 감정이입이 될 수 있다.

들이대는 남자와 끝내고픈 여자들을 위한 ──────── 체크리스트

달갑지 않은 상황이 벌어졌다. 눈빛으로 기껏 남자를 유혹했더니
이상한 남자가 걸린 것이다. 남자를 보내버리고 혼자 조용히 커피를
다 마시고픈 마음이 굴뚝같다. 아니면 그냥 잠깐 스쳐지나갔을 뿐인
데 남자의 시선을 작업 거는 것으로 오해했을 수도 있다. 이런 상황
이 벌어지는 이유는 남자와 여자가 똑같은 비언어적 신호에 서로 다
른 가치를 부여하기 때문이다. 다시 말해 남자들은 그냥 친절을 베
풀려는 것뿐이었는데 어떤 특정 행동을 성적인 것으로 해서할 때가
많다. 들이대는 남자를 효과적으로 물러가게 하는 비언어적 방법을
몇 가지 소개하자면 다음과 같다.

다리와 발을 움직이지 않는다: 발을 흔들어대는 것, 특히 발가락을 위아래로 움직이는 것은 기분이 좋다는 표시다. 전문용어로는 '해피 피트 happy feet'라고 부른다. 그러므로 발을 움직이지 말고 가만히 있어라.

가방을 이용한다: 가방을 무릎 위에 올려놓거나 몸 옆에 붙여놓음으로써 둘 사이의 거리를 더 강조하라.

옷에 붙은 먼지나 보푸라기를 떼어낸다: 그렇게 함으로써 "내 옷에 붙은 보푸라기가 당신보다 더 흥미진진해!"라고 말하는 셈이다. 그런 다음 손톱도 검사하라. "내 손톱에 낀 때조차도 당신보다 더 흥미진진하다고!"라는 뜻이다.

웃지 않는다: 엄마가 웃음을 그치면 바로 아기가 울기 시작한다. 들이대는 남자에게 이 원칙을 적용해보라. 이와 관련된 내용은 뒷부분에 나오는 '무표정의 경험 still-face experiment' 실험을 참조하기 바란다.

'교묘한 영역 침범'을 노린다: 여자들은 남자를 만날 때 더 넓은 공간을 차지함으로써 더 매력적으로 보이려고 하지 않는다. 그에 반해 남자들은 작업을 걸 때 자신의 영역을 더 확장시킨다. 예를 들어 카페에 빈 테이블이 없으면 새로 들어오는 손님들(남녀를 막론하고)은 여자들이 앉아 있는 테이블에 합석하는 경우가 많다. 원하지 않는 남자가 그런 식으로 밀고 들어오는 것을 막기 위해 당신의 공간을 넓혀라. 그래도 남자가 뻔뻔한 미소를 지으며 계속 들이대려고 하면 테이블 위에 놓여 있는 설탕통이나 물컵 같은 것을 남자 쪽으로 더 가까이 밀어놓아라.

동작을 빠르게 하라: 여자들은 연애를 할 때 남자들보다 동작이 느리며, 몸짓도 별로 크지 않다. 그러므로 동작을 빠르고 크게 하면, 금방 불쾌한 인상을 줄 수 있을 것이다.

남자와 정반대로 행동하라: 남자가 두 팔을 벌리면 팔짱을 끼고, 남자가 고개를 끄덕이면 슬쩍 고개를 젓는다. 그럼으로써 '우리는 정말 공통점이 하나도 없다'는 것을 신체언어로 보여주는 것이다.

이마를 찌푸린다: 이마를 찌푸리는 것은 불신의 표시이며, 적당히 비호감으로 보일 수 있는 좋은 방법이기도 하다.

양손을 재킷 주머니에 넣거나 테이블 밑에 감춘다: 당신 자신을 적게 내보일수록 남자는 계속 떠들어대고 싶은 마음이 줄어들 것이다.

하품을 하고 재킷을 걸친다: 온갖 방법을 다 동원해도 소용이 없으면 더 과격한 조치를 취할 수밖에 없다.

미녀와 퍼그 - 대조의 원칙

여자들이 왜 퍼그를 키우는지 궁금했었는데, 그 답을 찾은 것 같다. 퍼그는 몸집이 작고 못생긴 개다. 얼마 전에 30대 초반의 아름다운 여성이 퍼그를 팔에 안고 있는 것을 보았다. 저렇게 매력적인 여자가 어쩌다 숨을 헐떡이는 못생긴 개를 데리고 다니게 되었을까? 그 이유를 궁금해하던 차에 퍼뜩 '대조의 원칙'이 떠올랐다. 인지심리학의 고전이라고 할 수 있는 이 원칙은 다른 사람들에게 영향을 주기 위해 자주 적용되는 것이기도 하다. 그리고 주지의 사실이지만, 변화를 인지하는 것은 신체언어 해석에서 큰 비중을 차지하는 아주 중요한 요소다.

대조의 원칙은 같은 대상을 상황에 따라 우리가 전혀 다르게 평가하는 것을 말한다. 이를테면 고속도로를 시속 180킬로미터로 달리다가 가장 가까운 출구에서 빠져 시속 80킬로미터로 계속 달린다고 상상해보자. 그 순간 80킬로미터의 속도는 기어가는 것처럼 느리게 여겨질 것이다. 그러다 갑자기 교통체증에 걸려 30킬로미터 이하의 속도로 진짜 엉금엉금 기어가다 마침내 교통체증이 풀려 다시 80킬로미터의 속도를 내면, 이 속도가 새삼 아주 빠르게 느껴진다. 지금의 시속 80킬로미터는 그전과 다를 게 없는데도 상황에 이르기까지의 경위에 따라 다르게 인지되는 것이다. 이것이 대조의 원칙이다.

미녀와 퍼그의 경우도 마찬가지였다. 그렇게 매력적으로 보였던 여인을 두 번째 보는 순간, 돌연 그녀가 더 이상 그렇게 아름다워 보이지 않기 때문이다. 처음에는 개가 그녀를 매력적으로 보이게 해주었던 것이다. 못생긴 동물 옆에 있으니 평소에 그저 그런 외모였던 여자가 갑자기 매혹적으로 보였을 뿐이다.

당신도 이제 여자들이 왜 퍼그를 데리고 다니는지 알게 되었으리라. 퍼그를 사서 기를 정도로 동물을 좋아하지 않거나 단기간 퍼그를 빌릴 만한 사람이 아무도 없다면 자신보다 매력이 떨어지는 사람 옆에 있으면 된다.

물론 최초로 이 사실에 주목한 사람은 내가 아니었다. 〈내가 그녀를 만났을 때〉라는 코미디 시리즈의 주인공 바니 스틴슨 $^{Barney\ Stinson}$(닐 패트릭 해리스라는 미국 배우가 훌륭하게 연기했던 인물)이 이른바 '단체 미인'에 대해 언급한 적이 있기 때문이다. 단체 미인이란 무리지어 있을 때는 일률적으로 아름다워 보이는데, 혼자 떼어놓고 보면 빼어난 외모와 거리가 먼 사람들을 말한다. 전문용어로는 '치어리더 효과'라고도 한다. 이 용어에 대해서는 캘리포니아 대학의 심리학과 교수인 드류 워커 $^{Drew\ Walker}$와 에드워드 헐 $^{Edward\ Hull}$이 자세히 설명한 바 있다.

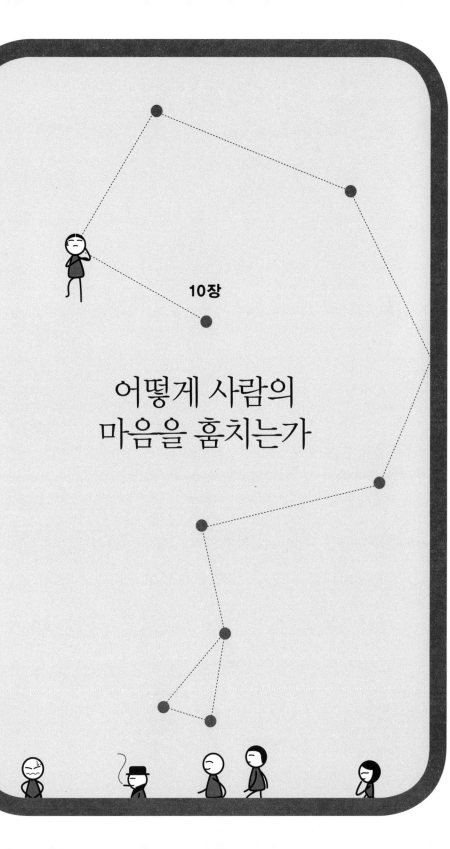

10장

어떻게 사람의
마음을 훔치는가

"
당신은 언제 화가 나죠?
"

굳이 물어보지 않아도
여자한테서 모든 것을
알아낼 수 있다.

_ 윌리엄 서머싯 몸

1995년 여름 자르브뤼켄에서 있었던 일이다. 어떤 회사의 창립기념 파티 행사가 있었다. 나는 테이블 마술사로 고용되어 그 파티에 참석하게 되었다. 그 당시 내 여자 친구였던 지금의 아내와 함께 저녁 7시경 파티 장소에 도착해보니 회사 건물 앞에 약 200명의 하객이 들어갈 대형 천막이 설치되어 있었다. 내 공연 시간은 8시부터 자정까지로 잡혀 있었다. 유감스럽게도 그 행사는 경력자가 아닌 수습사원 한 사람이 총괄하는 것 같았다.

그 사원에게 내 소개를 했다.

"안녕하세요. 저는 토르스텐 하베너라고 합니다. 오늘 저녁 테이블 마술사로 고용되었습니다. 어디서 의상을 갈아입으면 될까요?"

그는 내가 무슨 염치없는 질문이라도 한 것마냥 나를 빤히 쳐다보았다. 의상을 갈아입을 일이 있을 줄은 몰랐다면서 내게 하객용 화장실을 이용하면 어떻겠냐고 덧붙였다. 준비 시간이 필요한데 화장실에서는 좀 곤란하다고 말하자 그는 다시 짜증난 얼굴로 테이블 마술사가 무슨 준비 시간이 필요한지 모르겠다고 투덜댔다.

여자 친구와 나는 많은 말이 담긴 시선을 교환했다. 지금까지 살아오면서 화장실에서 옷을 갈아입어 본 적이 여러 차례 있었다는 사실과 옷을 입고 벗을 때 정장바지와 청바지가 바닥에 닿지 않게 갈아입는 기술이 문득 생각났다. 지금도 잘할 수 있는 기술이다. 이상하게 그런 건 잊히지가 않는다.

이번에도 무사히 정장으로 갈아입은 다음, 게임카드는 오른쪽 안주머니에 그리고 메모지와 사인펜은 왼쪽 안주머니에 넣었다. 주머니마다 소도구들로 가득 찼고, 모든 준비가 끝났다. 대형 천막으로 향하는 길에 그 회사 사장과 마주쳤다. 그는 내게 좀 과하다 싶을 정도로 다정하게 인사를 하더니 회사의 전 직원이 유쾌하지만, 그중에서도 외판원들이 부부 동반으로 앉아 있는 테이블이 특히 분위기가 좋으니까 꼭 가보라고 당부했다. 그러고는 웃으면서 이렇게 덧붙였다.

"어쨌든 다들 파트너를 자기 부인이라고 하니까, 그런가 보다 하는 거죠."

드디어 8시가 되어 나는 천막 입구 쪽으로 갔다. 천막 내부가 눈에 들어오는 순간 뒤통수를 얻어맞은 듯 정신이 혼미해졌다. 요란한 테이블 장식과 어마어마하게 큰 촛대가 놓여 있는 테이블들이 길게 줄지어 있었기 때문이다. 이런 상태에서는 어디에 가서 서든 아무도 나를 못 볼 것 같았다. 꽃이 나를 가리든가 아니면 촛대가 나를 가리든가 둘 중 하나였다. 그래도 아직은 희망을 잃지 않고 어떻게 해야 할지 생각해보았다. 그리고 테이블이 필요 없는 마술을 보여주기로 결정을 내렸다.

천막 안으로 막 들어서는 찰나에 악사들이 마치 그 순간만 기다렸다는 듯 첫 곡을 연주하기 시작했다. 음악 소리가 너무 커서 내 말이 들리지 않을 정도였다. 약간 회의적인 심정으로 나는 첫 번째 단체석 쪽으로 다가가 소리를 질렀다.

"안녕하십니까? 저는 마술사 토르스텐 하베너라고 하는데……."

그때 외판원일 것 같은 한 남자가 내 말을 가로막았다.

"아하, 마술사라고! 잘됐네. 그럼 내 아내를 사라지게 해봐요!"

뭐라고? 나는 어이가 없었다. 사라지게 해보라는 그의 부인이 바로 옆자리에 앉아 있었기 때문이다. 매너 없기는! 나는 큰 소리로 말했다.

"아, 요즘은 돈만 많이 주면 누구든 사라지게 할 수 있지요."

그러면서 나는 남자가 아니라 부인을 쳐다보았다. 그러자 그녀가 내게 윙크를 했다.

그날 저녁 '부인을 사라지게 해달라'든가 '내 아내를 10년 더 젊어지게 만들어달라'는 식의 요구를 수없이 들어야 했다. 게다가 마술로 시원한 생맥주 한 잔을 마시게 해달라는 사람이 있는가 하면, 아이들에게 갖다 준다고 풍선을 동물 모양으로 만들어달라는 요구도 있었다.

고작 외판원들을 아내로부터 벗어나게 해주려고 내가 9년 동안 하루도 빠짐없이 몇 시간씩 마술 연습을 했나 싶은 생각이 불현듯 들었다. 하지만 쇼 비즈니스가 다 그런 거니까 참아야 한다고 스스로를 달랬다.

나는 다음 단체석으로 자리를 옮겨 다시 내 소개를 했다. 다행히 그 테이블에 앉은 사람들은 호의적이고 친절했다. 그들은 마술이 아주 멋지다고 생각한다면서 빨리 시작해보라고 재촉했다. 그래서 나는 카드 한 벌을 꺼내 회사 직원에게 카드를 한 장 뽑게 했다. 그런 다음 카드를 다시 제자리에 끼워넣고 다른 직원에게 섞으라고 시켰다. 이제 내가 그 카드 한 벌을 받아들고 오랜 세월 연습해온 마술을 막 보여주려는 순간, 누군가 내 뒤에서 외쳤다.

"조심해요, 뜨거워요!"

첫 코스가 서빙되어 테이블은 수프 접시로 가득 찼다. 나는 아무도 모르게 슬쩍 자리를 피했다.

출구 쪽으로 가는 길에 메뉴를 훑어보았더니 아직 다섯 코스가 더 남아 있었다. 낙담한 채 나는 여자 친구가 어디 있는지 살폈다. 그녀가 야외 나무 벤치에 앉아 있는 모습이 눈에 들어왔다. 그녀가 정말로 나를 많이 사랑한다는 생각이 들었다. 그렇지 않다면 이런 상황을 오래 견디지 못했을 테니까.

"크리스티아네, 나와 함께 이 모든 일을 견뎌야 하는 건 진정한 커

플에게만 주어지는 가장 혹독한 시험일 거야. 이제는 그 어떤 시련
도 우리를 갈라놓지 못할걸?"

"하지만 지금 상황이 안 좋아 보이는데?"

그녀가 염려스러운 듯 말했다.

나는 고개를 끄덕이며 천막 쪽을 가리켰다.

"무슨 좋은 생각 없어?"

힘들 때마다 그녀가 내게 얼마나 큰 힘이 되었는지 모른다.

"토르스텐, 이런 식으로는 아무것도 못해. 저 사람들을 당신한테
오게 만들어야지."

기막힌 생각이었다. 내가 외판원들의 영역을 찾아가는 건 이제 그
만두고 그들이 나를 찾아오게 해야 한다. 그런데 어떻게? 어떤 식으
로 그들에게 말을 걸어야 그들을 휘어잡을 수 있을까? 어떻게 해야
그들이 내게 관심을 갖게 될까? 그 순간 오래전에 영어로 된 책에서
읽은 적 있는 공식이 하나 떠올랐다. 책 제목이 무엇이었는지는 아
무리 생각해봐도 기억이 안 나지만, 그 공식은 지금도 생생하게 기
억한다.

C - I - Q

Compliment - Introduction - Question

칭찬 - 소개 - 질문

방법은 아주 간단하다. 누군가에게 다가가 먼저 칭찬을 하는 것

이다. 상대방의 어떤 점을 가지고 칭찬하는 것보다 더 듣기 좋은 말은 없기 때문에 현명한 한 수라고 할 수 있다. 그렇다고 너무 과장을 해서는 안 되며 간단한 칭찬 정도로 충분하다. 칭찬을 한 다음에는 자기소개를 하고 이어서 간단한 질문을 던진다. 이 질문으로 상대방의 관심을 불러일으키는 것이다.

이 공식을 다시 한 번 머릿속에서 정리한 후에 나는 공식대로 해보겠다고 말했다.

크리스티아네는 고개를 끄덕였다.

"틀림없이 잘될 거야."

나는 천막으로 돌아가 빈 수프 접시가 가장 먼저 치워진 테이블이 어디인지 살핀 다음 그 테이블로 다가갔다.

"안녕하십니까? 여기 계신 분들은 아주 멋져 보이시네요. 제가 하려는 일을 여러분과 같이 하면 잘될 것 같은데요(이것으로 칭찬을 두 가지나 한 셈이다)."

"저는 토르스텐 하베너라고 합니다. 오늘 저녁 이 자리에서 즐거움을 선사하기 위해 고용된 사람이지요(내가 고용된 사람이라고 소개한 건 나중에 내 공연을 본 다음에 돈을 내라고 하지 않을까 걱정하는 사람이 아무도 없도록 덧붙인 것이다)."

"쉬운 마술 한 가지 보여드릴까요(질문이다)?"

진짜 마법과도 같은 일이 일어났다. 내게 어이없는 말을 던지는 사람은 이제 아무도 없었다. 칭찬과 자기소개 그리고 질문이라는 공식이 정말 효과가 있었는지 모두들 호기심 어린 눈으로 집중해서 내 말에 귀를 기울였다.

"아, 이 자리는 너무 시끄럽네요. 저쪽 코너로 갈까요? 더 조용할 뿐만 아니라 조명도 여기보다 나은 것 같은데요."

그러자 모두 순순히 내 말을 따랐다. 그들은 내 마술을 보고 열렬한 박수를 보내는가 하면 탄성을 질러대기도 했다. 내 주위에 점점 더 많은 사람들이 몰려들었고, 첫 순서가 끝나고 나자 더 이상 내 소개를 할 필요가 없었다. 내가 누구고 뭐 하는 사람인지 모르는 사람이 없었기 때문이다. 심지어는 개별석에 앉은 사람들도 뭔가를 보여달라고 나를 불렀다. 그제야 나는 9년 동안 열심히 연습한 보람을 느낄 수 있었다.

두 번째 순서를 마치고 나니 갑자기 음악 소리가 작아졌다. 음악이 너무 커서 내 공연에 방해가 된다고 생각한 사장의 배려인 듯싶었다. 그래서 악사들이 내게 별로 감정이 좋을 것 같지 않았으나, 그 순간에는 그러든 말든 상관이 없었다. 나는 계속 마술을 보여줄 수 있었고, 크리스티아네는 천막 입구에 서서 내게 미소를 보내고 있었다.

그날 이후로 새로운 공연 요청이 쇄도했다. 공연만 잘하면 홍보가 따로 필요 없다는 것을 요즘도 실감한다. 그리고 좋은 파트너가 옆에 있고 C - I - Q 공식을 이용하면 공연은 실패할 리가 없다. 당신도 클럽 같은 곳에서 누군가에게 말을 걸고 싶을 때 이 공식을 활용해보라. 이런 식으로 말이다.

"차고 있는 시계가 멋있네요! 내 이름은 토르스텐이에요. 음악이 너무 큰 것 같지 않나요?"

한편 레스토랑에서는 다음과 같이 말을 붙일 수 있다.

"정말 맛있어 보이는 음식을 주문하셨네요. 감각이 있으신 것 같 아요. 토르스텐이라고 합니다. 그 먹음직스러워 보이는 음식이 뭔가 요?"

다만 당신 이름이 정말로 토르스텐이 아닌 이상, 본인의 이름을 사 용해야 한다. 또 다른 예를 드는 것은 의미가 없을 것 같다. 어차피 본인에게 맞는 말을 해야 하니까. 하지만 나는 당신이 알맞은 순간 에 알맞은 말을 찾아내리라 확신한다.

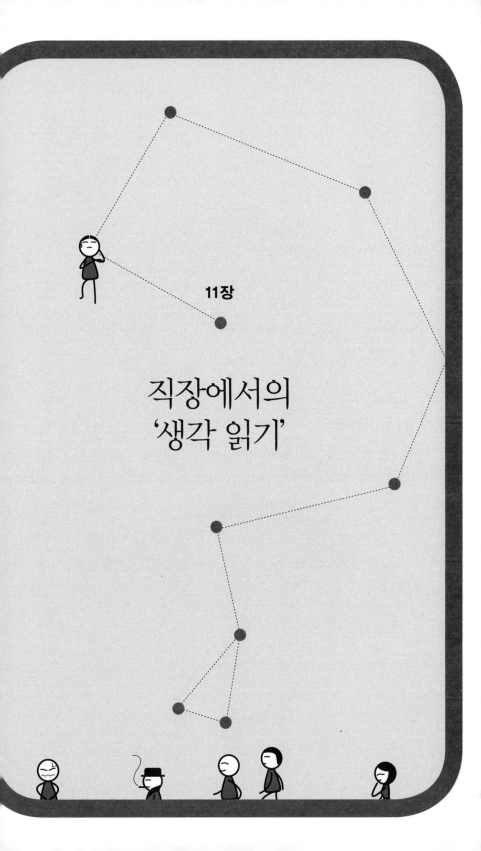

11장

직장에서의
'생각 읽기'

"당신은 좋은 상사인가?"

성공의 비결은
상대방의 입장을
이해하는 것이다.

_ 헨리 포드

세미나실이 꽉 찼다. 100명이 넘는 대졸 이상의 고학력자들이 '생각 읽기와 게임이론'이라는 주제에 관한 내 강연을 들으러 그 자리에 와 있었다. 나는 여느 때보다 더 긴장되었다. 그 이유는 곧 알게 될 것이다.

강연회가 시작됐다. 이 행사의 주관자가 인사말을 하고 나를 소개했다. 객석에서 점잖은 박수소리가 들렸다. 나는 무대로 올라가 강연을 시작했다. 짤막하게 서론을 이야기한 다음 조심스럽게 농담을 한마디 했는데, 아무 반응이 없었다. '좋았어!' 나는 내심 쾌재를 불렀다.

이제 나는 본론으로 들어가 내가 하는 공연의 내용을 설명하고 그

188

림을 보여주면서 이런저런 견해를 말했다. 넓은 홀 안을 감돌고 있던 긴장감이 서서히 풀리기 시작했다. 60분에 걸친 강연을 마치고 나자 우레 같은 박수가 쏟아졌다. 쇼 프로그램에서 받는 박수와는 비교가 안 되었지만, 그래도 그 정도 박수를 받았으면 대단한 것이었다. 이번에는 청중들이 피드백 설문지에 강연이 마음에 들었는지 답할 차례였다. 나는 대단히 좋은 평가를 받았고 한결 마음이 가벼워졌다.

왜냐하면 이 강연은 거짓이었기 때문이다! 아무 내용도 없을뿐더러 말도 안 되는 헛소리에 불과했다. 사실 이 행사 전체가 실험이었다. '아무리 내가 엉터리 이야기를 늘어놓아도 확신에 찬 태도와 적절한 신체언어를 사용하는 것만으로 청중을 설득할 수 있을까?'

답은 '그렇다!'였다.

이 실험의 아이디어 제공자는 내가 아니라, 미국의 사회심리학자 도널드 나프털린Dornald H. Naftulin과 존 웨어John Ware, 프랭크 도넬리Frank Donneley다. 1970년에 그들은 강연자의 태도가 청중에게 어떤 영향을 미치는지 조사했다. 그들이 선택한 주제는 '의료인 양성에 응용되는 수학적 게임이론'이었다. 강연자로 나선 마이런 폭스Myron L. Fox 박사는 실제로 마이클 폭스Michael J. Fox(영화 〈백투더퓨처〉의 주인공 마이클 J. 폭스가 아니다)라는 무명배우가 연기한 가상의 인물이었다. 게임이론에 대해서 전혀 문외한인 폭스 박사의 엉터리 강연을 듣고 청중은 만족스럽다는 평가를 했다. 이 실험은 '폭스 박사 실험'이라는 이름으로 역사에 길이 남게 되었다.

그러면 이처럼 가짜를 진짜로 믿게 만든 신체언어는 어떤 것이었을까? 이 책을 여기까지 읽은 독자라면 그 답을 알고 있을 것이다. 그것은 바로 확신과 자신감이 넘치는 몸짓과 동작, 즉 열린 자세 및 강연 주제에 해박하다는 것에 대해 조금도 의심이 들지 않게 만드는 강조 동작이었다. 손을 불안하게 흔들거나 어찌할 바를 모르고 천장을 올려다보는 것, 또는 입술을 축이는 동작은 비생산적이다.

가짜 폭스 박사가 우리에게 주는 교훈은 자신감 넘치게 행동할 가치가 충분하다는 것이다. 경우에 따라서는 말을 할 때 내용보다도 적절한 행동이 더 큰 확신을 주기 때문이다. 당신이 말하는 건 어차피 다 맞는 내용일 거라고 믿는다. 하지만 내 관심사는 직장에서 당신이 가지고 있는 전문 능력에 신체언어로 또 무엇을 보탤 수 있는가이다. 커뮤니케이션의 93퍼센트는 신체언어로, 나머지 7퍼센트는 내용으로 이루어진다는 연구 결과를 기억하는가?

넥타이맨은 넥타이맨끼리

폭스 박사가 입은 옷은 딱 1970년대 학자 스타일이었다. 어두운 색 양복에 휘색 셔츠를 입고 넥타이를 맨 모습이다. 그가 강연을 한 곳은 캘리포니아여서 객석에 앉아 있는 사람들은 반바지와 티셔츠 차림이었다. 노련한 강연자는 얼른 기회를 잡아 다양한 의상 스타일을 가지고 우스갯소리를 하면서 친밀감을 조성했다.

나 역시 가짜 강연회에 어두운 색 양복을 입고 가기로 했다. 내 옷장에 어두운 색 양복이 여러 벌 걸려 있어서 고르는 게 어렵지는 않았다. 나는 짙은 남색 양복에 흰색 셔츠를 입고 자주색 넥타이를 맸다. 그냥 우연히 그렇게 입은 건 아니었다. 국제 로펌 변호사인 친한 친구의 말이 떠올랐던 것이다. 드레스코드에 대해 이야기를 나누다가 그 친구가 이런 말을 했었다. "우리 사무실 사람들은 보통 짙은 남색이나 회색 정장을 입고 흰색이나 하늘색 셔츠에 붉은색이나 푸른색 넥타이를 매지. 그렇게 안 입으면 단정하지 않다고 생각하니까."

나도 단정한 인상을 주고 싶었으므로 짙은 남색 양복을 선택한 것이다.

하지만 모든 직업에 이런 드레스코드가 적합한 것은 아니다. 앞에서 사례로 들었던 이케아 면접시험을 떠올려보라. 당신이 상대하게 될 사람들이 보통 어떤 옷차림을 하고 있는지 미리 알아보는 깃이 좋다. 누구나 자신과 비슷한 사람에 직관적으로 끌리게 마련이므로, 대부분 사람이 입은 것과 비슷한 옷차림이면 일단 호의적으로 받아들여진다. 반대로 옷차림이 다른 사람들과 너무 차이가 나면 스스로 화를 자초하게 된다. 가짜 폭스 박사 역시 그것을 잘 알고 있었기 때문에 오프닝으로 청중의 옷차림에 대해 우스갯소리를 한 것이다.

캐나다의 심리학자 숀 매키넌^{Sean Mackinnon} 교수도 호감에 관한 연구에서 이런 점을 입증했다. 그는 임의로 나란히 앉은 사람들의 겉모습이 상당히 비슷하다는 사실을 알아냈다. 이 실험을 위해 서로 전혀 모르는 대학생 100명에게 각자 앉고 싶은 자리에 가 앉으라고 한 다음 눈에 띄는 점이 있는지 살폈다. 그 결과, 똑같이 안경을 쓰고 있다든가 머리 스타일이 비슷하다든가 티셔츠를 입고 있다든가 하는 식으로 외형적으로 비슷한 학생들끼리 모여 앉은 것을 발견했다.

그 이유가 뭘까? 그것이 궁금했던 매키넌은 다른 실험을 한 가지 더 함으로써 자신의 연구를 마무리했다. 실험 대상자 174명을 선정해서 각자에게 8명의 사진을 보여준 다음, 그 8명에 대한 호감도를 조사했다. 설문조사의 마지막 질문은 이랬다. "각각의 사진 속 인물과 얼마나 거리를 두고 앉겠는가?" 이 조사 결과로 알 수 있었던 것은 실험 대상자들이 자신과 비슷해 보이는 사진 속 인물이 자기와 같은 것을 애호하며 자신을 받아줄 거라고 생각했다는 것이다.

그러므로 자신이 근무하게 될 직장의 복장 규정 같은 것을 미리 알아두면 반드시 큰 도움이 될 것이다.

좋은 상사를 식별하는 법

사무실 장면이 등장하는 옛날 영화들은 시대가 얼마나 빨리 변하는지 잘 보여준다. 할리우드나 우파 프로덕션Ufa, 독일 최대 영화사-옮긴이 영화에 나오는 전형적인 사무실은 입구에 비서실이 딸려 있고 큰 책상과 묵직한 소파가 놓여 있다. 미국 드라마 〈매드맨Mad Men〉은 1960년대 뉴욕을 무대로 그 당시 매디슨가를 주름잡고 있던 광고업계 종사자들의 이야기다. 이 드라마의 제목만 봐도 알 수 있듯이 회사 중역 사무실에는 남자들만 앉아 있고(그리고 쉬지 않고 담배를 피워댄다), 이 남자들은 대부분 인터폰으로 여비서와(여기서 드디어 여자가 등장한다!) 대화를 한다. 이런 장면이 가리키는 것은 사무실과 책상이 크면 클수록 그 안에 앉은 남자의 힘이 막강하다는 것이다.

〈매드맨〉 같은 드라마가 인기몰이를 하는 건, 사람들이 드라마를 보면서 요즘과는 전혀 다른 것이 많다는 점을 금방 깨닫기 때문이기도 하다. 물론 앞 방에 여비서가 있고 위계질서가 확실한 회사도 아직까지 많다. 하지만 칸막이 없이 넓게 트인 공간에서 모든 직원이 같이 일하고 커뮤니케이션하는 회사도 많다. 그런 회사에서는 책상크기가 똑같을 뿐 아니라 겉으로만 봤을 때는 누가 직원이고 누가 사장인지 구별이 안 간다. 그런데 넓게 트인 사무실에도 엄연히 위계질서가 존재하고 지시를 내리는 상사와 지시를 따르는 사람들이 있다. 다만 겉으로 봐서는 그런 구조를 식별하기가 전통적인 형태에 비해 조금 더 어려울 뿐이다. 이처럼 책상 크기나 사무실의 전망, 복장 규정 같은 것으로는 위계질서를 알 수 없다면 어떻게 지위 고하를 관찰할 수 있을까?

바로 (신체언어) 디테일을 보면 알 수 있다.

회사 중역이 된 사람들은 대개 열심히 노력했기 때문에 그 자리까지 올라간 것이다. 승진을 향한 험난한 길은 대부분 다른 사람들을 이끌 수 있는 지배적인 인품을 요구한다. 그런 사람은 공간을 많이 차지하며 목소리가 크고 단호하다. 또 걸음걸이가 확고하고 부하직원들을 붙임성 있게 대한다.

그렇다고 해서 상사들이 다 지배적인 성향을 지닌 것은 아니다. 그 위치로 그들을 끌어올린 것이 전문 능력인 경우도 있는데, 이런 경우에는 눈에 띄는 지배적인 태도를 찾아볼 수 없다. 그러므로 시간에 대한 결정 권한이 누구에게 있는지 지켜보면 누가 상사인지 알아내는 데 도움이 된다. 보통은 결정 권한이 있는 사람이 바로 지위가 가장 높은 사람이기 때문이다. 회의 시간의 시작과 끝은 그 사람에 의해 정해지며, 미팅에 가장 늦게 와서 가장 먼저 자리를 뜨는 사람도 대부분 그 사람이다.

직원들의 지위를 알 수 있는 신체언어가 또 있다. 우리는 서로 비슷하면 편안함을 느낀다. 그래서 신체언어가 같아질 때까지 한 사람이 늘 다른 한 사람을 따라 하게 된다. 따라 하는 쪽이 지위가 낮은 사람이고 선도하는 쪽이 지위가 높은 사람이다. 미팅에서 어떤 사람이 다리를 꼬았을 때 그를 따라 하는 사람이 여럿이면, 가장 먼저 다리를 꼰 사람이 리더라고 봐도 좋다. 그러므로 누가 누구의 신체언어를 따라 하는지 주의해서 살펴보라. 누가 가장 먼저 펜을 테이블 위에 내려놓고 누가 따라 하는가? 누가 처음 팔짱을 끼고 누가 따라 하는지 말이다. 예외가 한 가지 있는데, 어떤 사람이 의식적으로 그 그룹의 나머지 구성원들과 다른 자세를 취하는 것도 우위의 표시일 수 있다.

좋은 상사에 대한 또 다른 예는 이미 작고한 미국의 인류학자이자 언어학자인 레이먼드 버드휘스텔Birdwhistell의 저서 《키네식스와 맥락Kinesics and Context》에서 찾아볼 수 있다. 버드휘스텔은 인간의 감정 표현이 문화 의존적이라는 전제에서 출발하여 키네식스라는 개념을 창시했다. 인간의 비언어적 커뮤니케이션 형태를 연구하는 이 학문은 우리가 말하는 신체언어 읽기인 셈이다.

연구를 위해 그는 세 명의 소년으로 이루어진 패거리의 행동을 동영상으로 찍어 그 패거리를 이끄는 소년이 두 명이라는 사실을 알아냈다. 그 가운데 사실 지위가 더 높다고 할 수 있는 한 명은 그들 중에서 가장 말이 없는 유형이었다. 그들의 대화 가운데 그 소년이 말한 것은 16퍼센트에 불과할 정도로 거의 말을 하지 않고 패거리를 이끌었다고 한다.

그렇다면 그 소년은 어떻게 그럴 수 있었을까? 동영상을 더 자세히 분석한 결과 버드휘스텔은 그 대장 소년이 이른바 무관한 행동, 즉 앞의 행동과 아무 관계도 없는 것을 시작하려고 뭔가 새로운 것을 끌어들이는 행동을 거의 하지 않았다는 사실을 발견했다. 예컨대 패거리가 아이스크림을 먹고 있는 중인데 느닷없이 "극장에 가서 영화 한 편 보자!"라고 말하는 것이 바로 무관한 행동이다. 과묵한 대장은 실제로 그들이 준비되어 있지 않거나 별로 내키지 않는 일을 하자고 패거리에게 절대 요구하지 않았다.

버드휘스텔이 발견해낸 또 다른 점이 있는데, 그것이 우리가 다루는 주제에 있어서는 훨씬 더 흥미진진할 것 같다. 과묵한 대장은 다른 소년들보다 몸을 적게 움직여서 불필요한 동작을 하지 않는 것으로 나타났다. 그 소년은 발로 바닥을 비비거나, 맥주 캔을 발로 차거나, 손가락을 어딘가에 대고 두드리거나, 머리를 긁거나 하는 행동을 하지 않았다. 그와 같은 몸짓은 신경이 예민하거나 우유부단함을 나타내는 것이다. 자신의 위치에 대해 확신이 있는 사람은 꼭 필요할 때만 몸을 움직인다.

그뿐만 아니라 대장 소년은 더없이 훌륭한 경청자였다. 그는 경청을 하면서 직관적으로 상대방의 동작을 따라 하다가 신체언어로 주도권을 넘겨받은 다음부터는 상대의 움직임을 조종했다. 그래서 다른 두 소년은 기꺼이 대장 소년에게 와서 자신의 문제를 의논했다. 대장 소년이 그들보다 말이 적었기 때문에 그가 말하는 것은 그만큼 무게가 있었다.

위 사례에서 알 수 있듯이, 자기 팀을 준비가 안 된 방향으로 절대 이끌지 않고, 꼭 필요한 몸짓과 동작만 하는 상사는 좋은 상사라 할 수 있다. 20년 전과는 또 사정이 달라졌지만 결코 변하지 않는 것이 한 가지 있다. 그건 바로 남의 말을 잘 경청할 줄 아는 사람은 언젠가 리더가 된다는 것이다.

자신의 영역을 지킨다 ────────

여자들은 주로 열린 자세로 업무 지시를 한다. 예를 들어 활짝 편 손으로 서류더미를 가리키며 부하 직원에게 업무를 맡긴다. "쭉 한 번 검토해보세요." 반면에 남자들은 대부분 폐쇄적인 손짓으로 업무를 맡긴다.

열린 자세는 요청이고, 닫힌 자세는 명령이다. 명령은 순순히 따라야 하는 것이다. 남자가 때때로 여자보다 더 진지하게 받아들여지는 건 이처럼 아주 사소한 부분 탓이다. 그리고 수많은 예에서 이미 살펴보았듯이 여자들이 몸짓을 할 때 공간을 더 적게 차지함으로써 상대방에게 더 많은 공간을 허락하는 것은 남녀의 천성 탓이다. 이와 같은 공산 이용은 대단히 중요한 역할을 하며, 우리가 다른 사람들에 의해 어떻게 인지되는가를 좌우하기도 한다.

앞서 예로 든 대형 천막 안에서의 마술쇼를 떠올려보라. 나는 C −I−Q 공식으로 어떤 그룹에 말을 걸어 그들이 공연에 관심을 갖자마자 몇 미터 뒤로 물러나며 이렇게 말했다. "자, 우리 저쪽 코너로 갈까요?" 그리고 손님들이 내게 다가선 그 순간부터 나는 더 이상 그들의 영역 안으로 들어가지 않았고, 그들이 내 영역 안으로 들어왔다. 심리적으로 이것은 엄청난 차이가 있다. 나는 주도권을 쥐고 이제 지시를 내릴 수 있는 입장이었다. 그때 나는 누가 그 그룹을 내게 이끌고 오는지도 눈여겨보았다. 대개는 그 사람이 나한테서 카드를 섞어달라는 청을 받기 전까지는 지위가 가장 높은 사람이었다. "카드를 받아서 잘 섞어주십시오!"라는 명령이 내 입에서 떨어지는 순간부터 내가 그 그룹을 이끄는 것이 자명한 일이 되었다.

회사에서도 마찬가지다. 상대방을 자기 쪽으로 오게 만드는 사람이 더 높은 위치에 있다. 게다가 고개를 똑바로 들고 웃음기 없는 얼굴로 시선 접촉을 계속 유지하면서 명령을 내리면 부하직원은 상사한테 오게 마련이다. 자기가 상사인데도 부하직원들로부터 인정을 받지 못하고 있는 느낌이 들어 고민인 여성들은 이 점을 알고 있으면 큰 도움이 될 것이다. 그럴 때는 부하직원을 자신의 책상으로 오라고 불러서 업무를 지시해야 한다는 것을 명심하라!

누군가 당신의 영역을 침범해 들어올 때 아주 효과적인 방법이 한 가지 또 있다. 당신이 회사 임원이고, 대화를 할 때 양해를 구하지도 않고 휴대전화 같은 자기 물건을 자꾸 당신 책상 위에 놓는 부하직원이 있다고 가정해보자. 부하직원이 당신 책상을 자기 것처럼 이용하고 있기 때문에 이런 행동은 '교묘한 영역 침범'의 시작이다.

커뮤니케이션 트레이너인 얀 젠튀르크Jan Sentürk는 이럴 경우 다음과 같은 팁을 제안한다. 말없이 그리고 아주 태연하게 휴대전화를 집어 당신 뒤에 있는 보조테이블이나 선반 위에 올려놓으면 상대방에게 무례를 범하지 않으면서도 당신이 자신의 영역을 잘 지키고 있음을 분명하게 보여줄 수 있다.

해서는 안 되는
신체언어

미국 보스턴의 노스이스턴 대학 데이비드 드스테노^{David DeSteno} 심리학 교수는 연속되는 몸짓이 무의식적으로 우리의 생각에 어떤 영향을 미치는지 밝혀냈다. 그의 실험은 네 가지 몸짓이 상호작용해서 상대방에게 큰 불신을 불러일으킨다는 점을 보여주었다.

- 손을 만지작거린다.
- 얼굴을 만진다.
- 팔짱을 낀다.
- 몸을 뒤로 기댄다.

네 가시 몸짓을 따로 떼어놓으면 상대방에게 나쁜 인상을 주지 않지만, 한데 모이면 폭발성 혼합물이 된다. 또한 빈도가 많을수록 더 이기적으로 보이고 그 사람에 대한 불신도 커진다. 이 실험을 로봇을 이용해보기도 했다. 로봇은 대화를 나눌 때 상대방에게 이 네 가지 몸짓을 연속으로 보여주었다. 상대가 로봇인데도 상대방은 로봇한테 속고 있는 기분이 들었다고 대답했다.

그러므로 상대방에게 신뢰감을 심어주고 싶다면 위와 같은 행동을 하지 않도록 유의하라.

힘 있는 포즈 (하이파워 포즈)

힘 없는 포즈 (로파워 포즈)

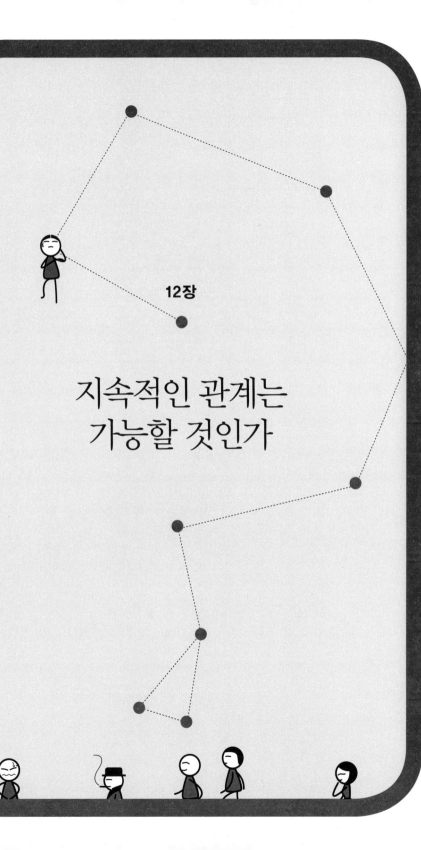

12장

지속적인 관계는
가능할 것인가

당신은 호전적인가
아니면 조화 결핍인가?

그럼 당신이 책에 쓴 대로
좀 해봐요.

_ 나와 말다툼하다가 아내가 한 말

사랑에 빠진 사람들은 뭔가 특별하다. 두 사람은 같은 리듬으로 몸을 움직이고 앉은 자세와 몸짓도 똑같다. 내가 사랑에 빠진 커플을 무대로 청해서 따로 떨어진 의자에 각자 앉게 하면 단언컨대 두 사람은 거의 같은 자세로 앉을 것이다.

얼마 전에 있었던 일이다. 나는 무대에서 같이 게임을 할 커플이 필요해서 객석을 둘러보고 있었다. 그때 게임 파트너로 적임인 듯 보이는 50대의 중년 커플 한 쌍이 눈에 들어왔다. 두 사람은 내게 친근한 미소를 보내고 있었으며, 열린 자세에다 시선 접촉도 완벽했다. 게다가 두 사람의 다리가 닿을 정도로 딱 붙어 앉아 있었다. 간격을 두고 앉기에 충분한 공간이 있어서 그럴 필요가 없었는데도 말이다.

금방 봐도 알 수 있었지만, 그 커플은 서로를 잘 이해하고 있었다. 그래서 내가 말을 걸자, 두 사람은 거의 똑같이 자신의 말을 강조하는가 하면 똑같은 음의 강도와 속도로 이야기했다. 한마디로 두 사람의 몸과 목소리가 하나된 것처럼 보였다. 나는 게임 파트너로 이상적일 것 같은 그 커플을 얼른 무대로 청해서 관찰을 계속했다. 여자가 다리를 꼬자 바로 남자도 그렇게 했다. 또 남자가 고개를 옆으로 기울이자 여자도 똑같이 따라 했다. 두 사람은 같은 속도로 몸을 움직였고, 같은 리듬으로 호흡했다. 이것은 두 사람의 마음이 맞음을 확실하게 보여주는 신호였다. 이와 같은 동조화는 경이로운 것이다.

호흡과 몸의 자세가 거의 일치하는 사람들은 느끼는 것까지 같다고 할 수 있다. 왜냐하면 신체언어가 우리의 생각과 감정에 영향을 미치기 때문이다. 그들은 말하자면 하나가 된 것이다. 그런데 사랑에 빠진 사람들의 심장만이 아니라, 합창단원들의 심장 역시 순식간에 같은 박자로 뛴다. 스웨덴 괴테보리 대학의 신경학자 비요른 비코프 Björn Vickhoff 교수팀에 의해 입증된 사실이다. 그러니까 사람들이 동시에 한 가지 일에 몰두해서 거의 비슷하게 몸을 움직이거나 서서 같은 행동을 하면 순식간에 경계가 사라지고 마음이 하나가 된다는 것이다. 이와 같은 상태를 일컬어 '라포 rapport', 즉 '친밀 관계'라 한다.

최면술에서 라포는 아주 중요한 역할을 한다. 최면을 걸 때 나는 자청해서 무대로 나온 관객처럼 움직이고 호흡함으로써 의식적으로 라포를 형성한다. 친밀관계가 형성되어 우리 둘의 박자가 같아지면 나는 가뿐하게 주도권을 넘겨받을 수 있다. 나는 내 게임 파트너의 마음이 편안해지도록 무대에서 의식적으로 그렇게 하지만, 중년 커플은 무의식적으로 라포를 형성하고 있었다.

이제 말없이도 서로를 이해할 것 같은 한 팀으로 앉아 있는 두 사람에게 질문을 던졌다. "커플이 된 지는 얼마나 되셨습니까?" 대답은 간결했다. "30년이요!" 정말이지 믿을 수가 없었다. 관객들도 놀라움을 금치 못하는 것으로 보아 나만 예상이 빗나간 건 아닌 듯싶었다. 나는 두 사람이 사랑에 빠진 지 얼마 안 되는 커플일 거라고 짐작했었다. 관객들은 답변이 끝나자 두 사람에게 박수를 보냈다.

그러면 오랜 세월이 지나도 여전히 변함없는 사랑은 어떻게 가능할까? 그 비결은 파트너의 몸짓을 읽을 수 있다는 것과도 분명 관계가 있을 것이다. 말은 쉽지만 실천은 결코 쉽지 않은 일이다. 파트너가 '예'라는 뜻으로 '아니오'라는 신호를 보낼 때 오해가 생기곤 한다. 그런데 '아니오'가 사실은 '예'라는 뜻이라는 것을 어떻게 알 수 있을까? 어떻게 하면 언쟁을 피하거나 싸우더라도 인격적인 모욕을 주지 않고 끝낼 수 있을까? 당신이 싱글이거나 지금의 부부 관계에 만족하고 있더라도 이 장을 꼭 읽기 바란다. 내가 지금부터 이야기할 내용은 직장 동료와 좋은 관계를 유지하는 데 필요한 최적의 전제조건이기도 하다.

상대에게
채널을 맞춰라

상대방에게 우리가 그를 이해한다는 느낌을 말로 하지 않고 반드시 신체언어로만 전할 수 있다면 정말 놀랍지 않을까? 실제로 가능한 일이다.

영국의 행동연구가 데스몬드 모리스Desmond Morris는 '자세 반향'이라는 개념으로 이 현상을 설명한 바 있다. 행동을 따라 함으로써 소속감이 생기고, 말이 아니라 몸이 '나는 너와 똑같다!'라는 메시지를 전한다는 것이다. 이 메시지는 무의식적으로 전달되고 또 무의식적으로 이해되기도 한다.

이미 언급했듯이 이와 같은 감정이입 과정을 전문용어로 '라포'라고 한다. 라포란 심리치료사와 의뢰인, 또는 판매자와 고객 사이에 형성되는 것과 같은 '서로에 대한 신뢰감'을 말한다. 라포는 최면을 걸 때처럼 의식적으로 형성할 수도 있는데, 이때 최면술사는 빠른 시간 안에 그리고 집중적으로 상대방과 라포를 형성할 수 있어야 한다.

한편 일상생활에서도 의식적으로 라포 테크닉을 활용할 수 있다. 그러기 위해서는 상대방이 지금 무슨 생각을 하고 행동하는지 잘 알아야 한다는 전제조건이 있다. 상대방의 생각을 이해하는 데 도움이 되는 것은 일명 '신경언어학 프로그래밍NLP'이라는 의사소통 기법이

다. 미국의 수학자 리처드 밴들러^{Richard Bandler}와 언어학자 존 그린더
^{John Grinder}가 1970년대에 개발한 NLP에 대해서는 《당신이 무슨 생각
을 하는지 다 안다》라는 내 책에서 이미 설명한 바 있지만, 이해를
돕기 위해 다시 한 번 잠깐 소개를 하고 넘어가겠다.

　우리는 오감(시각, 청각, 촉각, 후각, 미각)을 통해 인지를 하는데, 1초
당 수백만 가지에 이르는 이 자극들은 잠을 잘 때도 감각기관을 통
해 뇌로 전달된다. 뇌는 이렇게 전달된 자극들을 처리하고 새로운
정보를 이미 존재하는 경험이나 기억과 비교하는데, 이 모든 과정
은 무의식적으로 순식간에 일어난다. 이 자극이 우리에게 어떤 의미
가 있는지도 뇌에서 정해진다. 뇌에서 만들어지는 이미지나 소리,
냄새, 느낌과 같은 자극의 홍수 속에서 우리가 추려내고 걸러낸 일
부분만 의식적으로 인지하는, 이른바 주관적 선택 과정이 진행된다.
누구나 이 과정이 똑같이 진행되는 것은 아니어서 청각을 통해 더
많은 인상을 인지하는 사람이 있는가 하면, 이미지를 더 강렬하게
인지하는 사람도 있다. 이를 '내적 표상'이라 한다. 다른 표상체계에
비해 더 좋거나 나쁜 표상체계는 없다. 우리가 다루는 대상에 따라
다른 표상체계로 바꾸기도 하기 때문이다.

　NLP에서 언어 사용은 중요한 의미가 있다. 어떤 사람의 언어를 잘
관찰해보면 그 사람에게 무엇이 중요하고 또 그가 무엇을 느끼는지
자세히 알 수 있다. 여기서 언어는 말로 하는 언어뿐만이 아니다. 글
로 적는 언어나 신체언어도 마찬가지로 중요하다. 언어 사용은 남들
이 나를 어떻게 생각하는가는 물론이고 나 자신의 사고에도 영향을

미친다.

우리가 이 과정을 어떤 식으로 처리하는가는 사고 패턴과의 상호작용에 달려 있다. 어떻게 결정을 내리는지, 어떻게 문제를 해결하고 처신하는 법을 배우는가는 우리가 어떻게 생각하고 지금까지 어떤 경험을 했는가에 따라 크게 달라진다. 이 사고 패턴은 개인적으로 프로그래밍된 것이어서 NLP에서 '프로그램'이라고도 불린다.

그러므로 이 기법은 우리가 감각을 통해 세계를 인지하고 모든 자극이 의식적인 그리고 무의식적인 사고 과정에서 처리된다는 전제에서 출발한다. 그런 식으로 신경계(식물신경계)가 활성화되면서 우리 몸이 반응을 한다. '집중에서 에너지가 나온다'는 원칙처럼 말이다. 간단히 말해서, 자기가 좋아하는 음식을 집중적으로 생각하면 그 냄새와 맛이 생각나서 입에 침이 고이게 되는 이치다. 이 경우에는 생각이 신체적 반응을 야기한 것이다.

이 정도까지만 하고 다시 라포로 돌아가보자. NLP에서는 라포를 우리가 원하기만 하면 의식적으로도 형성할 수 있다고 본다. 특히 남녀 관계에서 이것은 대단히 큰 의미가 있다. 파트너와 라포를 형성한 상태이면, 그것만으로도 서로를 더 좋아하게 되기 때문이다. 이와 관련한 기본 원칙은 '서로 비슷한 사람끼리 좋아한다'는 것이다.

이를테면 상대방의 자세나 몸짓, 동작, 호흡 빈도 등을 따라 하는 식으로 신체언어를 통해 라포를 형성할 수 있다. 그러다가 상대방과 의견 차이가 생기면 직관적으로 상대방과의 라포를 끊을 수도 있다. 생각이 같지 않으면 자세도 상대방과 다른 건 지극히 당연한 일이다. 바로 여기에 상대방과의 관계를 유지할 수 있는 비결이 있다. 어떤 문제를 놓고 격한 언쟁을 벌이더라도 상대방과 똑같은 자세를 취하면 라포는 무의식 영역에 그대로 남아 있다. 그러니까 내용상으로만 싸움을 하고 감정상으로는 라포 상태에 머물러 있는 것이다. 다시 말해 말로만 싸우고 몸은 싸우지 않는다는 뜻이다. 그러면 상대방과 생각이 같은지 아닌지는 더 이상 중요하지 않게 여겨진다. 라포가 그대로 유지되고 있기 때문이다. 이처럼 라포는 말보다 신체언어를 통해 훨씬 더 강하게 형성된다.

그뿐만이 아니다. 상대방의 자세를 똑같이 취하면 그 사람의 감정세계에도 같이 들어가게 된다. 이것은 새로운 사실이 아니라 에드거 앨런 포도 이미 알고 있는 것이었다. 그는 1844년 《도난당한 편지》라는 추리소설에서 이렇게 적었다.

"나는 어떤 사람이 얼마나 똑똑하거나 멍청한지, 또 얼마나 선하거나 악한지 알고 싶으면, 내 얼굴 표정을 그 사람과 최대한 비슷하게 만든 다음 그냥 기다린다. 내 머리나 가슴속에서 어떤 생각이나 느낌이 일어나는지 말이다."

심지어는 몇 분 전까지만 하더라도 상대방의 주장에 어찌할 바 몰랐는데, 이제 그 사람의 시각을 잘 이해할 줄도 알게 된다. 그리고 상대방을 이해하는 것은 갈등을 원만하게 해결하는 데 있어 아주 훌륭한 기반이 되기도 한다.

이와 관련하여 상대방과 같이 하는 연습이 있다. 상대방과 마주 보고 앉아서 두 사람의 생각이 일치하는 주제를 한 가지 고른다. 그런 다음 상대방과 그 주제에 대해 이야기를 나눈다. 이때 상대방의 신체언어를 일부러 따라 하려고 애쓰지 않는다. 몇 분 동안 그렇게 하면서 무슨 일이 일어나는지 지켜보고 상대방과 자기 자신을 관찰하라. 어떤 느낌이 드는가?

이번에는 상대방과 생각이 다른 주제를 선택한다. 상대방과 그 주제에 대한 이야기를 나누면서 상대방과 똑같은 자세를 취한다. 호흡과 몸짓, 신체언어에 유의하면 무의식적인 라포를 유지할 수 있다. 이제 어떤 느낌인가?

물론 무조건 반대 주장부터 하는 사람들도 있다. 사춘기에는 그러는 게 정상이라고 할 수 있지만, 그런 태도를 버리지 못하는 성인들도 있다. 그러면 줄기차게 반대 주장만 하는 사람과는 어떻게 라포를 형성할 수 있을까? 생각보다 그렇게 어려운 일은 아니다. 이 경우도 마찬가지로 첫 단계는 자신의 자세를 상대방의 자세와 비슷하게 맞추는 것이다. 그렇게 하면 비언어적 차원에서는 일단 두 사람이 하나가 된다. 다음 단계는 '하지만'이라는 단어를 의도적으로 사용하는 것이다. 예를 들어 "내 말에 동의할지 모르겠지만……"라는 식으로 말을 하고 나서 자신의 생각을 이야기한다.

"내 말에 동의할지 모르겠지만, 음식이 아주 훌륭한걸."

"내 말에 동의할지 모르겠지만, 영화가 아주 재미있다고 하던데."

"내 말에 동의할지 모르겠지만, 우리 둘이 뭔가 좋은 계획을 세워봐도 좋을 거 같아."

'하지만' 다음에는 항상 당신이 생각하는 것이나 원하는 것을 이야기한다. 상대방은 반대 주장을 하는 것이 버릇처럼 되어 있기 때문에 이번에도 자기 패턴에 충실하려고 먼저 당신 말을 부정하면서 당신이 원하는 대답을 하게 될 것이다.

신체언어로 알아보는 사람 유형

우리는 누구나 다양한 표상체계, 즉 감각을 이용하여 우리의 생각을 정리한다. 그래서 어떤 사람은 스웨터를 눈으로 보기만 해도 자기 마음에 드는지 알고, 또 어떤 사람은 만져봐야 안다. 그런가 하면 어떤 사람은 눈으로만 보고 금세 마음에 드는 차라고 생각하는 반면, 어떤 사람은 엔진 소리를 듣거나 차 안에 앉아서 시트와 핸들을 느껴봐야 판단할 수 있다. 이처럼 각자 자기가 선호하는 표상체계가 있다. 그리고 자세히 관찰하고 잘 들어보면 상대방이 어느 표상체계를 가장 선호하는지 누구나 알아낼 수 있다.

이때 우리는 다음 표상체계들 가운데 선택을 할 수 있다.

- 보기 = 시각
- 듣기 = 청각
- 느끼기 = 촉각
- 냄새 맡기 = 후각
- 맛보기 = 미각

당신이 이 글을 읽고 있는 이 순간에도 많은 일이 일어난다. 이 책에 있는 단어들을 보고(시각), 피부에 닿은 옷의 온도와 소재를 느끼며(촉각), 당신을 에워싼 공기를 들이마시면서 냄새를 맡는다(후각). 또 주변에서 발생하는 소리(시계가 똑딱거리는 소리나 새가 지저귀는 소리 등)를 듣고, 입 안에서 어떤 맛을 느끼기도 한다. 2장에서 배운 내용을 기억해보라. 우리 주변에서 일어나는 일은 대부분 인지할 필요가 전혀 없는 것들이다. 그보다는 우리가 어떻게 그것들로부터 필요한 정보를 얻느냐가 훨씬 더 중요하다.

같이 이야기할 때 오해가 생기는 것을 피하려면 적절한 순간에 적절한 강세와 적절한 신체언어를 곁들여 적절한 단어를 사용하는 것이 기본이다. 그런데 그 순간에 적절한 단어와 적절한 강세 그리고 적절한 신체언어란 어떤 것일까? 그것은 사람에 따라 다르다.

우리는 누구나(우리의 오감에 의해 좌우되기도 하지만) 다양한 경험을 한다. 오감 가운데 여기에서 우리가 주로 관심을 두어야 할 것은 시각과 청각 그리고 촉각이다. 자세히 관찰해보면 상대방이 이미지나 소리, 느낌으로 생각하는지 아니면 혼잣말을 하면서 생각하는 편인지 비교적 잘 알 수 있다. 모든 감각을 동시에 이용하는 경우도 더러 있지만, 대개는 다른 감각들보다 어느 한 가지를 선호한다. 그러므로 이미지로 생각하는 사람한테는 '그럴듯하게 들린다'는 말이 소리로 생각하는 사람만큼 크게 와 닿지 않는다는 사실을 알아두는 것도 중요하다.

누가 어떤 표상체계를 이용하는지 알 수 있는 특징은 다음과 같다.

보기: 시각적인 유형

- 이미지로 생각한다.
- 색에 대한 기억력이 뛰어나다.
- 옷을 잘 입고 용모가 단정하다.
- 다른 사람들의 차림새에 신경을 쓴다.
- 빠른 몸짓을 선호하며, 주로 가슴 높이에서 몸짓을 취한다.
- 열린 자세를 많이 한다.
- 흉식호흡을 할 때가 많다.
- 생각할 때 시선이 위로 향한다.
- '알아보다', '보다', '그리다', '눈이 먼'과 같은 단어를 많이 사용하고, '좋아 보인다'라든가 '그는 그녀에게 눈이 멀었다', '못 보고 지나쳤다'는 식의 문장을 표현한다.

시각적인 유형인 배우자와 이야기할 때는 당신이 원하는 것을 말하지만 말고 보여주는 것이 좋다. 예컨대 주방을 새로 바꾸고 싶다거나 새 차를 사고 싶을 때는 카탈로그를 가져와서 보여줘라. 또 어떤 연극 작품을 보고 싶으면 공연 프로그램을 보여줘라. 그러면 배우자는 머릿속에 그려진 그림으로 당신이 표현하고자 하는 것을 이해한다.

느끼기: 촉각적인 유형

- 느낌으로 생각한다.
- 무엇이 어떤 느낌인지를 중시한다. 옷이 편한가? 의자가 앉으면 안락한가? 모니터가 너무 밝지 않은가?
- 동작이 느리다.
- 말하는 속도가 느린 편이다.
- 몸짓이 여유 있고, 주로 배 높이에서 몸짓을 취한다.
- 복식호흡을 많이 한다.
- 생각할 때 시선이 아래로 향한다.
- '차갑다', '따뜻하다', '무디다'와 같은 단어를 많이 쓰고, '골수에 사무친다'라든가 '그녀는 그에게 차갑게 대한다', '무뎌서 잘 모른다.'는 식으로 말한다.

촉각적인 유형인 사람들은 스킨십을 좋아하고, '느낌이 좋다'라든가 '촉을 세우다', '중요한 것을 꼭 집어내다'라는 식의 표현을 쓰면 쉽게 넘어온다.

듣기: 청각적인 유형

- 소리와 톤으로 생각한다.
- 무슨 소리가 들리면 금방 그쪽으로 주의를 돌린다.

- 대부분 자신이 남의 말을 잘 들어준다고 생각한다.
- 주로 상체 앞쪽에서 몸짓을 취한다.
- 횡경막으로 호흡한다.
- 생각할 때 시선이 옆으로 향한다.
- '듣다', '귀가 먼', '전대미문의', '말하다'와 같은 단어를 많이 쓰고, '전대미문의 사건이다'라든가 '그 사람은 귀가 멀었다'는 식으로 말한다.

청각적인 유형의 대화 상대는 남의 말을 잘 들어주고 소리가 좋은 것에 끌린다. 청각적인 유형의 배우자와 밴드 공연에 가고 싶으면 그 밴드의 연주 음악을 먼저 들려주는 것이 좋다(시각적인 유형이라면 먼저 밴드의 웹사이트부터 보고 싶어 할 것이다). '우리는 주파수가 같아'라든가 '내 귀에는 음악과도 같은 소리야'라는 식의 표현에 마음이 약해진다.

이와 같은 분류가 간단해보인다고 해서 너무 쉽게 생각하면 곤란하다. 배우자가 어떤 감각을 주로 사용하는지 알고 나면 그 사람의 내면 세계로 성큼 다가설 수 있다. 먼저 배우자의 단어 선택이나 몸짓, 호흡 등을 주의해서 살피고 다음 단계에서 배우자와 비슷한 지세를 취하면 된다. 그러므로 비슷한 자세로 앉기만 할 것이 아니라 배우자가 선호하는 감각의 단어도 같이 사용하면 더 좋을 것이다. 당신의 감정이입이 어디까지 가능한가는 당신에게 달렸다. 배우자가 거부의 신호나 공격성을 나타내 보이는 일이 비일비재할 것이다. 당신도 그런 신호를 똑같이 보낼 것인지는 상황에 맞춰 당신 스스로 결정할 일이다. 당신이 먼저 완전히 긴장을 풀고 편안하게 앉으면 상대방도 덩달아 긴장을 풀지 모른다. 이럴 때 바로 섬세한 감각이 요구된다.

이 테크닉을 제대로 이용하면, 배우자와 무의식적이지만 대단히 깊은 유대감을 형성할 수 있다. 배우자는 그런 식으로 훨씬 더 이해 받는 느낌을 갖게 되어 당신의 제안이나 주장에 더 개방적인 태도를 보일 것이다.

손과 발을 다 동원해서 설득하기

배우자뿐 아니라 친구 부부나 지인들 또는 직장 동료에게 어떤 입장을 납득시켜야 하는 경우도 있다. 물론 당신의 관심사는 그 입장을 잘 견지하는 것이지만, 여러 사람들 가운데 누가 어떤 감각을 선호하는지 알 수가 없다. 한 사람은 청각적인 유형이고, 또 한 사람은 촉각적 유형이며, 나머지 한 사람은 시각적 유형일 수도 있다. 이처럼 한 명이 아니라 여러 명을 다 설득하고자 할 때는 어떻게 해야 할까?

NLP 기법에 바로 그 해답이 있다. 단체를 상대해야 하는 상황에서 내게 큰 도움이 된 이 방법은 '카리스마 패턴'이라 부른다. 이 패턴은 카리스마가 있는 사람들의 화법을 분석하여 유사성을 조사한 결과를 토대로 개발한 것이다. 그 유사성 중 한 가지는, 먼저 촉각을 이용한 감정적인 모드로 이야기하다가 청각적인 모드, 이어서 시각적인 모드 순서로 청중들과 소통했다는 것이었다. 당신도 그런 식으로 하면 된다. 마침 특정 레스토랑에 가고 싶던 차라면, 이런 순서로 말하는 것이 좋을 듯싶다.

"다 같이 식사하러 갈까요? 그러면 우리 모두에게 좋을 것 같은데요."

이 부분은 촉각적인 유형을 위한 것이다.

이번에는 조금 더 빠른 템포로 계속해서 청각적인 유형을 향해 이야기한다.

"같이 베수비오에 가서 이야기를 계속하면 좋을 것 같아요. 아주 편안하게 이야기할 수 있는 레스토랑이거든요."

그러고는 시각적인 유형을 위해 이렇게 덧붙인다.

"그곳 메뉴판 본 적 있어요? 그걸 보면 정말 눈이 호강한다니까요."

촉각적인 유형은 바로 데리고 가지 않으면 제일 먼저 튀어 나가버리는 반면, 시각적인 사람들은 시간을 가장 오래 주는 것으로 나타났기 때문에 이 순서대로 하는 것이 의미가 있기도 하다. 청각적인 사람들은 정확하게 중간 위치에 있다.

관계의 끝을 예고하는 신호들

몸짓은 열린 마음이나 호감, 이해심 등을 표현하지만, 그 반대를 보여주기도 한다. 미국의 부부심리치료사 존 가트맨과 로버트 레벤슨은 몸짓이 부부 관계에 어떤 영향을 미치는지 철저하게 연구한 결과 놀라운 사실을 발견했다. 당사자들이 알아차리기도 전에 부부를 갈라서게 만드는 행동 패턴이 있다는 것이었다.

말다툼을 분석해보면 그 부부가 4년 내지 6년 안에 이혼을 하게 될지 어떨지를 90퍼센트 확률로 예견할 수 있다고 가트맨은 확신했다. 그의 인식은 이른바 '아포칼립스의 기사'라고 하는 특정 징후에 대한 평가에 기초한 것이다. '아포칼립스의 기사'Apokalyptische Reitern, 〈요한계시록〉에 등장하는, 인류에게 재앙을 불러일으킬 기사들—옮긴이'는 다가오는 세계 종말을 예언한 묵시록의 사도를 따서 명명되었다. 부부 싸움을 할 때 결혼의 종말을 원치 않는 한 반드시 피해야 할 신호에 속하는 것들은 다음과 같다(모든 신호가 신체언어와 관련된 것은 아니다).

비난: "당신이 하는 일이 늘 그렇지, 당신은 절대 …… 하는 법이 없어"라는 말은 피하자. 물론 거슬리는 게 있으면 상대방에게 이야기를 해야 한다. 비난이 필요하기는 하지만, 상대방의 인격을 계속 부

정적으로 평가한다면 비난이 '아포칼립스의 기사'가 되어버린다. 감정에 치우친 말과 안경 너머로 못마땅하게 쳐다보는 눈길이 합쳐지면 부부 관계는 오래가지 못한다.

변호/방어: 말싸움을 하다가 잘못이 배우자에게 있다고 탓하면 두 번째 기사가 등장한다. "당신이 나에 대해서 하는 말은 도대체가 맞지 않아!"라든가 "아, 그러니까 당신은 경우가 나와는 다르다는 거야?"라는 식의 표현은 상황을 더 악화시킬 뿐이다.

차단/담쌓기: 배우자의 입이 나왔거나 입술을 앙다물고 앉아 있으면 분위기가 심각해진다. 거기다 팔짱을 끼거나 시선을 회피하는 행동까지 더해지면 사태는 더 나빠진다. 이때 "아, 아무것도 아니야"라든가 "알겠어"라는 식의 말은 의식적 회피를 조장한다.

경멸/혐오: 냉소적인 웃음이나 입꼬리가 한쪽만 올라가는 것, 코를 찡그리는 것, 눈을 내리깔고 보는 것, 저리 가라는 손짓과 같은 징후들은 '아포칼립스의 기사들' 중에서도 가장 위험하다는 것이 가트맨의 견해다.

도발적인 힘 과시: 남편과 아내 둘 다(대부분은 그렇다) 자기 자신을 과시하고 공간을 많이 차지하면서 과장된 몸짓을 자주 한다거나 "그러기만 해봐, 못 볼 꼴을 보게 될 테니까"라는 식으로 말하는 것은

도발적으로 힘을 과시하는 행위라고 할 수 있다. 하지만 이와 같은 태도는 두 사람의 관계가 이미 끝나고 서로 무슨 수를 써서라도 자신의 위치를 지키려고 할 때 나타난다.

부부 싸움의 예를 한 가지 들어보겠다. 한 부부가 돌비 서라운드 스피커를 구입했다. 남편은 청각적인 유형이어서 스피커의 소리가 거실의 미관보다 더 중요하다고 생각한다. 한편 아내는 시각적인 유형이어서 소리보다 거실이 근사해 보이는 것에 더 큰 비중을 둔다. 싸움이 벌어지기에 딱 좋은 조건이다.

남편이 말한다.

"스피커를 여기 이 벽에다 걸면 되겠네. 그래야 소리가 가장 좋을 테니까."

아내가 실눈을 뜨고 이마를 찌푸리면서 대꾸한다.

"거기다 걸면 보기 흉할 거예요. 당신 눈에는 안 거슬릴지 모르겠지만……. 안목이 없어도 어쩌면 그렇게 없는지, 참."

그녀는 그의 인격을 대놓고 공격하는 비난의 말을 했다. 이 순간부터 감정에 치우치지 않는 논의는 불가능해진다.

그러자 남편은 이미 두 번째 단계로 접어들어 자기 방어를 한다.

"안목이 없다니 대체 무슨 말이야? 그럼 저놈의 스피커를 혼자 걸어보든가."

남편의 대답은 아내한테 비난의 말을 듣고 가만 있을 수가 없어서 그냥 반사적으로 나온 것이었다. 다만 남편이 아내의 말을 듣지 않았기 때문에 아내 쪽에서 남편의 비난이 도가 지나쳤다는 느낌을 갖게 되는 것이 문제다.

이 말에 아내는 차단 행위로 대응한다. 그녀는 팔짱을 끼고 퉁명스럽게 내뱉는다.

"알겠어요. 스피커 따위에는 어차피 관심도 없었으니까."

불난 데 기름 붓는 격으로 남편은 이 상황에서 경멸의 감정을 드러낸다. 입꼬리를 위로 살짝 끌어올리거나 눈을 내리깔면서 그는 이렇게 말한다.

"당신에게 뭘 기대한 내가 잘못이지."

이렇게 되면 스피커는 더 이상 중요하지 않고 상대방의 인격이 도마에 오른다. 단지 두 사람이 서로 다른 감각(한 사람은 청각, 다른 한 사람은 시각)을 선호하는 것 때문에 이 사단이 벌어진 것이다.

이와 같은 불화의 신호가 너무 자주 나타나는 부부에게는 '관계가 상당히 위태롭다'는 진단을 내릴 수 있다. 이런 부부를 위해 가트맨은 5대 1로 일정 비율을 제안하기도 했다. 즉 다섯 번 미소를 짓거나 다정하게 고개를 끄덕였으면 한 번은 눈을 내리깔아도 괜찮다는 것이었다.

'아포칼립스의 기사'와 더불어 당신이 남자라면 특히 주목해야 할 신호가 한 가지 더 있다. 당신의 아내가 전에는 항상 화를 내던 일에 갑자기 더 이상 노여워하지 않는다면 그것도 문제가 있는 것이다.

부부간의
적절한 신체언어

이제 당신은 신체언어 코드에 대해 알게 되었고, 자신의 인지를 어디에다 맞춰야 할지(이를테면 가까이 다가갈 것인지 거리를 둘 것인지), 그리고 자세의 변화가 어떤 의미인지 깨달았을 것이다. 이와 같은 지식으로 무장하고 신체언어 해석의 가장 높은 단계에 접근해보자. 이 단계의 핵심은 싸울 때 오가는 말에 숨은 메시지를 제대로 해석함으로써 상황을 완화시키는 것이다.

그리고 견해 차이가 있는 경우에도 부부간의 적절한 신체언어가 있다. 몇 가지 예를 들자면 다음과 같다.

침착함을 유지하고 많이 웃는다: 신체언어는 부부 싸움을 할 때 말로 하는 언어보다 더 중요하다. 호주 브리즈번에 있는 그리피트 대학의 심리학자 아드리안 켈리Adrian Kelly 교수가 2003년에 그 사실을 밝혀냈다(긍정적인 감정 표현은 말보다 신체언어를 통해 훨씬 더 빨리 전달되기 때문에 충분히 실감되는 사실이기도 하다). 더 나아가 켈리 교수팀은 행복한 부부 관계일 때 미소도 더 많이 짓는다는 것을 입증할 수 있었다. 하지만 미소 결핍뿐만 아니라, 경직되고 배우자를 외면하는 자세를 취하는 경우에도 불행한 부부다.

적극적으로 행동하고 하품을 하지 않는다: 부정적 감정 표현만이 아니라 소극적인 의사소통 방식 또한 부부 관계에 악영향을 미친다. 서로에게 마음이 떠난 부부는 이야기할 때 상대방을 거의 쳐다보지 않고 하품을 많이 하며 무관심하게 반응한다. 이와 같은 커뮤니케이션 형태를 '감정이탈'이라 하는데, 미국 뉴욕스테이트 대학의 심리학자 데이비드 스미스David A. Smith 교수팀이 이 현상을 연구했다. 연구 결과 가운데 흥미로운 사실은 부정적인 의사소통 방식이 몸에 밴 부부가 소극적인 부부보다 오히려 더 행복해한다는 것이었다. 그러므로 피곤하다는 핑계는 더 이상 대지 마라.

고개를 끄덕이면 행복해진다: 고개를 끄덕이는 것은 성공적인 대화를 위한 만병통치약과도 같다. 여자가 남자보다 천성적으로 고개를 더 많이 끄덕이기 때문에 유리한 입장이다. 미국의 발달심리학자 모니샤 파슈파티Monisha Pasupathi는 부부 79쌍의 의사소통 행위를 조사했다. 그 결과, 행복한 부부는 비언어적 의사소통을 훨씬 더 많이 할 뿐 아니라 서로 눈을 맞추고 고개를 끄덕이면서 상대방의 말을 경청하는 것으로 나타났다. 성공적인 부부 관계를 위한 좋은 팁이라 할 수 있다. 하지만 60세가 넘은 사람이라면 이 팁은 잊어도 좋다. 이 연구 결과에 따르면 60세 이후부터는 행복한 부부든 불행한 부부든 경청 태도에 아무 차이도 없었기 때문이다.

남편은 아내에게 아무 일 없냐고 자주 물어본다: 여자는 남자보다 불화의 조짐에 더 예민해서 그만큼 스트레스도 더 많이 받는다. 남자들이 아무 문제가 없다고 생각하는 동안에도 여자들은 벌써 충돌의 조짐을 감지하는 경우가 많다.

배우자의 시선을 주의해서 살펴본다: 배우자가 불만스러워한다는 것을 어떻게 알 수 있을까? 아주 간단하다. 배우자의 시선이 어떤지 살펴보면 금방 알 수 있기 때문이다. 영국 런던 시티 대학의 심리학자 피오나 패터슨Fiona Patterson 교수팀의 연구에 따르면 무난한 분위기일 때보다는 오히려 불만스러운 순간에 상대방을 똑바로 쳐다보는 일이 더 많다고 한다. 특히 둘 사이의 분위기가 심상치 않을 때 서로를 가장 많이 쳐다보는 것으로 나타났다. 이 결과는 비난을 하거나 어떤 요구를 할 때 더 열심히 눈을 맞추는 것과도 일맥상통한다. 그런 상황에서 남자보다는 여자가 더 상대방을 똑바로 쳐다본다. 다만 주의할 것은 행복할 때도 당연히 눈을 더 많이 마주친다는 사실이다. 행복한 순간에 눈을 마주칠 때는 미소도 같이 띠는 경우가 적지 않다. 부정적으로 감정이 격한 상태에서는 미소를 기대하기 힘들 것이다. 곤란한 것은 비언어적으로만 의사소통을 하더라도 나쁜 기분이 상대방에게 전염된다는 사실이다.

그러므로 앞서 살펴본 부부의 사례에서 스피커를 설치할 때 이렇게 하면 문제가 생기지 않을 것이다.

남편이 말한다.

"스피커를 여기 이 벽에다 걸면 되겠네. 그래야 소리가 가장 좋을 테니까."

아내는 알겠다는 표시로 남편에게 고개를 끄덕이며 대꾸한다.

"거기 걸면 소리가 가장 좋긴 하겠지만, 미관상으로는 좀 안 좋을 거예요. 정말 흉해 보일 것 같아요."

남편도 고개를 끄덕이며 잠시 생각을 한다.

"흠, 하지만 스피커는 보기 좋으라고 있는 게 아니고 소리를 듣기 위한 건데."

"맞아요. 하지만 두 가지 다 충족되면 더 좋지 않겠어요?"

"그렇겠군. 좋아, 그럼 당신이 걸고 싶은 곳은 어디지?"

거의 100퍼센트 확신컨대 아내는 커튼 뒤나 소파 밑 같은 장소를 가리킬 것이다. 눈에 안 보이기만 하면 그만이니까. 아내의 말을 재치 있게 받아넘기고, 둘 다 만족할 때까지 같이 적당한 장소를 찾아보라. 안 그러면 어느 순간 구석에 처박혀 있는 스피커를 발견하게 되리라.

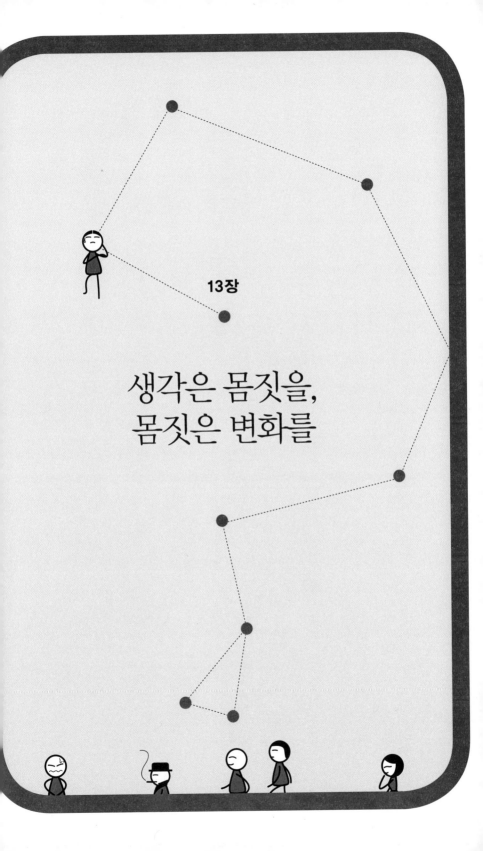

13장

생각은 몸짓을,
몸짓은 변화를

사랑이란…?

사랑은 헤아릴 수 있는
모든 것이다.

_ 얀 딜레이

생각이 행동을 결정한다. 불쾌하고 마음에 들지 않는 일에만 집중하면 나쁜 점만 보인다. 세상에 대한 시각도 우리 행동도 부정적인 방향으로 흐른다. 좋은 것에 집중하는 사람들이 더 행복하다는 사실은 의심할 여지가 없다.

당신이 상대방을 사랑하는 만큼 당신도 행복한 것이다. 사랑이 식으면 상대방에게 화를 내는 횟수가 늘어나고 두 사람의 관계는 더 나빠진다. 상대방의 실수를 눈감아주고 약점을 덜 보고 처음 사랑에 빠졌을 때 그 사람을 사랑하게 만든 상대방의 좋은 점을 다시 찾아보는 것이 좋다.

그런데 상대방이 나와 맞지 않는 행동을 하면 그땐 어떻게 대처하는 게 좋을까? 우리 모두 상황을 바꿀 수 있는 능력은 없다. 우리가 할 수 있는 건 그 상황에 대해 생각을 바꾸고 그에 따라 반응을 하는 것뿐이다.

배우자가 거실의 가구 위치를 바꾸어놓아서 화를 낼 것인가, 아니면 우리 집 거실이 새로운 분위기로 변화되어서 기분이 좋다고 생각할 것인가? 상대방이 나한테 화를 내고 쏟아낸다면 그 사람이 정말 그 일 때문에 화가 난 것인가, 아니면 내가 스스로 생각했던 것보다 고쳐야 할 부분이 더 많은지 생각해보라.

수년 전에 어떤 기자가 내 무대에 대해 단 한마디의 칭찬도 없이 비판 일색인 기사를 쓴 적이 있었다. 기사를 처음 읽었을 때 굉장히 화가 났다. 그런데 그 기사를 두 번째 읽었을 때는 기자의 말이 옳은 부분도 몇 군데 있다는 걸 알았다. 그렇게 관점을 바꾸니 갑자기 나는 어느 순간 많은 부분에서 기자의 의견과 똑같아졌다. 그래서 원고를 몇 군데 수정했고 프로그램의 일부를 다른 것으로 대체했다. 그랬더니 전보다 훨씬 좋아졌다. 3개월 후 변형된 프로그램으로 텔레비전 방송국의 관심을 받게 되었다.

어떤 문제가 생길 때 혹은 다른 사람이 말할 때 그 자리에서 곧바로 감정적인 의미를 두지 않으면 도움이 된다. 어떤 일을 끊임없이 '좋다' 아니면 '나쁘다', '옳다' 아니면 '그르다' 등 이분법적으로 평가하면 이것 때문에 스트레스를 받고 마음이 불안정해진다. 그리고 이런 감정은 우리 몸에 그대로 반영된다. 그러니 어떤 일에 뭔가 계속

꼬리표를 달려는 행위를 멈추면 안정감을 느끼고 편안해진다. 당신도 알고 있듯 '모든 힘은 내면에서 나온다.'

우리가 다른 사람에 대한 가치나 평가 기준 때문에 속이 뒤집히는 것이 아니라, 우리 자신 때문에 그렇다는 것을 곧 알게 된다.

부부나 연인 관계에서 한 사람이 상대방을 계속 비난해서 힘겨워하는 관계라면 비난 대신 의식적으로 상대방을 칭찬하기만 해도 관계는 훨씬 편해진다. 상대방에게 좋아한다는 표현을 하고, 말로 혹은 행동으로 보여주고 트집 잡기를 멈추기만 해도 관계는 굉장히 좋아진다.

이것은 우리 자신에게도 똑같이 적용된다. 본인 스스로 자신을 견딜 수 없으면 다른 사람을 좋아하는 일은 어렵다. 자신을 마음속으로 비판하면 스트레스를 받는다. 스트레스를 받으면 근육이 긴장하고 목덜미가 뻣뻣해지고 움직임이 굳어져 절대로 사랑스러운 사람에게서 나오는 행동은 나오지 않을 것이다. 그 예는 다음과 같다.

자신도 모르게 입술을 꽉 깨무는 행동이 나온다(뭔가 받아들이려 하지 않는다는 신호다). 목덜미가 잔뜩 긴장하고 있는 것을 느낄 것이다. 어깨까지 긴장되는 경우가 자주 있고, 목이 뻣뻣해서 잘 돌아가지 않게 된다(이것은 위험 신호다). 그러다 보면 고개를 숙이기도 힘들어져서 고개를 꼿꼿이 세우고 말을 한다(대립의 신호다). 아니면 긴장감으로 손가락 끝이나 볼펜을 들고 책상 위를 톡톡 두드리는 동작도 나온다.

다른 사람을 비판하는 대신 칭찬하고 그 사람을 있는 그대로 받아들이는 것이 자신을 위해서도 더 나은 방법이다.

상대방과 의견이 다른 상황이라면 이렇게 해보라. 상대방과 논쟁이 벌어지는 동안 다른 상상을 하는 것이다. 상대방이 아주 멋진 꽃들 한가운데 서 있는 것이라고 말이다. 숨 막힐 정도로 아름답고 멋진 풍경 속에 상대방이 서 있다고, 그리고 상대방 주변의 모든 것들이 환상적으로 아름답다고. 내가 무대에 오르자마자 항상 대중들을 보며 하는 방법이다.

당신의 생각은 아주 막강한 힘을 가지고 있다. 그리고 당신이 멋진 것에 집중하면 당신의 몸이 다른 신호를 보낸다. 멋진 것이 아무리 만들어낸 것이라 해도 효과가 있다. 당신의 얼굴 표정은 부드러워지고 긴장이 완화되어 몸이 보내는 신호도 열린 자세가 된다. 이런 방법으로 논쟁 상황을 훨씬 더 조화롭게 넘길 수 있을 것이다. 흥미롭게도 전화 통화할 때도 위의 방법으로 효과를 거둘 수 있다. 즐겁고 멋진 것을 상상하면 목소리도 변화하는 것이다.

당신의 인식과 생각을, 당신이 상대방을 좋아하고 있다는 방향으로 이끌어보라. 당신의 감정이 어떻게 변하는지 느끼게 될 것이다. 그리고 감정이 바뀌면서 자동적으로 당신의 몸이 변화하는 것도 알게 될 것이다.

감정이 이끄는 대로 ──────
행동하지 마라

〈스타워즈〉라는 영화에서 신비로운 기사단인 제다이 마이스터 요다는 젊은 루크 스카이워커에게 이렇게 말한다. "자네 감정이 이끄는 대로 가게 내버려둬." 나는 〈스타워즈〉의 열성 팬이지만 요다의 조언에는 동감하지 않는다. 실제로 감정이 나쁜 조언자인 경우가 굉장히 많다. 당신이 상대방에게 정말 화가 나 있다면 그 순간은 당신의 감정이 이끄는 대로 가지 말라는 조언을 하고 싶다.

그리고 그럴 때는 상대방과 싸워도 안 된다. 싸울 때는 빠른 속도로 사실 영역을 떠나 모든 것이 감정 영역에서 이루어지기 때문이다. 그러면 부정적인 감정이나 정서가 감정 영역을 차단해버린다. 정말 화가 나면 절대 감정에 이끌리는 대로 행동하지 않는 게 좋다. 차라리 밖으로 나가 (문 닫을 때 쾅 소리는 내지 않아야 한다) 나무에 대고 소리를 지르거나 달리기를 하라. 아니면 샌드백에 대고 복싱을 하라. 그런데 상대방과 싸우지는 마라. 분노가 가라앉고 흥분이 식으면 그때 이야기를 시작하라.

왜 그러냐고? 우리의 감정은 우리의 사고와 행동을 통해 생기지 그 반대 순서가 아니기 때문이다. 이 말이 낯설게 들릴지 모르겠지만 미국 사회심리학자 스탠리 샤흐터 Stanley Schachter 교수는 이런 사실을 이미 1960년대 연구를 통해 확인한 바 있다. 실험 참가자들은 '수 프록신'이란 비타민 주사를 맞고 실험에 임했다. 실험 참가자들에게 주사를 다 맞고 나서 대기실에 앉아서 효과가 나타날 때까지 기다리 도록 했다. 방 안에는 이 연구의 숨겨진 공모자가 있었다. 공모자는 실험에 참가하는 사람인 것처럼 감정 연기를 했다. 실험 참가자들은 공모자의 존재를 알지 못했고 자신들과 마찬가지로 실험에 참가한 사람으로 알았다. 공모자는 굉장히 기분 좋아서 가구 사이를 왔다 갔다 하고 훌라후프를 돌리고 기쁨으로 충만해 있었다. 일정 시간이 지나고 이 남자를 포함해 실험 참가자들에게 설문지에 답을 적도록 했다. 참가자들 전원이 극도로 기분 좋은 상태였다고 대답했다. 이 참가자들은 '만족 상황'이었다.

다음날 실험 참가자들은 전날과 똑같은 비타민 주사를 맞았다. 대 기실에는 이번에도 공모자가 있었다. 이 남자는 극도로 기분이 안 좋은 상태였다. 설문지에 대해 욕설을 하기도 했고, 얼마 후 저주의 말을 퍼부으면서 방을 나가버렸다. 현재 기분 상황을 묻는 설문지에 서 참가자들은 화가 난다는 답을 했다. 이들은 소위 '분노 상태'였다.

두 가지 서로 다른 효과를 가져온 상황이었다. 그런데 실험 참가자 들이 알지 못했던 사실이 있었다. 참가자들은 비타민 주사인 수프록 신을 맞았다고 알고 있었지만, 사실은 아드레날린 주사를 맞았던 것 이다. 아드레날린 주사를 맞은 참가자들은 전부 맥박이 빨라졌고 손 을 좀 떨었으며 잠복성 흥분 상태를 느꼈다. 샤흐터 교수는 이 실험 을 통해서 똑같은 신체 반응이 다른 사람의 감정 상태에 따라 달라진다는 것을 증명했다.

당신이 누군가에게 반했다고 가정해보자. 맥박이 빨라지고 손이 떨리고 입이 바짝 마를 것이다. 그럼에도 당신이 사랑에 빠졌다는 감정 반응과 결부시키기 때문에 이런 신체 반응을 좋게 받아들인다. 그런데 당신이 직장에서 팀원들 앞에서 발표를 해야 한다면 어떨까? 사랑에 빠졌을 때와 신체적 반응은 거의 똑같다. 맥박이 빨라지고 손이 떨리고 입이 마를 것이다. 황홀한 기분이라고 말하지는 않을 것이다. 이때 분명한 것은, 먼저 당신의 생각에서 이런 신체 반응을 사랑으로 받아들이느냐 무대공포증으로 받아들이느냐를 결정한다는 것이다.

발표를 해야 하는데 심장이 빨리 뛴다면 당신은 무대공포증 때문에 심장이 두근거린다는 진단을 내린다.

감정에 따라 행동하지 마라. 대신 감정이 생각을 따라가는 것이 좋다. 물론 모든 감정을 억누르라는 건 절대 아니다. 자신의 감정을 잘 인식한 다음 그것들이 올바른 길을 가리키는지 아닌지를 결정해야 한다. 우리가 주인 아닌가!

위의 연구 결과를 잘 이용하기 바란다. 첫 데이트에도 적용해보라. 첫 데이트에서 짜릿한 느낌을 맛보고 싶다면, 함께 롤러코스터를 타거나 긴장감 있고 재미있는 영화를 보거나 산 정상까지 등산을 해보길 추천한다. 데이트 상대는 가슴이 두근거릴 것이고, 사실은 위의 활동 때문에 그런 것인데 상대는 당신과 연관시킬 게 분명하다. 가습이 두근거리는 것이 당신 때문일 것이라 생각하지 박진감 넘치는 영화 때문이라고는 생각하지 않을 것이다.

이런 것을 일컬어 '오귀인誤歸因, misattribution'이라 한다. 자신이 경험한 일의 원인을 '귀인'이라고 하는데 어디서 본 듯하고 정확한 기억이 없는 것을 착각하는, 잘못된 귀인이 '오귀인'이다. 이는 신체적 경험과 이성적 판단 사이의 잘못된 원인을 표현하는 것으로, 이전에 출간한 책 《당신이 원하는 대로 생각하라》에서 설명한 바 있다.

최근 텍사스 대학의 한 연구 결과가 이것을 증명했다. 신디 메스톤Cindy Meston과 페니 프롤리히Penny Frohlich 두 명의 심리학 교수가 롤러코스터를 타기 전후에 인터뷰를 실시했다. 남자 참가자들에게 여자 사진을 보여주고 사진 속 여성의 매력을 평가하게 했다. 롤러코스터를 타고 나서 사진을 본 남자들은 타기 전에 사진을 본 사람들보다 사진 속 여성을 더 매력적으로 평가했다. 롤러코스터를 타고 인터뷰를 한 남자들은 자신의 흥분 상태를 롤러코스터가 아닌 사진과 연결시킨 것이다.

감정은 나쁜 조언자라는 이유가 여기에 있다. 감정이 어떻게 생겨나는지 우리가 항상 알지는 못하기 때문이다. 그러니 당신은 먼저 감정을 인식하고 당신에게 감정이 좋은 조언자가 될지 안 될지를 결정하라.

예를 들어보자. 당신이 집에 도착해보니 배우자가 빵을 사오겠다고 했는데 잊고 있었거나, 반대로 당신이 집에 있는데 빵을 사오겠다던 배우자가 빈손으로 왔다면 당연히 화가 날 것이다. 이럴 경우

분노의 감정을 머릿속에 입력한 다음, 감정대로 화를 낼 것인지 협상을 할 것인지 곰곰이 생각해보라. 당신의 분노를 표현하는 게 낫겠다고 결정했다면 잊지 말아야 할 것이 있다. 이때 당신의 몸에서도 수많은 분노의 신체언어 신호를 보내게 될 것이라는 점을 말이다. 그렇게 됐을 때 당신에게 도움이 될 게 없다. 그렇다고 빵이 당신 앞에 나타나지는 않을 테니 말이다.

이런 방식이 훨씬 현명하다. 그 순간 상대방에게 마음속으로 꽃다발을 선물하는 생각을 하거나, 그의 장점에 대해, 당신이 그를 좋아하는 이유에 대해 생각해보라. 긴장을 풀며 잘 생각해보라. 지금 이 시간 어디에서 빵을 구입할 수 있는지, 아니면 차라리 피자 한 판을 저녁식사로 배달시키는 게 나을지 말이다. 그러면 피자 배달부가 도착할 때까지 시간을 활용할 수 있다. 전혀 계획하지 못했던 멋진 일이 생길 수도 있다.

하베너 씨, 당신이 주장하는 모토는
"모든 힘은 내면에서 나온다"입니다.
그렇다면 이런 힘을 어떻게 얼굴로 표현하시겠습니까?

○⁺우리 자세는 우리 생각에 영향을 준다. 면접에서 피해야 할 자세는 어떤 것인가?

○⁺자신을 더 강하게 하고 자부심을 느낄 수 있는 최고의 파워포즈는 어떤 것인가?

○⁺부인이 눈을 흘기면 어떻게 반응하는 것이 가장 좋을까?

○⁺남편이 눈을 흘길 때 부인이 남편에게 해줄 표정은?

⠿ 메르켈 총리는 '메르켈 다이아몬드'라 불리는 몸짓으로 두 손을 사각으로 만듭니다.
　　이 몸짓은 무슨 의미일까요?

⠿ 정말 기분이 좋지 않다면 어떤 몸짓으로 기분을 표시하면 될까요?

⠿ 독자에게 주는 핵심적인 메시지는?

⠿ 독자들이 책을 다 읽고 나면 어떤 얼굴 표정을 지을까요?

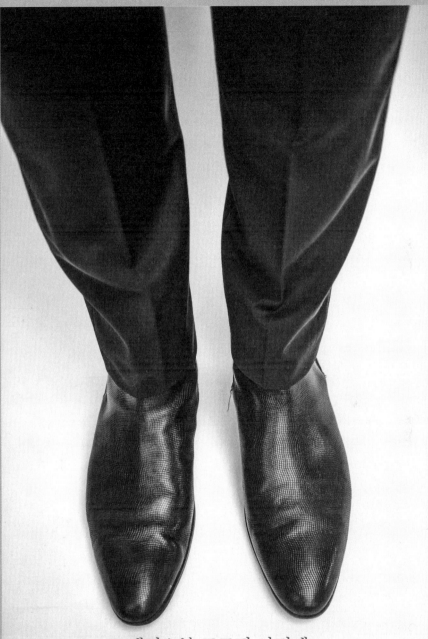

페이스북 프로필 사진에
올리면 안 되는 사진은?

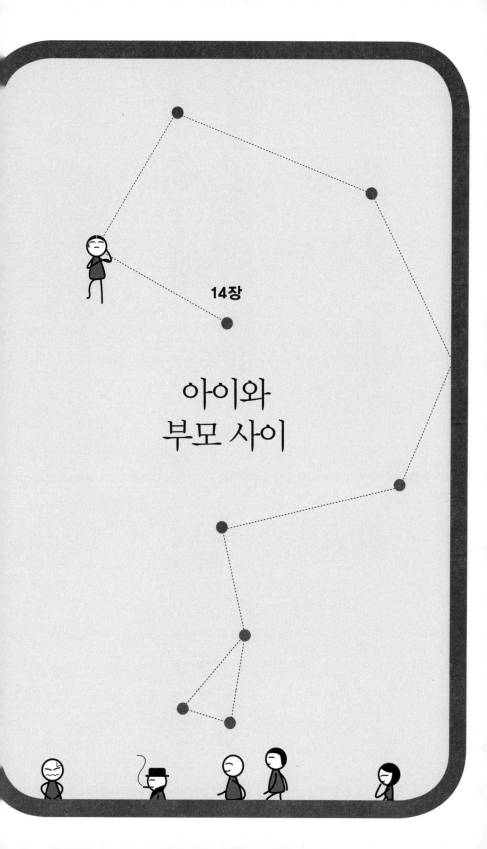

14장

아이와
부모 사이

" 아이들에게 화를 내시나요? "

자연에서 눈송이만큼
부서지기 쉬운 것도 없지만
눈이 뭉쳐지면 어떤 일을
해낼 수 있는지 보라.

_ 베스타 켈리

오스트리아 빈에서 공연을 막 끝냈을 때였다. 내 생애 무대 중 가장
큰 공연이었고 수천 명의 관객들과 대규모 무대, 그리고 마이클 잭
슨이 공연할 때 사용했던 무대기술과 똑같은 기술을 선보인 공연이
었다. 그다음 날은 일요일이어서 공연이 없어 마침내 쉴 수 있었다.
나는 가능하면 빨리 가족의 품으로 돌아가고 싶었다. 공연을 끝내고
집에 도착했다는 감격에 가득 차서 문을 열었다.

　무대 위의 스타가 드디어 집에 도착했으니 나는 축하파티라도 받
을 줄 알았다! 막내딸이 내 품으로 달려오며 소리쳤다.

　"콜라 마셔도 돼요?"

2주 동안 집에 못 들어왔다. 쉴 새 없이 공연이 잡혀 있어서 무대 위 아니면 이동하는 자동차나 기차에서 시간을 보내야 했다. 그런데 2주 만에 듣는 이런 괴상한 질문이라니. 그래도 나는 좋은 아빠니까 네 살짜리 아이에게 대답을 안 해줄 수는 없었다.

"아니, 그건 안 돼."

내가 말했다.

"우리 집엔 콜라가 없어. 그건 너도 잘 알잖아."

"콜라 있어요."

큰딸이 내게 가르쳐줬다. 밤새 엄마를 졸라서 엄마가 콜라를 사놨 다는 것이다.

"아 그래?"

그 순간 아들이 계단을 뛰어내려오며 소리쳤다.

"말도 안 돼요. 쟤가 콜라 마시면 나도 마실 거예요!"

"잠깐, 아빠가 네 동생한테 콜라를 마셔도 된다고 허락한 적 없잖 아."

바로 그때 어딘가에서 그르렁거리는 볼멘소리가 들렸다.

"여보, 얼른 와서 이 양동이 좀 비워줘!"

아내의 목소리였다!

누군가 내게 그때 "감정 영역과 신체 영역의 균형을 유지할 때만 만족을 느낀다"라고 말했더라면 그 양동이를 그 사람 머리 위로 부 어버렸을지도 모른다.

나도 항상 차분함을 유지할 수는 없다. 일요일 오후 조용히 쉬고 있는데 개가 거실을 이리저리 뛰어다니거나, 콜라 때문에 아이들이 다투기라도 하면 나도 한계 상황에 도달한다. 그래도 그런 경우를 제외하고는 감정 영역과 신체 영역 간의 균형 유지는 꽤 잘되는 편이긴 하다.

그런 순간이면 내가 좋아하는 말을 종종 떠올린다. '에너지는 집중에서 나온다.' 이 말을 음미해본다. 내 안에 있는 집중력이 온통 신경을 건드리는 일로 향한다면 나는 좋은 면보다는 기분 나쁜 일을 더 많이 보게 될 것이다. 그렇게 되면 신경이 더 날카로워지고 나도 모르게 내 표정과 행동으로 표현할 것이다. 움직임이 급해지고 입이 툭 튀어나와 있을 것이다. 그럼 내 모습을 본 상대방은 또 어떻게 반응하겠는가? 내가 보내는 신호에 상대방도 거리감과 거부감으로 반응을 보낼 것이다. 상대방의 반응을 보면 더 신경이 날카로워질 게 분명하다. 그러면 관계는 더 악화되어 악순환이 된다.

피하고 싶은 것 말고 원하는 것에 초점을 맞추는 것이 훨씬 의미 있다. 물론 쉽지는 않다. 하지만 가능한 일이다. 무대에 나서기 전에 나는 '으…… 이렇게 사람들이 많아. 내가 여기서 잘못이라도 하면 어쩌지?'라고 생각하지 않는다. 대신 '와, 이렇게 많은 사람들이 내 프로그램에 관심을 가지다니. 내 공연을 보며 멋진 저녁을 보내고 싶어 하는 사람이 정말 많구나'라고 생각한다. 그러면 긴장은 아주 빠른 속도로 기대와 설렘으로 바뀐다. 관객들도 곧바로 알아차린다.

반짝반짝
-아이들 감정 알아차리기

아이들의 신체언어를 읽을 수 있다면 장점이 많다. 특히 자기 자녀의 신체언어를 알면 더욱 좋은 점이 많다. 혹시 독자들 중 아이가 소리쳐 울 때와 얼굴 표정 몇 가지 빼고는 의사를 전달할 수 없다고 생각하는 사람이 있다면 이는 착각이다. 입으로 소리 내는 전달방식을 시작하는 12개월 미만 갓난아이의 비언어적 의사소통은 매우 다양하다. 갓난아이나 어린아이도 자신의 의지와 소원을 표현하고픈 강한 욕구가 있기 때문이다.

이 나이의 아이들이 말을 하지 못하고 손을 많이 쓰기 때문에 아이와 소통을 위해 '베이비 사인 Baby Signing'이라는 것이 만들어졌다. 아이와 서로 주고받는 몸짓이나 표정 따위의 신호로 아이와 소통하는 것이다. 예를 들어 아이가 엄지를 치켜들면 이것은 '더 많이' 갖고 싶다는 의지이고, 손가락을 입에 대면 '배고파'라는 신호다. 생후 7개월이 되면 아이는 손으로 '반짝반짝' 같은 간단한 몸짓을 하거나 '날개'로 훨훨 나는 동작을 하며 새를 흉내 내기도 한다.

베이비 사인은 아이의 언어적 정서적 발달을 촉진시킨다고 한다. 이런 방법으로 더 집중적으로 의사소통이 가능하기 때문이다. 부모는 자녀와 자녀는 부모와 쌍방소통에 도움을 준다. 나는 내 아이들에게 베이비 사인을 적용시켜본 적은 없지만 아이들을 잘 이해할 수 있었다. 그건 아마도 행동을 읽는 내 직업과 연관이 있을 것 같다.

어린아이의 얼굴 표정은 전 세계 공통적이다. 어린아이는 슬프면 울고 기분 좋으면 웃는다. 장소를 막론하고 똑같다. 갓난아이들은 고개를 끄덕이거나 저으면서 좋은지 싫은지를 표현한다. 이런 분명한 신호 말고 아이들은 훨씬 어려운 신호도 보낸다. 정서적으로 더 복잡한 신호다. 하품을 하면 피곤하다는 신호이고 어딘가 불편하다는 신호도 된다. 눈을 자주 깜빡일 때면 긴장했거나 흥분의 표현이기도 하고 자고 싶다는 신호이기도 하다.

다른 소원들은 알아차리기가 더 쉽다. 아동치료사 바바라 디폴드 Barbara Diepold는 부모가 자기 아이의 입가를 만져보고 턱의 긴장 정도를 체크하는 모습을 주의 깊게 관찰했다. 턱에 힘을 뺀 채 입을 살짝 벌리고 있으면 아이가 피곤하다는 의미다. 아이가 빨려는 동작을 하면 배가 고픈 것이고, 배가 부르면 아이는 입을 꽉 다물거나 고개를 옆으로 돌린다.

갓난아이들은 자기 부모의 얼굴 표정을 읽는 능력이 있다. 아이가 미소를 지어서 곧바로 어머니가 아이에게 미소를 지으면 아이는 자기 미소가 긍정적인 반응을 얻어냈다는 것을 그 자리에서 바로 배운다. 아이들이 싫어하는 미소도 있다. 치약광고 같은 미소가 그것이다. 엄마가 딱딱한 미소를 오랫동안 아이에게 지으면 아이는 이 미소의 뜻을 파악하고 울기 시작한다.

1974년 미국 심리학자 에드워드 트로닉 Edward Tronick 박사는 '무표정의 경험^{still face experiment}'이라는 실험을 통해 무표정이 아이에게 어떤
영향을 끼치는지 발표했다. 그는 이 실험을 통해 아이와의 관계에
대한 연구를 했다.

한 어머니가 아이와 놀아준다. 어머니는 아이에게 중얼중얼 이야
기도 하고 눈을 크게 뜨고 특이한 표정도 짓는다. 아이는 어머니의
신호를 미소와 중얼거림으로 답한다. 이번에는 어머니가 태도를 싹
바꾸었다. 아이에게 아무 표정도 짓지 않고 대했다. 어머니는 아이
를 바라볼 때 좋지도 나쁘지도 않은 무표정으로 일관했다. 아이의
반응은 굉장히 빨랐다. 아이는 어머니의 관심을 끌려고 노력했다.
계속 중얼거리면서 자신의 행동을 바꾸고 눈치를 보며 관심을 끌려
했다. 이렇게 해도 어머니가 반응을 보이지 않자 잠시 후 아이는 울
음을 터뜨렸다. 이제 어머니가 무표정 상태를 그만두고 다시 이전
표정으로 돌아가 아이에게 미소를 지었다. 아이는 곧바로 울음을 그
쳤고 모든 상태가 좋아졌다. 내게 무엇보다도 인상 깊었던 것은 아
이가 이 상황에서 뭔가 이상하다는 것을 감지하기까지 걸린 시간이
다. 약 10초 후에 반응이 나온 것이다.

무표정하고 굳은 얼굴은 아이뿐 아니라 우리 모두에게 불편한 느
낌을 불러일으킨다. 상대방의 무표정한 얼굴은 어떤 정보도 전달하
지 않고 신호를 보내지도 않는다. 어떻게 받아들여야 할지 파악하기
힘든 것이다. 딱딱하고 중립적인 얼굴 표정뿐 아니라 가면도 그렇다.

전에 〈신체언어의 비밀〉이라는 TV 방송에 출연해서 위의 실험을
재연하며 아이의 반응을 보여준 적이 있다. TV 카메라 앞에서 아이

와 함께 촬영하는 내내 미안해서 마음속에서 왠지 찔리는 느낌이 들었다. 촬영에 임했던 아이 어머니는 자기 아이가 이 실험으로 피해를 입은 건 아무것도 없다고 말하면서 나를 안심시켰다. 아이 어머니는 자신이 소아과 의사니까 걱정하지 말라고 했다. 이 어머니의 말을 믿고 싶다.

"나는 너를 이해한다"

우리는 아이가 보내는 행동이나 신호를 이해했다는 걸 표시하려고 아이의 표정을 그대로 따라 한다. 앞에서 소개했던 미국 심리학자 폴 에크만 박사는 이렇게 말했다.

"우리가 아이의 얼굴 표정을 따라 하는 건 아이의 감정을 느끼기 때문이 아니라 우리가 아이에게 '네 마음을 잘 알아'라고 말하고 싶어서다. 아이가 슬퍼 보이면 곧바로 아이에게 미소로 화답하지 않는 게 좋다. 더 이상 아이를 슬프게 하지 않기 위해서다. 당신이 아이 얼굴 표정을 잠깐 흉내 내고 아이에게 '난 네가 슬픈 걸 알고 있어'라고 신호를 보낸다. 그런 다음 미소를 보내라."

예를 들어보자. 아이가 식탁 위에 있는 포크를 손으로 잡았다. 그런데 당신은 아이가 다칠까봐 포크를 잡지 못하게 하려 한다. 그래서 아이 손에서 포크를 빼앗고 고개를 좌우로 흔든 다음 포크를 아이 눈에 보이지 않는 곳으로 치워놓는다. 고개를 좌우로 흔드는 행동은 우리 문화권에서는 '안 된다'라는 뜻이라는 걸 아이도 배우는 것이다. 일상 속에서 아이에게 자연스럽게 학습시킬 수 있는 이상적인 방법이다. 아이는 울음을 터뜨릴지도 모른다. 당신이 아이에게 물건을 빼앗아갔고 아이는 자기 호기심을 충족시켜줄 장난감을 왜 빼앗겨야 하는지 이해하지 못할 테니 말이다. 당신이 이때 아이의 울음에 미소로 반응한다면 아이는 납득하기 힘들 것이다. '내가 슬픈데 왜 나를 보고 미소 짓는 거지?'라고 생각할 테니 말이다. 그러니 아이에게 무조건 미소 짓지 말고 아이에게 새로운 물건, 즉 아이가 가지고 놀아도 되는 장난감을 건네보라. 이때 미소를 보내라. 그러면 아이는 당신의 미소를 새로운 장난감과 연관시킨다. 그리고 이렇게 말해보라. "나도 네가 어떤 마음인지 알아. 슬퍼하지 말고 이제 새 장난감이 있으니 이걸 갖고 놀면 돼."

어른에게도 상황에 따른 적정한 거리가 있다는 이론은 앞서 소개한 바 있다. 마찬가지로 어린아이들도 가까이하고픈 욕구와 멀리하고픈 욕구를 갖고 있다. 그들의 '친밀한 거리'는 예를 들면 그들의 입의 구역이다. 부모들은 때로 이것을 잊는다.

집에서 겪었던 일이다. 막내 아이에게 밥을 먹이고 있었는데, 아이가 갑자기 '나 이제 그만 먹고 싶어'라는 걸 표현하는 듯 고개를 살짝 옆으로 돌렸다. 접시 위에는 음식이 좀 남아 있었다. 이제와 생각해보니 내가 그때 왜 아이에게 접시를 다 비우게 하려 했는지 잘 모르겠다.

나는 작은 수저를 아이 얼굴 가까이 가져갔다. 아이와의 거리를 좁히고 더 가까이 간 것이다. 아이는 고개를 더 옆으로 돌렸다. 내가 포기하지 않고 수저를 계속 들이대자 아이는 두 손으로 수저를 내 쪽으로 던지고 먹은 걸 다 토해냈다. 내가 그때 아이가 보내는 고개를 돌리는 신호를 잘 관찰했더라면 벌어지지 않았을 일이었다.

1,350만 명의 사람들 중에 숨은 사람을 찾으면서 정작 내 딸아이가 고개를 저으며 내가 가까이 오는 걸 거부하는 신호를 놓친 사건이었다.

아이의 행동은 위조 불가능하다

아이들은 감정과 자기 몸을 어른들처럼 잘 통제할 단계가 아직 아니기 때문에 아이들의 행동 읽기는 상대적으로 쉽다. 아이들의 신체 언어는 직접적이고, 인위적으로 만들어내지 않는다. 아이들이 보내는 비언어적 신호는 어른과 동일하지만, 직설적으로 보여준다는 차이가 있다.

내가 겪었던 일이다. 우리 집 아이들은 집에 물건을 숨겨놓고 나보고 찾아내라는 게임을 즐긴다. 예를 들어 겨울에 내가 아이들에게 양말을 아무데나 휙휙 벗어놓지 말고 집 안에서는 실내화를 신으라고 잔소리를 하면, 아이들은 내게 실내화 한 짝만 보여주며 나머지 한 짝을 내가 찾아야 한다고 말한다. 내가 아이들에게 실내화를 신으라고 말했으니 자업자득이 된 건지, 아무튼 우스운 꼴이 되어버린다. 실내화 말고도 가장 아끼는 동물 인형과 다른 물건도 찾아야 하고, 아이 한 명도 갑자기 사라져서 난 이 모든 물건과 아이까지 다 찾아야 한다. 내가 찾을 물건과 아이는 집 안 곳곳에 숨겨져 있었다.

지붕 밑 다락방에, 강아지집 안에, 때로는 쓰레기통에도 있었다. 인형은 쓰레기통 안에 숨어 있었다.

아이들이 내게 던지는 이런 도전을 나는 즐겁게 받아들인다. 아이들에게나 내게 결국 원윈 게임이기 때문이다. 아이들은 게임을 즐겨서 재미있으니 좋고, 나 또한 아이들과 놀면서 내 능력을 발휘하고 연습할 수 있으니 말이다. 신체언어 읽는 법을 배우고 싶다면 당신 아이들과 이렇게 찾기 게임을 하는 것부터 시작하라. 아이들은 거의 항상 어디로 가야 할지 방향을 쳐다본다. 특히 아이들의 발 방향이 그렇다. 내가 물건이 숨겨진 곳 가까이에 있으면 아이들은 씩 웃는다.

어린아이들이 보내는 몸의 신호가 직설적이라는 게 항상 장점만 있는 건 아니다. 슈퍼마켓에서 초콜릿을 안 사주면 아이들은 뛰어가거나 바닥에 벌렁 드러눕기도 한다. 할머니가 몇 시간에 걸쳐 주방에 시시 요리를 했는데, 음식이 입에 맞지 않는다고 얼굴을 찡그리고 그릇을 밀어내기도 한다. 이런 행동들은 나이 들어가면서 점점 변하기는 하지만 기본 성향은 그대로 남아 있다. 11살짜리 큰딸은 음식이 맛없다고 하지만 식사 도중에 자리를 뜨지는 않는다. 그런데 딸아이의 발은 문을 향해 있고 계속 흔든다. 발꿈치를 올리고 다리 근육을 긴장시키는 것이다. 그래도 자리를 뜨지는 않고 계속 앉아 있다.

"내가 하라는 대로 좀 해라! 제발"

"공연 때 말고 일상생활에서도 당신의 능력을 활용하시나요?" 이런 질문을 자주 듣는다. 아이들과 놀아줄 때도 아이들의 신체언어와 그 안에 담긴 마음을 읽는 기술 등이 중요한 역할을 하는 건 사실이다. 흔히 접할 수 있는 상황 몇 가지를 소개하겠다. 버릇없는 아이로 키우지 않기 위해서 그리고 부모 입장에서 아이에게 바라고 싶은 것들을 행동 읽기와 신체언어 기술을 접목시켜 정리해보았다.

"남기지 말고 다 먹어야 해!"

아이들이 너무 많이 먹었을 때를 제외하고는, 아이들에게 항상 이 말을 한다. 내가 쓰는 쉽고 간단한 방법 세 가지가 있다. 당신도 이대로 해보라.

1. 아이들에게 음식을 줄 때 음식을 담는 그릇에 신경을 써라. 보통 때보다 큰 접시를 올려놓아라. 큰 접시에 담으면 작은 접시에 담았을 때와 똑같은 양의 음식도 다르게 보인다. 정말 양이 적은 것처럼 보인다. 신체언어에서와 마찬가지로 공간을 이용하는 것이다.

2. 초록색이나 파란색 그릇은 절대 사용하지 마라. 옷에서도 색상이 중요하지만, 음식을 담는 그릇도 특정한 색상은 특유의 의미를 전달한다. 파란색 슈트는 단정해 보이지만, 파란색 접시는 곰팡이가 핀 것처럼 보인다. 사실이다. 내 말을 믿어라. 식료품에서 파란색과 초록색은 곰팡이와 상한 음식을 연상시킨다. 빨간색 역시 그릇으로는 이상적인 색은 아니다. 당신 아이가 음식을 남기지 않고 다 먹길 원할 때, 음식이 빨간색 그릇에 담겨 있으면 빨간색은 '그만 stop!'을 상징한다. 접시 위의 음식이 다 비워지길 원할 때 흰색 접시는 성공을 약속한다.

3. 당신 아이가 초콜릿처럼 단것을 좀 덜 먹길 원하면 장볼 때 더 적게 사라. 큰 도움이 된다.

"식탁의자에 앉을 때 자세를 똑바로!"

친구 집이나 식당에서 혹은 집에 손님이 왔을 때 아이들이 식사 예절이 바르고 바른 자세로 앉아 있을 때면 항상 즐겁다. 식사 예절을 잘 가르치는 방법은 거창한 게 아니라 작은 것 몇 가지만 지키면 된다.

아이들은 모방을 통해 배운다. 어른인 우리도 이 관습에서 완전히 벗어나지는 않는다. 누군가와 같이 있다면 상대방에게 '팔을 세로로 들어봐'라고 말해보라. 그리고 나서 상대방보다 당신이 먼저 동작을 한다. 당신이 팔을 가로로 뻗으면 상대방은 당신과 똑같이 팔을 옆으로 뻗을 것이다. 분명히 당신이 상대방에게 세로로 뻗으라고 얘기했는데도. 아이들이 식사를 할 때 똑바로 앉아 있지 않으면 어쩌면 당신의 자세가 올바르지 않아서 그럴 수도 있다. 당신의 자세가 변화하지 않으면 아이의 자세에 대해 당신의 할 말은 그리 많지 않을 것이다. 이 원칙은 아이 교육에서뿐 아니라 일상생활 모든 곳에 적용된다.

"제발 숙제 좀 해라!"

뭐 이렇게 힘든 전투가 있단 말인가! 내가 학교 다닐 때 숙제를 봐주시면서 우리 어머니는, 나중에 내 아이가 나와 똑같았으면 좋겠다고 말씀하시곤 했다. 안타깝게도 어머니의 소원은 그대로 이루어졌다. 내가 부모가 되어 보니 이만저만 힘든 게 아니다. 아내와 나는 우리만의 방식을 만들었다. 아이들에게 무조건 숙제하라고 말하는 대신 우리는 아이들과 수 시간 동안 토론을 한다. 아이들이 풀고 있는 수학공식이 왜 중요한지, 그리고 언제 '너머'를 써야 하고 '넘어'를 쓰는지 등을 이야기한다. 여기서 가장 효과적인 신체언어를 소개한다.

• **'끄덕끄덕 효과'에 대해선 당신도 알고 있으리라**: 고개를 끄덕이면서 전달하는 신호는 "그래, 맞아!"이다. 아이에게 가능하면 고개를 끄덕이는 상황을 만들어줘라. 아주 간단하다. 당신이 자주 고개를 끄덕이기만 하면 된다. "예습을 잘하는 게 얼마나 중요한지 너도 잘 알 거야. 그리고 매일 조금씩이라도 쉬지 않고 하

면 나중에 그 양이 얼마나 많은지도 알 거야"라고 말하면서 고개를 끄덕여라.

- **수평 관계:** 흔히 생각하는 것처럼 부모 자식 사이의 관계가 위에서 아래로 흐르는 수직구조나 계급이 나눠진 구조가 아니라 동등한 위치에 있을 때 이 기술은 효과적으로 작동된다. 실용적인 예를 들어보겠다.

아이가 피아노 연습을 안 하려 하는가? 이때 가장 좋은 방법은 아이가 좋아하는 모범이 될 만한 인물을 찾아보는 것이다. 피아노 연습과 관련 있는 사람 중에서 한 사람을 선택한다. 만일 아이가 레이디 가가를 좋아한다면 아들이나 딸에게 레이디 가가도 피아노를 잘 친다고 말하라. 하지만 레이디 가가의 피아노 실력이 어느 날 갑자기 하늘에서 떨어진 게 아니고 전에 연습을 아주 많이 했었노라고 얘기하라. 만일 레이디 가가가 그렇게 열심히 계속 연습하지 않았으면 지금처럼 성공적인 가수가 될 수는 없었을 것이고, 연습을 게을리해서 실력이 없었다면 그녀라는 사람을 아무도 기억하지 못할 것이라고. 리한나 이야기를 해도 좋다.

아이가 수학을 더 열심히 하길 원한다면 레이디 가가라는 인물은 적합하지 않다. 그 분야에 맞는 인물을 끌어들여야 한다. 이때는 레이디 가가보다 수학을 잘하는 친구의 이름을 말하는 게 낫다. 어떤 경우에도 이렇게 말하지는 마라.

"네 수학 점수를 보니 도저히 이해가 안 된다. 대체 수학 공부를 한 거니? 내가 옛날에 수학을 얼마나 잘했는데 넌 왜 그러니." 이

런 말은 제발 휴지통으로 보내버려라. 나 같은 경우엔 이런 말을
했다면 엄청난 거짓말쟁이가 됐을 것이다.

"이제 좀 자자!"

아이들은 보는 대로 행동한다. 잠들어야 할 시간에 당신이 분주하
게 움직이면 아이는 조용히 잠자리에 들 수 없다. 당신이 침착한 사
람이라면 다음 방법을 차례대로 적용해보라.

1. **잠들기 전 치르는 의식:** 아이와 잠들 때 하는 의식이 어떤 게
   있을지 찾아보라. 미국 심리학자이자 수면 전문가인 조디 민델
   Jodi Mindell 박사는 아이를 재우기 위해 매일 치르는 습관적인 의식
   이 있다면 굉장히 도움이 된다고 말한다.
   우리 집에서도 세 아이와 매일 저녁 잠들기 전 치르는 절차가 있
   다. 아이들은 이 시간을 무척 좋아한다. 우리는 오늘 하루가 어
   땠는지 함께 이야기한다. 좋았던 일과 화났던 일, 어이없던 일
   등 하루를 정리해본다. 그날 하루를 아이들이 어떻게 보냈는지
   대화를 나눌 수 있어서 좋을 뿐 아니라 아이들이 요즘 어디에 관
   심이 있는지도 알 수 있다.

2. **'에너지는 집중에서 나온다'라는 말을 다시 한 번 생각해보
   라:** 아이를 조용히 잠들게 할 분위기를 만들어주려면 당신도 이
   이 옆에 누워 아이가 숨 쉬는 리듬과 똑같이 숨을 쉬어보라. 아
   이와 똑같이 숨 쉬는 게 처음에는 쉽지 않을 것이다. 아이들의

호흡이 어른보다 짧아서 그렇다. 아이가 숨 쉬는 대로 따라 하지 못했다 해도 실망할 필요는 없다. 당신이 할 수 있는 만큼만 하면 된다. 이때 아이와 친밀감을 키울 수 있는 기본적인 방법 중 하나를 이용해본다.

당신은 이미 아이의 숨쉬기 방법을 따라 했다. 아이와 한 침대에 누워 있다. 이제 당신과 아이는 비슷한 리듬으로 숨을 쉬고 있다. 잠시 후 당신이 주도권을 잡아본다. 당신이 숨을 좀 더 편안하게 쉬면서 눈을 감아본다. 그러면 아이도 당신을 따라 할 것이다. 이제 당신이 온몸의 긴장을 풀어본다. 숨을 들이마실 때는 머리끝까지 정점을 찍는다는 생각으로 깊게 마시고, 내쉴 때는 배까지 내려간다는 느낌으로 호흡해보라. 이 방법을 아이에게 보여주고 어떻게 하는지 이야기해준 다음 같이 해보자고 한다. 이렇게 하다가 아이들보다 내가 먼저 잠든 적이 많다. 그러면 아이들도 곧바로 나를 따라 잠에 빠진다.

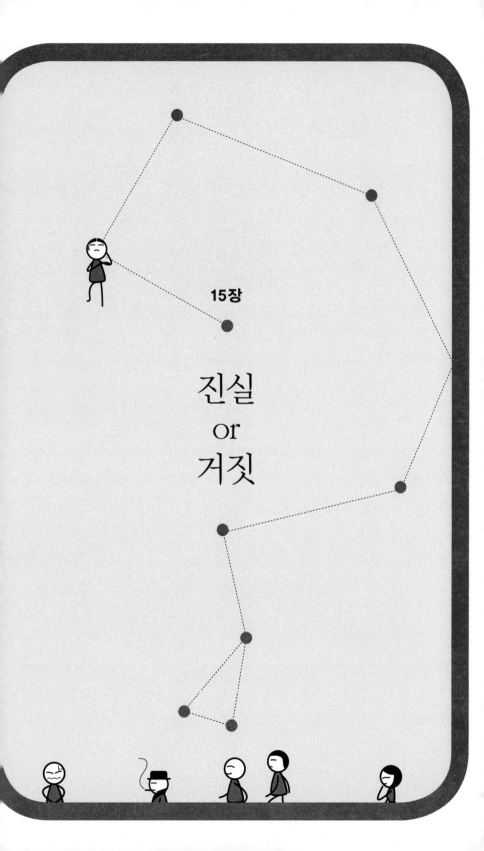

15장

진실
or
거짓

"거짓말을 얼마나 자주 하세요?"

진실을 알고 싶을 땐
그 사람이 내가 물어볼
마지막 사람이었으면 좋겠네.

_ 닥터 그레고리 하우스, 〈닥터 하우스〉

"살인 사건이 벌어졌다!" 무대 뒤에서 목소리가 들리면서 막이 시작되는 공연 방식은 내가 좋아하는 것 중 하나다. 다섯 명의 관객이 자기 역할을 맡는다. 살인자, 피해자, 증인, 불륜녀(범행에 어떤 이유라도 있어야 하지 않겠는가), 그리고 정원사도 있다. 내가 맡은 과제는 누가 어떤 역할을 맡았는지 찾아내는 것이다. 이 게임에 참여한 관객은 상황을 혼란에 빠뜨리려고 거짓말을 한다.

거짓말에 대해선 나도 잘 알고 있다. 수년 동안 마술사로 일하지 않았던가. 내가 아무리 '착시 현상'이라는 훨씬 멋진 말로 포장해도 마술 기술은 거짓의 기술이 모여 작품이 되는 것이니까. 거짓말을 알아차리기 굉장히 힘들 때가 있다. 심지어 어떤 경우에는 거짓말을 알아차리는 게 불가능할 때도 있다. 거짓말을 하는 것도 그렇게 쉽지만은 않다는 사실에 반론을 제기할 사람은 거의 없을 것이다. 거짓말을 하는 사람은 사실과 다른 이야기를 생각해냄과 동시에 그것을 말해야 한다. 진실을 말할 때 우리는 그렇게 복잡한 과정을 거칠 필요가 없다. 기억만 말하면 되니 말이다.

거짓말을 하면 자신의 표정과 행동에 신경을 쓰고 의식적인 몸짓을 하려 한다. 다른 사람이 자신의 생각을 꿰뚫어보길 원치 않기 때문이다. 그래서 거짓말을 하는 사람은 예를 들어 손을 제대로 움직이고 있는지 상대방의 얼굴을 봐야 하는지 보지 말아야 하는지 계속 생각한다. 이로 인해 신체언어가 변하는 것이고 그 사람의 어색한 몸짓을 본 상대는 본능적으로 아는 것이다. 몸짓과 말하는 내용에 어딘가 모르게 모순이 있다는 걸 눈치 채기 때문이다.

이미 언급했듯이 거짓말을 발견할 수 있는 100퍼센트 정확한 신호는 없다. 하지만 거짓이라는 걸 알아차리는 데 도움을 줄 만한 몇 가지 힌트는 있다. 신호가 중요하다. 신체언어 이외에도 말하는 속도, 목소리 높낮이, 단어의 선택 등을 잘 봐야 한다. 뉘앙스도 중요하다. 그리고 거짓말을 했다고 의심이 가는 사람의 평상시 말할 때 목소리의 높낮이 등을 미리 알고 있어야 한다. 이를 전문 용어로 '베이스 라인base line'이라 한다. 당신이 상대방의 베이스 라인을 알고 있으면 상대방의 행동이 거기서 벗어나면 뭔가 다르다는 느낌을 알아차릴 수 있다. 상대방에게 무슨 일이 생겼다는 신호이기 때문이다. 어쩌면 그 사람이 단순히 긴장해서 그랬을지도 모르고 거짓말을 했을지도 모른다.

잘 들어보라. 목소리가 갑자기 낮아지거나 높아지는 것뿐 아니라 어떤 단어를 사용하는지, 그리고 어떤 상황에서 어떤 단어를 사용하는지도 관심 있게 살펴보라. 당신이 의심하는 사람이 목소리의 음역을 바꾸는가? 음역이 극단적으로 변화하는가? 목소리를 높게 내거나 낮게 내는가? 말하는 속도가 변하는가? 갑자기 헛기침을 자주 하는가? 이 모든 것이 해당 인물의 감정 세계에 변화가 있었다는 신호이다.

한창 놀기 좋아하는 10대 아들이 부모에게 오늘은 무슨 일이 있어도 밤 11시 안에 귀가하겠다고 말할 때 목소리를 잘 들어보라. 위에 소개한 특징들 중 한 가지라도 발견한다면 그 약속이 지켜지지 않을 것이라는 데 한 표 던지겠다. 다른 예를 들어보자. 당신이 지인을 파티에 초대했다. 그런데 그 사람이 파티에 못 올 것 같다고 말한다. 대답하기 직전에 기침을 하고 단어 한두 개를 말하다가 또다시 기침을 한다. "아, 그래. 음…… 기침…… 내가 오늘 몸이 좀 안 좋아서, 음……."

흠…….

이런 신호가 합법성이나 적법성의 문제는 아닌 건 분명하다. 드물겠지만 상대의 말이 진실일 수도 있다. 내 경우 이런 말을 들으면 거짓말일 수 있다는 경고의 종소리로 들린다. 그래서 좀 더 자세히 관찰한다.

신체언어가 보내는 신호로 되돌아가보자. 거짓말을 하는 사람은 대부분 더 자주 웃고 더 자주 손을 댄다. 특히 코나 입에 손을 대는 경우가 많다. 입술을 만지는 것은 자신이 내뱉은 말을 다시 입으로 밀어넣고 싶다는 것이다. 이런 몸짓은 거의 항상 왼손을 쓴다. 거짓말하는 사람이 왼손잡이나 오른손잡이나 상관없이 그렇다. 왜 그런지는 모르겠지만 거짓말할 때 왼손을 쓰는 사람들을 셀 수 없이 많이 보았다.

아무튼 거짓말을 하고 나서 입술에 손을 댄다는 것은 굉장히 긴장했다는 것을 의미한다. 두려움의 표현일 수도 있다. 거짓말 연구의 개척자로 이미 소개한 바 있는 심리학자 폴 에크만 교수는 이렇게 말했다.

"내 말의 진실을 다른 사람이 믿지 않을지도 모른다는 두려움은 거짓말이 발각될까봐 느끼는 두려움과 똑같다."

아이들은 왜 거짓말을 하는 걸까? 캐나다 브록 대학의 심리학자 안젤라 D. 에반스^{Angela D. Evans}와 강 리^{Kang Lee} 교수는 생후 2년이 되는 나이부터 아이들은 진실이 아닌 것을 설명하기 시작한다고 설명한다. 두 교수는 2~4세 아이 65명을 상대로 실험을 했다. 아이들에게 과제를 주었다. 소리가 나는 동물 인형이 아이들 뒤에 있었는데 뒤돌아보지 말라고 했다. 실험 주관자가 다른 쪽으로 몸을 돌리자마자 80퍼센트의 아이들이 뒤돌아봤다. 뒤돌아봤는지를 묻는 질문에 2세 아이들의 1/4이 거짓말을 했고, 4세 아이들의 경우 90퍼센트가 거짓말을 했다. 뒤돌아보지 않았다고 말해놓고도 아이들은 동물 인형이 어떻게 생겼는지 설명할 수 있었다. 이 나이 아이들은 생각이 깊지 않고 뇌가 그다지 성숙하지 않았으므로 거짓말의 수준도 단순하다.

7~8세부터는 아이들이 진실이 아닌 것을 2~4세 아이들과는 다른 차원으로 간주한다. 이것은 인지 능력이 계속 발달했다는 것과 연관 있다. 아이들은 그동안 다른 사람의 처지가 되어 생각할 수 있는 능력이 생긴 것이다. 자신이 거짓말했을 때 사람들이 어떻게 꿰뚫어볼 수 있는지도 생각할 수 있는 나이인 것이다.

아이들은 어른과 동일한 이유로 거짓말을 한다. 거짓말을 통해 벌을 피해보려는 것이다. 나이가 들어가면서 아이들은 다른 사람에게 상처를 주지 않기 위해서 혹은 상대에게 더 공손하게 하기 위해서도 거짓말을 할 수 있다는 것을 배운다. 강 리 교수는 2012년에 동료 빅토리아 탤워Victoria Talwar 교수와 함께 3세 아이들이 선의의 거짓말을 하는지 관찰했다. 아이들은 선물받은 비누가 분명히 마음에 들지 않았음에도 마음에 든다고 말했다고 그들의 논문에서 주장했다. 어린 아이들도 상대가 자신에게 예의 바르고 공손한 모습을 기대한다는 것을 알고 있었던 것이다. 나이가 들어갈수록 아이들이 선의의 거짓말을 하는 횟수는 점점 늘어났다.

그럼 부모는 왜 거짓말을 할까? 어른들은 아이들이 부모를 따라한다는 생각을 자주 하면서도 부모로서 항상 솔직하지는 않다는 것을 잊을 때가 있다. 당신도 이런 말을 잘 알고 있을 것이다. 전형적인 어른들의 말이다.

"그릇에 있는 걸 다 먹지 않으면 내일 해가 뜨지 않을 거야."

"난 스물한 살이 돼서야 맥주를 처음 마셨어."

"난 네 나이 때 그런 생각은 꿈에도 못 했다."

"아이패드가 어디 있는지 내가 어떻게 아니?"

사랑하는 부모들이여, 우리 아이들이 왜 자꾸 반복해서 속이는지는 각자 대답해보기 바란다. 거짓말은 사랑이 가득 담긴 선의의 목적으로만 사용하기 바란다.

감 잡을 수 있는 신호

"크리스마스 시장에서 사온 쉬히트누가Schitnougat, 한 층씩 색이 다르게 만든 두꺼운 초콜릿 어디 있지?" 해마다 강림절크리스마스가 되기 전 네 번의 주일을 포함해서 지켜지는 절기-옮긴이 즈음에 이 질문을 던진다. 어느새 우리 집 연례행사가 되었다. 가족 중 한 사람이 내가 안 보이는 곳에서 먹어치우면 내가 범인을 찾는다.

이렇게 놀이로 재미 삼아 하는 것 말고, 누군가 정말 심각한 것을 다 먹어치워서 양심의 가책을 받으면 그 사람은 정서적·감정적 스트레스를 받을 것이다. 이 스트레스는 몸에 긴장감으로 나타난다.

영국의 행동연구가 데스몬드 모리스Desmond Morris는 《맨워칭, 인간 행동을 관찰하다man watching》에서 간호사들이 환자에게 거짓말을 하는 능력을 실험해봤다. 실험에 참가한 모든 간호사들은 거짓말을 할 때 특정한 신호를 보냈다. 이들이 진실을 말할 때는 보내지 않는 신호였다.

- 손의 움직임이 많다.
- 얼굴에 손을 대는 횟수가 많다. 빌 클린턴이 모니카 르윈스키와 섹스를 했냐는 질문을 받았을 때 그가 코를 26회나 만졌다. 일명 '피노키오 효과'라고 한다. 미국의 정신과 의사인 앨런 허슈^{Alan} Hirsch와 찰스 울프^{Charles Wolf}는 이것을 학문적으로 검증했다. 우리의 몸이 거짓말을 할 때 혈압이 상승하고 콧속 조직이 팽창하는 호르몬이 분비되어 코끝 조직이 간지러워져 코를 만지게 된다는 사실을 학문적으로 밝힌 것이다. 아이들의 경우도 동일하다.

- 의자에서 가만 있지 않고 계속 꿈틀거린다.
- 어깨를 으쓱하는 행위를 자주 한다.

영국의 심리학자 리처드 와이즈먼^{Richard Wiseman} 교수는 대학에서 심리학을 공부하기 전에 전문 마술가로 활동했던 경험이 있다. 그는 사람들이 거짓말을 할 때 단어를 더 적게 사용한다는 연구 결과를 발표했다. 그 이유는 거짓말을 꾸며대려면 매 상황마다 기억을 되살려야 하기 때문이라는 것이다. 반면 진실을 말할 때는 훨씬 더 자세하게 표현한다는 것이다.

또 한 가지, 거짓말을 할 때 상대방의 눈을 똑바로 못 보고 피한다는 말은 사실과 다르다. 사실은 완전히 반대다! 뭔가를 깊이 생각하고 생각을 단어로 형상화시키면 눈을 이리저리 움직인다. 어떤 사람이 거짓말을 하면 이 사람은 이미 그전에 자신이 무슨 말을 할지 생각했을 것이고, 그리고 정보를 찾는 데 더 이상 눈이 도움을 줄 필요가 없다. 실제로 거짓말을 할 때 상대방의 눈을 똑바로 쳐다보는 건 아주 쉽다.

당신도 직접 테스트해볼 수 있다. 배우자의 눈을 똑바로 보면서 이렇게 얘기해보라.

"에펠탑은 런던에 있어."

"당신 친척들이 우리 집에 오신다니 정말 기뻐."

"이게 바로 내가 전부터 계속 바라던 거야."

이런 말 하는 게 별로 어렵지 않다는 걸 당신도 직접 느낄 것이다.

아이들과 일상생활을 할 때 부모는 아이들이 보내는 신호를 잘 파악해야 한다. 그뿐 아니라 부모가 아이들에게 보내는 신호 역시 중요하다. 아이들은 어른보다 상처받기 쉽다. 아이들은 어른들의 보호를 받아야지 협박을 받으면 안 된다. 그러므로 가정 내에서 거짓말이 생기는 상황이 발생했을 때 경찰이 심문하듯 해서는 안 된다.

얼마 전 내 아이패드 화면에 흠집이 꽤 크게 나 있는 걸 봤다. 아무리 생각해도 내가 그렇게 한 건 아니었고, 아내는 자기 아이패드가 있으니 아이들의 소행이 분명했다. 그런데 어떤 아이가 그랬을까? 난 세 아이를 모두 불렀다. 흠집 난 아이패드를 보여주면서 누가 마지막으로 사용했는지 물었다. 아이들이 어떤 말을 했는지는 내가 옮길 필요가 없다. 아무도 대답하지 않았다. 내 그럴 줄 알았다!

자, 난 다른 방법을 생각해냈다. 거짓말을 한 아이를 찾아내야 한다. 누가 거짓말을 하지 않았는지를 찾는 방법도 효과는 똑같다. 셜록 홈스도 이런 식으로 일했고, 난 이 방법을 아이패드에 흠집을 낸 범인을 찾는 데 이용하기로 했다.

세 아이가 한 줄로 서 있다. 좋다. 세 명 중 두 명은 진실을 말할 것이고, 한 명은 거짓을 말하겠지. 난 아이들 각자에게 똑같은 질문을 했다. "네가 아빠 아이패드에 흠집을 냈니?" 이때 난 내가 질문을 하는 아이 말고 나머지 두 아이의 반응과 신체언어에 집중했다. 눈에 띄지 않게 나는 그들의 관심을 유발하는 신호를 관찰했다. 거짓말을 하는 아이는 다른 아이들이 뭐라고 대답할지 관심이 없을 테니 말이다. 거짓말을 하는 아이는 이미 진실을 알고 있지 않은가. 그러니 그 아이는 다른 아이에게 관심을 보이는 대신 자신의 거짓말이 드러날까 노심초사하고 압박감을 느낄 것이다. 그런데 진실을 말하는 두 아이는 압박감을 보이지 않을 테고, 오히려 다른 형제자매 중 누가 그랬을지 호기심을 보인다. 이 아이들은 거짓말을 한 당사자가 어떤 반응을 보일지 알고 싶어 하는 것이다.

아이들을 관찰한 결과는 이렇다. 두 아이는 굉장한 관심을 보여서 고개를 돌려 나머지 아이들이 어떻게 대답하는지를 유심히 살폈다. 한 아이는 그렇게 하지 않았다. 빙고!

난 범인에게 그다지 화를 내지는 않았다. 우리는 다같이 아이패드 화면을 닦고 광을 냈다. 흠집은 희미해 보였다. 밖에서 아이패드를 꺼내 사용할 때마다 아이들 생각이 나서 미소가 나온다.

전 세계에서 통용되는
공손한 환영 인사는 어떤 자세인가요?

당신의 몸에 트릭을 쓰는 방법 11가지

1. "네? 뭐라고 하셨죠?"

파티에서 당신 앞에 있는 사람이 뭐라고 얘기를 하는데 소리가 잘 들리지 않는다? 그러면 그 사람이 말할 때 당신의 오른쪽 귀를 가까이 가져가보라! 오른쪽 귀는 빠르고 작은 소리를 왼쪽 귀보다 더 잘 듣는다고 캘리포니아 대학의 연구진이 발표했다. 당신이 어디에선가 노래를 들었는데 노래 제목이 생각나지 않는가? 주변이 어수선해서 음악에 집중할 수 없는가? 그러면 왼쪽 귀를 가까이대고 들어보라. 음악이 훨씬 더 잘 들릴 것이다.

우리의 양쪽 귀는 서로 다른 분야의 소리를 받아들인다. 샘 휴스턴 주립대학 연구진이 밝혀낸 사실이다. 연구 결과를 보면 인간은 정서가 풍부한 소리를 왼쪽 귀로 들었을 때 70퍼센트 더 잘 알아들은 반면, 오른쪽 귀로는 58퍼센트밖에 알아듣지 못했다. 그 이유는 우뇌와 좌뇌가 하는 일이 다르기 때문이다. 우뇌는 신체의 왼쪽을, 좌뇌는 신체의 오른쪽을 지배한다. 감정, 정서, 환상, 창의성 등은 우뇌에 위치하고 있다. 그래서 음악이나 감정 전달 등을 잘 받아들인다. 이런 것들이 왼쪽 귀를 통해 직접 우뇌로 들어간다.

이에 반해 좌뇌는 이성적 사고, 다시 말해 셈이나 정보, 사실 등을 빨리 습득한다. 그러니 당신이 혹시 배우자에게 10유로를 빌릴 계획이라면 배우자 오른쪽 귀에 대고 말하는 게 좋다.

2. 꽉 막힌 도로…화장실은 얼마나 남은 거야?

당신도 이런 경험이 있으리라. 가족과 차를 타고 가는 중에 동승자 중 한 사람이 볼일이 급하다고 한다. 그런데 안타깝게도 교통체증이 심해서 차가 꼼짝을 못하고 아무리 가도 휴게소 표지판은 보이지 않는다. 이런 난감한 상태에서 할 수 있는 유용한 팁을 한 가지 가르쳐주겠다. 단, 성인에게만 해당된다. 답은 섹스다! 차 안에서 무슨 섹스냐고? 좀 더 정확히 말하면 섹스에 대한 생각을 하라는 것이다. 미국 텍사스 휴스턴 베일러 의과대학 래리 립슐츠^{Larry Lipshultz} 박사는 실험을 통해 이 사실을 증명했다. 멋진 섹스를 생각하면 불쾌한 압박을 의식 속에서 멀리 밀어버릴 수 있다는 것이다. 우리 뇌 안에서 화장실에 가고 싶다는 생각을 하는 곳과 섹스 생각을 하는 곳은 다르다. 섹스를 떠올리는 생각의 힘이 화장실 생각을 밀어내는 최고의 능력을 발휘하는 것이다. 그렇다 하더라도 자동차 안에서는 항상 도로를 조심하라. 지금 차 안에 아이들 없이 둘만 타고 있기를 바란다. 아이들이 있다면 아이들에게는 맛있는 음식을 생각하라고 말하

라. 꽤나 유용할 것이다.

3. 고통 줄이기

주사에 대한 공포가 있는가? 그렇다면 다음 번 주사를 맞을 때는 기침을 해보라. 기침이 주사 맞을 때 고통을 완화시킨다. 기침으로 인해 흉곽의 압력이 올라가고 그 과정을 통해 척수 통증 감지 한계점 레벨이 일시적으로 올라간다. 그라이프스 대학의 타라스 우시첸코 Taras usichenko 교수는 "척수액에는 신경절(節)이 떠다니고 있기 때문에 척수에 주사를 찌르는 장소의 통증 유발 물질이 뇌로 가는 것을 억제한다"라고 말한다.

4. 코로 숨 좀 쉬자

코가 꽉 막혀 있을 때 혀로 입천장을 계속 눌러주면서 손가락으로 눈썹 사이를 눌러주면 도움이 된다.

이렇게 하면 서골(鋤骨)이란 코뼈가 앞뒤로 흔들리게 된다고 미국 미시건 주립대학교 의과 대학의 정형외과 교수 리사 드스테파노 Lisa de Stefano 박사는 말한다. 이런 행동이 코의 압력을 완화해주므로 약 20초 후에는 코가 뚫릴 것이다. 서골이란 단어가 무슨 뜻인지 몰라서 나도 인터넷 검색을 해봤다. 서골이란 비중격 뒤 아래쪽을 차지하는 얇은 콧속 뼈로 가래 모양을 하고 있어서 이런 이름이 붙었다고 한다.

5. 속쓰림을 막으려면 왼쪽으로 누워라

왼쪽으로 누워서 자는 사람들은 속쓰림을 덜 느낀다. 왼쪽으로 누워서 자는 환자들은 위산 역류로 고생할 확률이 더 낮다. 식도와 위는 같은 각도로 연결되어 있다. 오른쪽으로 누워서 자면 위가 식도보다 높이 위치한다. 그래서 위산이 쉽게 목으로 넘어온다.

당신이 속쓰림으로 고생하고 있다면 왼쪽으로 자는 게 답이다. 왼쪽으로 누워서 자면 식도가 위보다 높이 있게 되니 속이 편해질 것이다. 중력이 고마울 따름이다. 중력에 따라 무엇이든지 밑으로 내려가니 말이다.

6. 술을 마시고 나서 어지럼을 없애고 싶다?

술을 마시다 마지막 잔에 너무 많은 양을 급하게 들이켰는가? 그렇다면 손을 딱딱한 책상 위

에 놓는다. 전정기관은 우리 몸의 균형감각을 유지하는 일을 하는데, 반고리관, 난형낭, 구형낭, 말초 전정신경 등으로 구성되어 있다. 귀의 제일 안쪽에 위치해 있는 반고리관의 구성요소인 팽대정^{cupula}은 우리 몸의 혈액과 같은 밀도로, 아교질 형태로 되어 있다. 우리가 술을 마시면 팽대정이 있는 림프액이 묽어지고, 팽대정은 파도에 흔들리는 배처럼 계속 흔들린다. 그래서 현기증이 일어나는 것이다. 이때 한 손만이라도 책상에 대면, 단단한 물체에 닿는 감각이 뇌에 입력되어 뇌는 재정비되고 균형 감각이 되살아나게 된다. 이때 균형 감각이 어느 정도 좋아진다는 말이지 완전히 되살아난다는 말은 아니다.

7. 옆구리 통증을 줄이는 방법

대부분의 사람들은 걸을 때 오른발이 바닥에 닿는 순간 숨을 내쉰다. 그렇게 되면 간의 압력이 높아진다. 간은 몸의 오른쪽에 위치하고 있어서 간의 압력이 높아지면 횡경막에 자극이 간다. 그래서 걸을 때 옆구리통증이 생기는 것이다.

왼발이 닿을 때 숨을 내쉬면 이런 순환계가 깨져버려 통증이 줄 것이다. 옆구리 통증의 원인이 무엇인지는 아직까지 완전히 밝혀지지는 않았다. 횡경막에 산소가 부족해 통증이 생긴다고 알려져 있다.

8. 뇌가 얼어붙었어?

아이가 아이스크림을 너무 빨리 먹고 나서 머리가 아프다고 징징대는가? 관자놀이 부분이 너무 아프다고? 이렇게 뇌가 얼어붙을 것 같은 두통에 빠른 효과를 볼 수 있는 방법이 있다. 혀를 입천장에 바짝 붙이고 혀에 힘을 주어 입천장을 꽉 누른다. 입천장의 신경이 빠른 시간 동안 극도로 차가워져 있기 때문에 신경세포들이 뇌에 신호를 보내 뇌까지 얼고 있다고 생각하게 되는 것이다. 입천장을 누르면 이와 반대의 신호를 보내게 된다. 참고로 입천장을 세게 누르면 누를수록 효과가 더 좋다.

9. 손이 저릴 때

손이 저려 불쾌한가? 머리를 좌우로 흔들어라! 그렇게 하면 1분도 안 돼 찌릿한 느낌이 사라질 것이다. 손이 저리는 원인은 목 뒤 근육이 긴장되어 있어 그렇다. 머리를 이쪽저쪽으로 부드럽게 움직여주면 목 근육의 긴장이 이완되고 손 저림도 사라진다.

10. 힘자랑 한번 해볼까?

상대방에게 팔을 옆으로 쫙 뻗고 손바닥을 아래쪽으로 향하게 하라고 말한 다음 손가락 두 개로 상대방의 손목을 살짝 눌러본다. 상대방은 당신이 누르는 힘을 견뎌내 끄떡없을 것이다. 이제 바닥을 1.5센티미터 정도 높게 만든 뒤 상대방에게 한 발만 올려놓으라고 한다. 1.5센티미터 정도의 책을 올려놓으면 된다. 그런 다음 아까 했던 동작을 반복한다.

이번에는 상대방의 팔이 곧바로 아래로 내려갈 것이다. 왜 그럴까? 상대방의 발 높이가 높아져 둔부 높이가 불균형해진 상태에서 당신이 힘을 가하면 상대방의 뇌는 '척추가 위험해!'라는 신호를 받는다. 그래서 몸에서 저항하는 능력이 곧바로 약해지는 것이다.

11. 물속에서 더 오래 버티는 방법

수영장에서 이 책을 읽으며 휴가를 보내고 있는데, 아이들에게 깜짝 놀랄 만한 것을 보여주고 싶다는 생각이 드는가? 그렇다면 이 책을 옆에 놓고 수영장 물속으로 뛰어들어라. 이때 짧고 강하게 숨을 들이마시고 내뱉는 동작을 반복해보라. 그런 다음 잠수를 해보라.

물속에 있을 때 호흡이 힘들어 밖으로 나오고 싶은 건 혈액 속에 있는 이산화탄소가 증가하기 때문이다. 이렇게 되면 혈액이 산화되어 뇌에서는 뭔가 이상하다는 신호를 보낸다. 물속에 들어가기 전에 호흡을 짧게 항진해주면 혈액이 산성화되는 것을 방지한다. 이런 방법으로 뇌를 속이는 것이다. 당신 뇌는 산소가 더 있나 보다라고 깜빡 속을 것이다. 10초 정도를 더 벌 수 있으니 이 정도 트릭은 쓸 만하다. 이 방법으로 당신은 수영장에서 스타가 될 수도 있다. 적어도 아이들 앞에서는 스타가 될 것이다(물속에 들어가기 전 잊지 말아야 할 것은 책을 꼭 덮어놓으라는 것이다. 그렇지 않으면 수영장에 있는 사람들이 전부 당신이 좀 전에 책을 읽고 이 방법을 썼다는 것을 알아차릴 테니 말이다).

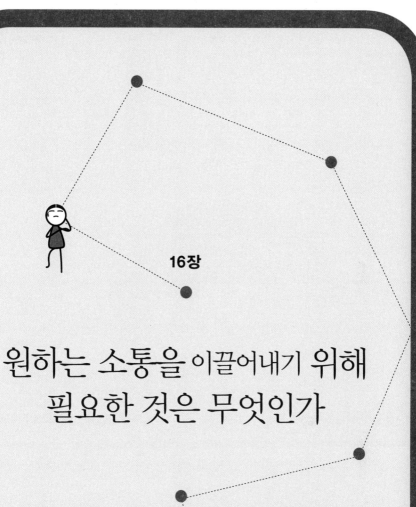

16장

원하는 소통을 이끌어내기 위해
필요한 것은 무엇인가

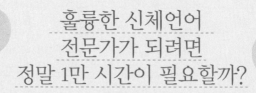

훌륭한 신체언어
전문가가 되려면
정말 1만 시간이 필요할까?

라이문트 그레고리의 삶에서,
그날 이후에도
셀 수 없이 많은
새로운 날들이 시작되었다.

_ 파스칼 메르시에, 〈리스본행 야간열차〉

내 책이 포르투갈어로 번역된 기념 행사를 위해 2013년 여름 리스본에서 며칠 묵었던 적이 있었다. 신체언어 전문가로서 내 능력을 보여줄 수 있겠느냐며, 출판사에서 내게 추가로 제의를 해왔다

물론 그렇게 하겠다고 대답한 뒤, 어떤 형식인지 물었다. TV 토크쇼에 포르투갈의 저명한 정치인 인터뷰가 있는데, 그 방송을 보면서 내가 그 정치인의 표정과 행동을 읽고 해석해주었으면 좋겠다는 답변이 돌아왔다. 그 정치인은 누노 멜로라는 국회의원으로 포르투갈 사회민주당 소속이고 유럽의회 소속 의원이라 했다.

"어떻게 하는 건지 파악하셨나요?"

난 그 정치인을 모르고 그가 속한 정당이 어떤 성향인지도 몰랐지만, 충분히 상상할 수 있었다. 사람을 아느냐 모르냐가 문제가 아니고 신체언어를 읽는 내 기술과 능력에 대한 문제다. 이럴 때야말로 내 직업에 특히 더 애착이 가는 순간이다. 사람들이 전 세계 곳곳에서 내가 쓴 책과 내 능력에 관심을 가진다는 사실은 감동 그 자체이고 겸허한 마음을 갖게 만든다.

"그 정치인도 동의했나요?"

난 마지막으로 그 사람이 승낙했는지 궁금했다. 그렇다고 했다. 그 사람도 반대할 이유가 전혀 없으며, 나를 좀 더 알고 싶고 나를 믿고 이 실험에 기꺼이 동참하겠노라고 했단다. 굉장히 기분 좋은 말이었다. 내 인생 처음으로 진정한 신체언어 번역자로 일할 현장이 아닐까 싶었다. 왜냐면 난 포르투갈어를 단 한마디도 못하니 인터뷰 내용에 대해 아무것도 판단할 수 없을 테니 말이다. 이번 일은 순수하게 비언어적 신호를 관찰하는 것 말고는 달리 방도가 없다. 신체언어 전문가로 실력을 판가름할 이보다 좋은 기회는 없었다. 최고의 기회였다. 대학에서 수년 동안 외국어를 공부하고, 미국과 독일에서 컨퍼런스 통역으로 일하고, 그리고 15년 후에 전혀 알지 못하는 언어를 쓰는 현장에 투입되다니. 이런 기회가 내게도 올 수 있다는 게 신기했다.

리스본 공항에 도착하니 출판사 직원인 마르가리다가 다정한 미소로 맞이해주었다. 호텔에 체크인할 시간도 없어 곧바로 방송국 스튜디오로 갔다. 내 능력을 증명해야 할 장소였다. 가는 길에 마르가리다가 설명을 해주었다. 토크쇼 진행자가 누노 멜로 의원을 인터뷰할 것이고, 두 남자의 대담 장면을 내가 지켜보면 되는 것이라고. 이때 내가 맡은 과제는 누노 멜로 의원이 거짓말을 하는지 안 하는지 찾아내고 그의 신체언어를 읽는 것이라 했다.

스튜디오는 포르투갈의 수도 리스본에서 조금 떨어진 외곽에 있었고 내가 스튜디오에 도착했을 땐 촬영, 음향 등 모든 제작진이 대기하고 있었다. 멜로 의원은 스튜디오 의자에 앉아 제작진과 마이크 테스트 중이었다. 굉장히 호감이 가는 인상에 생각보다 젊은 사람이라 놀랐다. 그는 들뜨거나 과장되지 않고 차분해보였고 인터뷰를 기대하는 표정이었다. 나중에 들은 바로는, 이 방송이 멜로 의원에게는 굉장히 중요한 것이었다고 했다. 독일의 가장 유명한 토크쇼 진행자 귄터 야우흐나 잔드라 마이쉬베르거에 비할 만큼, 포르투갈에서 가장 권위 있는 토크쇼이고, 다음 선거에 영향을 미칠 수 있어서 그에게 아주 의미 있는 방송이라 했다. 멜로 의원은 그래도 긴장된 모습을 전혀 보이지 않았다. 그는 태연하게 사탕을 하나 꺼내 들고 여유 있게 사탕을 입에 넣었다.

멜로 의원의 옷은 완벽했다. 주름이 잘 잡힌 크림색 바지, 흰색 셔츠, 튀지 않는 넥타이, 금색 단추가 달린 푸른색 재킷을 입고 있었다. 신발은 아주 고급스러워 보였지만 좀 낡았다. 신발만 보면 이런 사람은 지극히 편안하고 부담 없는 상태를 원한다는 걸 알 수 있다. 자신이 편하고 싶어서, 아니면 이런 중요한 상황에서 부담을 갖지 않기 위함일 수도 있다. 머리는 손질에 신경을 꽤 쓴 것 같은데, 그러면서도 정치인이란 직업을 가진 사람치고는 좀 심하다 싶을 정도로 고불고불했다. 외모만 봐도 어떤 사람인지 알 것 같았다. 옷도 분위기에 맞게 잘 입고 외모에도 신경을 쓰고, 클래식하고 품격 있는 차림을 중요시하는 사람이다. 또 한편으로는 고불고불한 머리, 악수하는 모습, 사탕을 무는 모습 등을 보면 그의 행동에서 뭐랄까 좀 신선하고 젊은 사람 같은 느낌도 섞여 있었다. 전혀 긴장을 안 하고 아주 편안한 상태로 보였다. 관계자들 말로는, 멜로 의원이 휴가 중인데도 촬영을 위해 리스본에 왔다고 했다. 휴가를 보내다 와서 그렇게 태연하고 편안하게 보였을지도 모른다.

일단 그의 옷차림을 보는 그 순간 난 기분이 좋았다. 나도 그날 딱 맞게 재단한 회색 더블재킷에 회색 넥타이 차림이었다. 옷차림으로 봐선 우린 같은 선상에 있었다. 그 사람은 정치 분야의 전문가이고, 나는 표정과 몸짓 전문가로 이 방송을 지켜보기 위해 특별히 독일에서 리스본까지 비행기로 날아왔다. 순간석으로 난 미국 드라마 〈라이 투 미〉의 주인공이 된 기분이었다. 그 드라마는 폴 에크만의 학문적 견해를 바탕으로 거짓말을 하는 사람을 찾아내고 진실을 밝히는 프로그램이다.

지금까지 아무에게도 얘기하지 않은 게 있다. 난 이런 종류의 프로젝트를 단 한 번도 해본 적이 없었다. 내가 과연 해낼 수 있을지 확신도 없었다. 지금까지 내가 무대에 오른 쇼는 아주 세세한 부분까지도 내가 직접 프로그램을 짰고 지시했다. 내 쇼의 출연자가 어디로 가야 하는지, 내가 언제 질문하는지, 어떤 걸 질문하는지, 내가 누구를 선택하는지 등 우연히 이루어지는 건 아무것도 없었다. 내 무대에서만큼은 항상 내가 모든 것을 주관하고 통제했다. 강연 준비도 마찬가지로 철저히 준비했다. 게다가 내 모국어는 독일어이고 내 쇼를 관람하는 관객도 독일어를 쓰는 사람들이다. 그러니 신체언어는 상대적으로 쉬웠다. 그런데 여기 리스본의 스튜디오는 내가 지시하거나 결정할 수 있는 건 아무것도 없었다. 게다가 내가 포르투갈어를 한마디도 이해할 수 없어서 인터뷰 내용은 전혀 알 수 없다. 여기서 할 수 있는 유일한 건 비언어적 신호에 대한 내 지식을 믿고 따르는 것밖에 없었다.

이 모든 사실을 분명하게 깨닫자 갑자기 불안해졌다. 난 소리 내지 않고 자문해봤다. 대체 내가 왜 이런 일에 끼어들어야 하지? 만일 실패로 돌아가면 어쩌지? 이 프로젝트가 실패하면, 방송국에서 내 쇼를 직접 본 관람객뿐 아니라 수많은 TV 시청자 앞에서 망신을 당할 게 분명했다. 난 마음을 잡고 마지막으로 내 스스로에게 답을 주었다. 지금 여기서 내가 해야 할 일이 번지점프, 헬기스키, 심해 잠수 같은 게 아니다. 지금 내게 주어진 일은 리스본 스튜디오에서 신체언어를 읽는 것이고 난 분명 잘해낼 것이다.

방송 제작진은 내게 아이패드를 건넸다. 인터뷰를 보다가 눈에 띄는 것이 있으면 아이패드에 적힌 시간을 메모하라고 준 것이다. 그러면 나중에 내가 적어놓은 시간에 해당하는 장면을 멈추고 메모와 몸짓을 비교해볼 수 있을 테니 말이다. "좋습니다." 내가 말했다. 약간 긴장되었다. 마르가리다가 내게 다정한 미소를 보내며 다 잘될 거라고 말했다.

인터뷰는 테이블을 사이에 두고 진행되었다. 토크쇼 진행자는 30대 중반의 편안한 인상을 가진 남자로 청바지에 셔츠와 넥타이 차림이었다. 진행자와 정치인은 테이블을 사이에 두고 마주 보고 앉았다. 전형적인 대담 모습이다. 테이블 뒤에 나란히, 아니면 테이블 없이 앉는 방법도 있었을 텐데, 두 사람은 마주 보고 대질하듯 앉아 있는 자세를 취했다. 수단과 방법을 가리지 않고 싸울 기세가 되어 있음을 암시하는 것 같았다.

토크쇼가 시작되었다. 진행자가 첫 질문을 던지고 정치인이 답했다. 진행자는 똑바른 자세로 정치인을 향하고 있었고 열린 자세였다. 얼굴 표정은 다소 사무적이었다. 미소는 없었지만 그렇다고 불친절한 자세도 아니었다. 시선도 중립적이었고 입꼬리는 위아래 어디로도 치우치지 않았다. 진행자는 그 자세로 계속 말을 했다.

진행자 앞에 앉아 있는 멜로 의원은 두 팔을 테이블에 기대고 손이 보이는 자세였다. 다리는 벌리고 있었고 두 발은 진행자를 향해 있었다. 아주 좋다. 교과서 같은 자세다. 첫 질문이 끝난 뒤에도 멜로 의원의 자세는 바뀌지 않았다. 계속 편안하고 자유로운 자세로 있었다.

두 번째 질문에서 진행자는 멜로 의원과 똑같은 자세로 앉아 있었다. 그는 멜로 의원과 완벽하게 똑같은 자세였다. 의식적으로 그랬다면 체스에서 기막힌 말을 둔 것과 다름없다. 상대와 같은 자세를 하면서 대답하는 사람에게 신뢰를 주고 나중에 더 나아가 몇 가지 개인적인 답변을 얻을 수 있다고 계산된 행동일 수도 있었다.

5분 정도 지났을까, 갑자기 멜로 의원이 자세가 바뀌었다. 몸을 뒤로 빼고 의자에 기대 상대방과 거리를 두었다. 그는 눈으로 대답을 찾았고 두 손을 깍지 꼈다. 검지와 엄지를 뻗더니 손으로 권총 모양을 만들었다. 뭔가 맞지 않는 상황이다. 그는 이제 진행자와 완전히 대립 상황으로 보였다. 내가 말을 한마디도 이해할 수 없어서 두 사람이 무슨 내용의 대화를 나누는지는 모르겠지만, 그래도 이 정치인이 뭔가 동의하지 않고 완전히 반대하는 의견이란 확신이 들었다. 거부하는 몸짓은 상대 인물에 대한 것 같지는 않았다. 그의 발은 여전히 긴장하지 않고 상대를 향하고 있었으니 말이다. 내용에 대한 반대의견임이 분명했다. 두 사람이 혹시 어떤 정치인 얘기로 논쟁을 하고 있는 건 아닌지? 정치인과 다른 당 소속의 정치인? 그냥 내 생각이었지만 메모를 했다. '5분 34초 권총. 대화 내용에 화가 남. 상대 의견에 반박, 야당.'

계속 다음 장면을 보아야 했기에 난 짤막한 메모만 했다. 방송이 끝나고 내 수첩에는 메모로 가득했고 머릿속은 텅 빈 느낌이었다. 멜로 의원은 공손하게 우리 모두에게 작별인사를 하고 다시 휴가 장소로 떠났다. 나는 그곳에 한동안 진행자와 PD와 같이 앉아서 내 메모 내용을 보여주었다. 두 사람의 반응은 기가 막힌다는 표정이었다. 내가 추측했던 것이 전부 다 맞았기 때문이다. 하나도 빠짐없이 다 맞혔다고 했다. 두 사람은, 내가 자신들보다 인터뷰 내용을 더 잘 이해하고 있는 것 같다고 말했다. 포르투갈어를 단 한마디도 모르는데 말이다. 물론 두 사람의 말은 좀 과장되었겠지만 그래도 나는 그들의 칭찬이 싫지는 않았다.

저녁에 호텔 방에 돌아와 발코니에 앉아 멋진 야경을 감상했다. 호텔 바로 앞이 바다였다. 하늘에는 보름달이 떠 있었다. 상쾌한 바람이 느껴졌다. 어찌 보면 유치했지만 난 감상에 빠졌다. 호텔 냉장고에서 시원한 맥주를 가져와 한 모금 들이켰다. 지금까지와는 뭔가 다른 기분이 들었다. 오늘 경험한 인터뷰는 색다른 것이었다.

난 오늘 모든 것을 다 맞힌 그런 특별한 순간을 경험했다. 그리고 갑자기 분명하게 깨달았다. 지금까지와는 다른 것이 무엇인지 알았다. 난 내 1만 시간을 다 끝냈던 것이다.

1만 시간 이야기

영국의 저널리스트이자 기업 컨설턴트인 말콤 글래드웰은 영향력 있는 책을 썼다. 심리학, 사회학, 그리고 평범한 일상생활까지도 그의 테마가 되었다. 저자의 생각과 관찰까지 더해 놀라운 이야기가 결과물로 탄생되었다. 나 또한 그의 책에서 지금까지 굉장히 많은 것을 배웠다. 그의 책 《아웃라이어》의 '어떤 사람들은 성공하고 다른 사람들은 그렇지 않은 이유'라는 주제에 반했다. 글래드웰은 성공하기 위해 어떤 것들을 이루어야 하는지를 연구했다. 성공에 관해서 어떤 이들은 재능이 전부라고, 또 어떤 이들은(여기에는 글래드웰뿐 아

니라 나도 포함된다) 타고난 재능에 노력과 끈기가 가장 중요한 전제조
건이라고 한다.

《아웃라이어》에는 그의 견해를 뒷받침해주는 베를린 예술 대학의
연구 결과가 소개된다. 이 실험에는 심리학자 K. 안데르스 에릭슨Anders
Ericson, 랄프 크람페Ralf Krampe, 클레멘스 테쉬뢰머Clemens Tesch-Römer가
1990년대 초반 다수의 바이올리니스트를 세 그룹으로 나누었다. 첫
번째 그룹은 일명 스타 바이올리니스트로, 재능이 뛰어나고 세계 최
고 수준의 솔리스트다. 두 번째 그룹은 연주를 '잘하는' 바이올리니
스트라고 평가받은 연주자들이고, 세 번째 그룹은 바이올리니스트
라는 이름을 붙일 수 있을 정도로 연주를 웬만큼 하지만 콘서트 무
대에서 생활비를 벌 정도는 안 되고 학교에서 음악교사로 근무하는
그런 부류다. 실험에 참가한 사람들 모두에게 동일한 질문이 주어졌
다. "처음 바이올린을 손에 쥔 때는 몇 살이었나? 총 몇 시간을 연습
했는가?"

세 그룹 바이올리니스트 모두 5세에 바이올린을 처음 시작했다.
처음 시작할 때는 동일하게 연습을 많이 했다. 일주일에 두세 시간
씩 연습했다. 8세가 되면서 연습 시간에 차이를 보였다. '스타' 바이
올리니스트 그룹에 속하는 이들은 다른 그룹 사람들보다 훨씬 더 집
중적으로 연습했다. 9세에는 약 6시간을, 12세에는 8시간을, 14세에
는 일주일에 약 16시간을 연습에 할애했다. 이런 추세는 20세가 될
때까지 계속되어 일주일에 30시간 이상을 연습했다. 이들에겐 전문
적인 음악가가 되겠다는 분명한 목표가 눈앞에 있었다. 이들이 20세

가 되었을 때는 어느새 1만 시간 이상의 연습 시간이 채워진 셈이다. 연주를 '잘하는' 그룹은 연습시간이 대략 8,000시간이었고 세 번째 그룹은 4,000시간 정도였다.

이 연구를 담당했던 학자들은 그 이상의 것을 알아보기 위해 이런 사례를 아마추어와 프로 피아니스트에게도 적용해보았다. 결과는 분명했다. 아마추어 연주자들은 일주일에 세 번 이상 연습하지 않았고, 20세가 되었을 때 연습시간은 2,000시간이었다. 반면 프로 연주자들은 1만 시간을 채웠다.

에릭슨과 연구 팀 동료들은 타고난 재능에 대해서는 단 한 번도 언급하지 않았다. 세계 최고에 속하는 음악가들 중 1만 시간 미만 연습한 사람은 단 한 사람도 없었다. 이 말은 음악가들의 수준 차이가 재능에 의해 결정된다기보다는 연습 시간을 통해 결정된다는 것이다.

1만 시간이란 마법의 수다. 글래드웰은 책에서 "어떤 분야에서든 그것을 정복하려면 우리 뇌가 석응하는 데 필요한 시간인 1만 시간은 돼야 한다"는 미국 신경과학자 대니얼 레비틴^{Daniel Levitin}의 말을 인용했다.

글래드웰은, 다른 사람들보다 더 많은 연습 시간을 투자해서 그 분야에 전문가가 된 사람들은(바이올리니스트에만 적용되는 게 아니다) 약 1만 시간을 연습했고, 그러다 보니 그 분야에서 세계적인 수준의 경지에 오르게 되었다는 사실을 알아냈다. 그는 이렇게 말했다. "우리 모두 약 1만 시간을 한 분야에 몰두하면 그 분야에서 뛰어난 경지에 이르게 된다. 재능이 있다면 좋지만 노력에 비해 중요한 역할을 차지하지는 않는다. 물론 재능이 있다면 좀 더 쉽게 얻을 수 있을지는 모르지만 재능 이외에 노력이 추가되어야지 재능만으로는 할 수 없다."

1만 시간을 투자한 사람들은 부지런히 재능을 갈고닦은 사람들이다. 재능 없이 노력하는 것이 재능만 있고 노력을 안 하는 것보다 더 중요하다. 노력이 재능을 이긴다. 이 두 가지가 함께 적용되면 상상을 초월하는 최고가 된다.

이런 생각들이 리스본 호텔 발코니에서 내 머릿속을 스쳐갔다. 난 수첩을 펼쳐 계산해보았다.

나는 일찌감치 마술 세계에 입문했다. 내게 마술가란 신체언어를 완벽하게 정복하는 사람이란 의미 이상의 것은 없다. 어려서부터 난 수많은 시간 동안 연습을 했다. 성당 양로원에서, 천막 무대에서 공연 홀까지, 작은 무대부터 큰 무대까지 모두 올랐다. 영국, 일본, 오스트리아, 스위스, 프랑스, 미국, 포르투갈에서 공연을 했다. 그리고 이제 나의 1만 시간이 된 것이다.

"그럼 나도 신체언어를 읽으려면 1만 시간이 필요한가?" 당신은 이렇게 물어볼지도 모른다.

1만 시간이란 1년, 7주, 1일, 16시간이다. 이미 아이 때부터 우리는 1만 시간 이상 다른 사람들과 이야기를 했고, 1만 시간 이상 다른 사람의 행동을 관찰했고, 다른 사람이 자기 몸으로 어떤 행동을 하는지 우리에게 어떤 신호를 보내는지도 보았다. 상대의 몸짓 관찰하기에

대해서 이미 우린 전문가다! 당신은 이제 아주 작은
한 걸음만 더 내디디고 이런 관찰을 분류하면 된다.
이 책을 읽고 있다는 사실만으로도 당신은 이미 굉장한 관심이 있다
는 걸 뜻한다.

당신도 행동 읽기의 마이스터가 된다

《마술의 경험》은 마술 기술에 대한 최고의 책 중 하나다. 미국 마술
사 유진 버거Eugene Burger가 쓴 책으로, 그의 마술 기술에 대한 생각은
굉장히 인상적이었고 감동적이었다. 책에는 이런 이야기가 나온다.

어떤 사람이 화가의 아틀리에를 방문했다. 작업실 안에는 수많은
그림들이 걸려 있었다. 크기도 그림 양식도 다양했다. 그런데 많은
그림들 중 완성된 작품은 단 한 개도 없었다. 풍경을 그린 그림에는
나무 한 그루만 스케치해놨고, 어떤 정물화는 색이 덜 칠해져 있었
고, 초상화 모델의 얼굴에는 입이 아직 없었다. 화가는 이렇게 설명
했다. 자신은 항상 새로운 프로젝트에 열광하느라 전에 그려놓은 그
림들을 끝내고 싶지 않다고 말이다. 옛것을 완성하느니 차라리 새로
운 작품을 시작하는 편이 더 좋다는 것이 그의 설명이었다.

이 이야기가 전하는 내용은, 예술가는 자신의 프로젝트를 완성할

때 성장할 수 있다는 것이다. 음악가도 그렇다. 작품 20곡을 잘못 연주하는 것보다 실수 없이 3곡을 완벽하게 연주하는 것이 훨씬 가치 있다. 이 이야기는 우리가 어떤 일을 완성할 때까지 계속해야 한다는 걸 깨우쳐준다.

이 짧은 이야기를 다른 관점에서 조명해보자. 내가 화가이고 그의 아틀리에에 머물고 싶다고 생각해보자. 작품을 그리기 시작했다. 그것도 거의 완성되었다. 그런데 그림에는 꼭 필요한 마지막 붓 터치가 몇 번 더해져야 멋진 작품이 된다. 적어도 예술가는 작품을 시작할 때 이런 의도를 가지고 있었을 것이다.

신체언어를 해석하는 것도 마찬가지다. 사람들을 정확하게 관찰하고 비언어적 신호를 읽어내는 걸 완성해야만 비로소 가능하다. 당신이 상대를 관찰하고 인식하는 능력은 이미 마이스터 수준이다. 단지 당신에게 부족한 것은 마지막 몇 번의 붓 터치다.

4일 동안 리스본에 체류했다. 지금까지의 행동 읽기 여행 중 최고였다. 정치인 인터뷰 경험은 지금도 나를 고무시키고 활기차게 한다. 그 생각만으로도 그렇다. 뮌헨 공항에 도착하니 아내가 마중 나와 있었다. 그녀는 나를 보며 미소를 지었다.

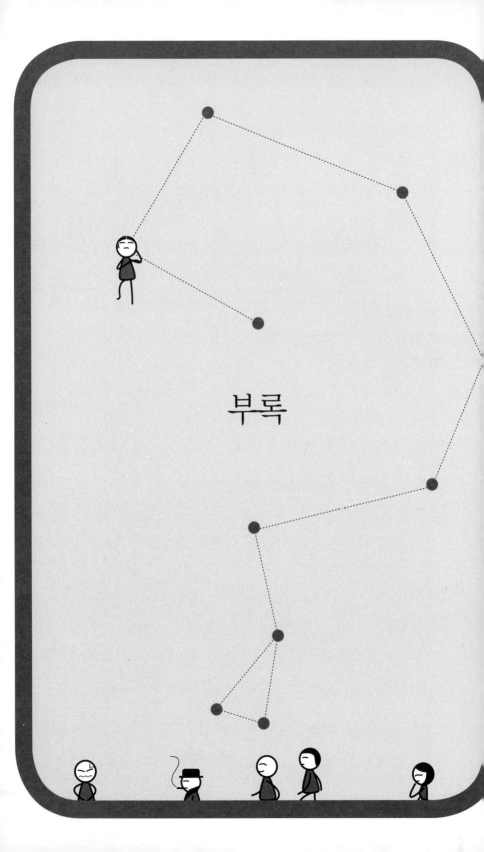

부록

신체 부위별 몸짓 언어

• 팔과 손

팔을 움직이려면 많은 공간이 필요하다. 팔은 움직임이 커 우리가 어떤 행동을 취할지 보여주기도 하고, 대화 중에 말을 보충해주는 역할을 한다. 두 팔에서 기분이나 감정을 빨리 알아차릴 수 있다. 말 한마디 없이 두 팔로도 우리는 확실한 의사소통을 할 수 있다.

열린 팔 자세, 확장된 팔 자세 ─────────────

자기 확신에 차 있고 관용적이고 초대한다는 의미를 표현한다. 상대방을 신뢰한다는 신호다. 신체적으로 자신에 차 있을 때 두 팔의 움직임이 커지고 많아지므로 자신의 힘을 분명하게 보여준다.

위축된 팔 자세 ─────────────

자신을 작게 만들고 위축되어 팔 움직임이 좁아진다. 이런 자세는 전통적인 방어 자세다. 팔 움직임이 작아지면 적은 공간만 받아들이고 상대방에게 많은 공간을 남긴다는 의미다. 이것은 조심스럽고 위축되어 있다는 것이다. 불안과 두려움을 상징하는 신호다.

가슴 앞에 팔짱을 끼는 자세

팔짱을 끼면 편안하고 긴장을 푼 자세라고 생각해 그렇게 하는 사람이 많다. 그래서 팔짱을 끼는 자세가 부정적인 의미를 담고 있다는 생각을 전혀 하지 않는다. 그런데 중요한 것은 내가 아니라 상대방이 어떻게 받아들이는가다. 팔짱을 낀 자세를 이기적이고 거부하는 방어 자세로 받아들이는 사람이 의외로 많다. 두 팔로 장벽을 만들고, 그 장벽 뒤에 자신이 숨는 것이다. 이 자세는 부정적인 의미로 받아들여진다.

두 팔을 머리 위로 번쩍 드는 자세

이 자세는 분명한 기쁨의 몸짓이다. 전통적인 승자의 포즈다. '난 대단해!' 혹은 '내가 최고야!'라는 의미를 표현한다. 진정한 하이 파워 포즈다.

팔을 옆으로 툭 떨어뜨리거나 앉아서 테이블 위에 올려놓는 자세

긴장을 풀고 중립적이고 열린 대화를 할 준비가 되어 있다는 신호다.

한쪽 팔을 옆자리 의자의 팔걸이에 올려놓을 때

편안하고 안심이 되는 상황이라는 걸 보여준다.

두 팔로 양쪽 허리를 짚을 때

누군가에게 무슨 말을 하고 싶을 때 이 자세를 취하는 경우가 많다. 특히 굉장한 진실을 말해서 상대가 좋지 않은 반응을 나타낼 것을 예상하고 있을 때 이렇게 한다. 이 자세는 권위와 분노를 드러내기도 하고, 팔꿈치를 사용할 준비, 즉 상대를 공격할 준비가 되어 있다는 걸 보여주기도 한다.

우리는 두 손으로 마음속에 있는 것을 표현한다. 이렇게 탄생하는 것이 문장이나 글이 될 수도 있고, 미술 작품이나 음악이 될 수도 있다. 손이 없다면 우리는 손이 있을 때만큼 행위 능력^{handlungsfähig, Hand는 독일어로 손이란 뜻이다.-옮긴이}이 없었을 것이다. 그리고 우리는 이미 어떤 것을 잡았다고 할 때도 '내 손에 있어.'라고 말한다.

열린 손 자세: 손바닥이 보일 때

손에 있는 것이 무엇인지를 보여주는 자세다. 아무것도 숨기지 않는다는 걸 의미한다. 솔직하게 다 열어두겠다는 신호로, 신뢰를 의미한다. 손을 다른 사람이 볼 수 있는 한, 손에 있는 게 무엇인지 그리고 어떤 의도와 연관 있는지 알 수 있다.

덮인 손 자세 : 손등만 보일 때

상대방이 손등을 보인다면 그가 무엇인가 숨기고 있거나 은폐하려는 것이다.

책상 위에서 주먹을 쥔다. 주먹으로 책상을 두드린다

억압의 몸짓이고 우월의 의미다. 무엇인가 주장하고 특별히 강조해서 말하고 싶을 때 하는 행동이다.

손을 입에 가져간다

한 걸음 뒤로 물러나려는 행동이다. 생각 없이 내뱉은 말이 입 밖으로 나오는 걸 막고 싶을 때 이렇게 한다. 손을 입에 대는 행위는 입으로 말이 나와버려 이미 너무 늦었다는 생각이 들 때 자주 나타난다. 이미 말한 내용을 '입 안으로 다시 밀어넣고 싶다'는 생각에서 나오는 행동이다.

손가락으로 대화 상대방을 가리킬 때

상대방을 향하고 있는 손가락은 무기와도 같은 효과를 지닌다. 그래서 공격과 고발, 비난의 의미를 담고 있다. 자신이 우월하다 생각하고 상대방을 꾸짖는 몸짓이며, 거의 항상 부정적인 감정과 거부감이 내포되어 있다. 엄지와 검지 두 손가락을 내미는 건 권총의 상징이다.

상대방에게 손바닥을 수직으로 내밀 때

저지를 상징한다. 여기까지이고 더 이상은 아냐!

손으로 책상을 내리칠 때

이런 행동은 상대와 연결된 실마리를 단적으로 끊어버린다는 의미다. 그래서 현재 진행되는 토론이나 대화를 끝내고 싶다는 분명한 의사를 나타낸다.

의자 모서리나 등받이를 손으로 잡을 때

자신의 긴장과 불안을 다른 사람에게 보여주는 행위다.

손을 주머니에 넣는다

상대방이 손을 주머니에 넣으면 손을 볼 수 없어서 불신의 감정을 불러일으킨다. 왜냐면 손으로 추상적인 감정을 강조하고 더 쉽게 이해시킬 수 있기 때문이다. 손이 주머니에 있다는 건 다른 한편으로 아무 짓도 안 한다는 의미도 된다. '난 당신에게 아무 짓도 안 해'라는 평화의 메시지가 될 수도 있다. 반면 두 손을 주머니에 넣으면 상대방을 존경하지 않거나 게으름의 상징이 된다.

손으로 주먹을 쥐다

화가 나서 주먹을 쥐면서 무기를 만드는 행위는 굉장히 화가 나는데 어떻게 할 수 없는 상황임을 상징한다.

손을 비빈다

상대방이 손을 천천히 비비면 자신의 만족감을 표현하는 것이다. 확실한 자기만족일 경우가 많다. 손을 빨리 비비면 여행 출발 전의 들뜬 분위기나 기대감을 나타낸다.

불안한 손

연필을 들고 돌린다거나 책상을 톡톡 두드리거나 물건을 뒤집어놓으면 그 사람의 내면이 불안하고 초조하다는 의미다. 심리적으로 불안정하고 긴장되었다는 것이다.

● 어깨

어깨는 책임감을 볼 수 있는 거울이다. 그리고 어깨로 비언어적 커뮤니케이션을 분명하게 할 수 있다. 의식적이건 무의식적이건 어깨 동작은 비언어적 커뮤니케이션의 중요한 도구다.

양어깨에 긴장을 풀고 똑바로 곧은 어깨

짐을 실을 공간이 있다는 것이다. 일상을 그리고 일상과 연관된 다른 짐도 자신의 어깨에 메고 책임질 수 있다는 의미다.

어깨를 위로 올릴 때

움츠러든 머리는 자신을 보호한다는 것을 의미한다. 자신을 움츠러들여 작아지게 하는 행위다. 어깨를 드는 것은 대개 불안정과 두려움의 신호다.

축 늘어진 어깨

자신을 움츠러들게 만드는 몸짓이다. 허리는 구부정하게 된다. 자신의 짐이 너무 무거워 보일 때 이런 자세가 나온다. 고개를 푹 숙이면서 이 자세를 취하는 것은 더 강력한 표현이다. 이 자세는 피곤하고 감당하기 무거운 부담감을 느낄 때, 용기가 없고 나약할 때 나온다.

어깨를 으쓱할 때

이 몸짓은 말하는 바가 분명하다. '내가 어떻게 알겠어?' 때로는 어쩔 도리가 없다는 걸 보여준다. 상황에 따라 무관심으로 이해되기도 한다.

한쪽 어깨를 앞으로 내밀 때

상체 대신 한쪽 어깨만 내밀 때는 거부의 의미로 해석할 수 있다. 무시나 냉대를 보이며 이 자세로 거리를 두는 것이다. 이 몸짓을 하는 사람은 언제라도 상대를 외면할 수 있다.

어깨를 뒤로 젖힐 때

어깨가 뒤로 제쳐지면 상대적으로 가슴을 내밀게 된다. 이 몸짓은 자부심과 당당함을 의미한다.

어깨를 툭툭 두드릴 때

서 있는 사람이 앉아 있는 사람의 어깨를 툭툭 두드리면 이 몸짓은 상대방이 자신보다 아래에 있다고 생각하는 것을 의미한다.

옆에서 어깨를 두드리면 격려나 기분을 고무시키는 몸짓이다. '정말 잘했어'라는 말을 하면서 격려할 때 쓰는 행동이다. 이럴 경우에는 인정해주고 동기부여를 하는 의미로 쓰인다.

• 상체

아이들을 마중 나가거나 밖에서 아이들을 기다리고 있을 때, 아이들이 내 모습을 발견하면 쏜살같이 달려온다. 이때 나는 무릎을 구부리고 두 팔을 활짝 벌려 아이들에게 인사한다. 아이들뿐 아니라 내가 아주 좋아하는 사람을 오랜만에 만나면 이 자세로 환영인사를 한다. 물론 어른일 경우에는 무릎은 굽히지 않는다. 우리 몸에서 가장 중요하고 다치기 쉬운 곳인 상체를 그대로 내밀며 몸으로 이렇게 말하는 것이다. '난 당신을 믿어. 난 지금 굉장히 기분이 좋아.'

인간의 상체에는 우리 몸에서 가장 중요한 신체기관이 다 들어 있다. 심장과 폐가 있는 곳이다. 숨을 쉬기만 해도(흉부가 나왔다 들어갔다 하는 모습만 보고) 상대가 진취적인지 아니면 의욕이 없는지 알 수 있다.

가슴을 똑바로 펴고 호흡이 활동적이고 깊다 ───────

호흡이 깊다는 건 산소 공급이 원활하다는 의미다. 집중적이고 의욕적임을 보여준다. 대화하는 동안 분명하게 숨을 들이마시면 그 사람이 자기 생각을 머릿속에 정리해놨고 무슨 말을 하려는 시점일 확률이 높다.

가슴을 움츠리고 호흡이 얕다 ───────

가슴이 움푹 들어간 상태로는 깊고 고른 복식 호흡이 불가능하다. 얕은 호흡을 하면 신체 내 산소량이 부족하게 되고 자주 피곤해진다. 의욕이 없고 동기부여가 안 되어 있을 때 이런 몸짓이 나온다. 대개는 이럴 경우 목소리도 잘 안 나와 작고 힘없는 소리가 된다.

길게 내쉬는 호흡 ───────

무슨 일이 잘 안 되거나 맞지 않을 때 대개는 길게 숨을 내시고 깊게 공기를 마신다. 잘 안 되는 일이나 논쟁을 '내뱉어버리고 싶은' 것이다. 한숨까지 더해지면 의미는 더 강해진다.

빠른 호흡

빠른 호흡은 곧바로 더 많은 양의 산소를 받아들이는 결과를 낳는다. 도망이나 공격을 준비하는 단계의 전형적인 반응이다. 빠른 호흡은 스트레스나 긴장, 두려움을 보여주는 지표다.

호흡에서 우리의 생각과 감정을 보여줄 뿐 아니라 이것으로 우리 신체가 생각에 영향을 줄 수도 있다. 얕은 호흡을 하면 몸이 피곤해지고 근육이 경직되고 전신이 긴장된다. 그러니 될 수 있으면 호흡을 깊게 배로 들이마시고 내쉬는 것이 좋다. 호흡을 깊게 하면 가슴이 쭉 펴지고 팔도 더 자유롭게 움직일 수 있으며 목소리도 커진다. 눈에 띄게 긴장도 풀린다.

스트레스가 많아 긴장된 상황에서 눈을 잠시 감고 의식적으로 호흡을 깊게 해보면 도움이 된다. 이렇게만 해도 좀 더 편안해지고 에너지가 충전된다.

우리 몸의 중심인 상체에 대해 몇 가지 몸짓을 더 알아보자.

상체를 보호하는 자세

팔이나 물건 등으로 상체를 보호한다면 안전하지 않다는 의미다. 상대를 믿지 못하고 상대를 긴장되고 불안하게 만든다는 의미다. 상대방으로부터 자신을 보호하고 싶은 것이다. 거리를 두어야 한다는 신호다.

상체를 열어놓은 자세

몸의 중요한 기관이 모여 있는 상체를 열린 자세로 내놓는다면 그 사람은 자기 확신이 있고 안전하다고 느끼는 것이다. 상대방에 대한 믿음이 있다는 의미다.

배와 가슴을 내밀 때

상체를 상대방 쪽으로 내밀면서 가까이 다가온다면 대담함을 상징한다. 대부분 이런 자세는 거만하고 불손하게 해석된다.

상체를 옆으로 돌린다

상체를 옆으로 돌리면 이것은 냉담을 의미한다. 이 자세는 거리감을 보여주고 많은 경우에 거부를 의미하기도 한다. 갑자기 어깨를 옆으로 돌리는 행동은 대피의 의미로 이해될 수도 있다.

상체를 뒤로 젖힌다

대화 상대로부터 상체를 뒤로 젖히면서 등을 기대면 대개는 상대방과 거리를 두고 싶다는 의미다. 때로는 명백한 거부의 뜻일 수도 있다. 하지만 상황에 따라 다르기도 하다. 예를 들어 서로 신뢰가 충분한 사이이고 좋은 분위기에서 상대가 몸을 뒤로 젖히면 긴장을 풀고 기대고 싶어서 그러는 행동일 수도 있다.

• 다리

서 있을 때

실내에서 편하게 서 있는 자세가 좀 어색하다고 하는 사람들이 많다. 뭐라도 잡고 있거나 기대야 편하다고 한다. 그래서 세미나나 컨퍼런스가 열리는 곳에는 쉬는 시간에 서 있으라고 스탠딩 테이블을 마련한다. 스탠딩 테이블에 몸을 대거나 어깨를 벽에 기대지 않고 그냥 서 있으면 오히려 자기 확신이 들 수 있다. 그렇게 어렵지 않다. 연습만 하면 된다. 서 있는 자세는 비언어적으로 굉장히 많은 것을 전달해준다.

다리를 바닥에 고정하고 서 있다 ─────────
체중을 양쪽 다리에 잘 분산시켜 고르고 안정된 자세다. 자기 확신이 있고 열린 생
각을 갖고 있음을 보여준다.

한쪽 다리에 힘을 주고 서 있다가 무게중심을 다른 다리로 바꾼다 ─────────
불안하고 두려운 상태를 나타낸다. 이 자세에서는 감정적으로 공격할 수도 있다.

다리를 벌리고 서 있고 골반은 약간 앞으로 미는 자세 ─────────
넓은 공간을 받아들이고 자기 영역에 대한 분명한 권리를 나타낸다. 공격적인 자
의식을 보여준다.

두 발을 바닥에 대고 서 있고 다리는 교차한다 ─────────
다리를 교차함으로써 한편으론 보호 자세지만 우스꽝스러워 보이기도 한다. 광대
들이 넘어지기 전에 이렇게 서 있는 경우가 많다. 특히 여성들 사이에서 지난 몇 년
전부터 이렇게 서 있는 게 유행이 되기도 했다. 수많은 스타들이 레드카펫에서 다
리를 꼬고 선다. 이성을 유혹할 때 이 자세는 상대의 유혹이 싫지 않고 도망가지 않
겠다는 의미도 된다. 꼬인 다리로 금방 가버리기는 쉽지 않으니 말이다.

앉아 있을 때
상대가 앉아 있으면 더 자세히 관찰할 수 있다. 다리를 어떻게 하고 있는지, 장벽
을 만드는지 공간을 만드는지 쉽게 파악할 수 있다.

의자 모서리에 걸터앉는다. 무릎을 모으고 다리는 나란히 한다 ─────

의자 모서리에 앉으면 불편하다. 의자 끝에 걸터앉아 있다면 그 사람은 뛰쳐나갈 자세가 되어 있는 것이다. 시간이 없다거나 상대를 믿지 않을 때 이런 자세가 나온다. 가끔은 대화 상대가 갑자기 깜짝 놀랄 만한 주제로 바꿀 때 이렇게 하기도 한다. 의자에서 미끄러지듯 앞으로 나오면 주의를 끌 수 있기 때문이다.

의자 등받이에 엉덩이를 붙이고 똑바로 앉는다. 다리를 가지런히 한다 ─────

이런 자세는 직면하는 일에 집중하고 있고 상대방의 말에 경청한다는 신호다. 이성적이고 자기 확신이 있는 자세다. 면접관 앞에서나 상사와의 면담에서 이상적인 자세다.

다리를 꼬고 앉아 있다 ─────

다리를 꼰다는 건 불안정하다는 의미일 수 있다. 자신을 내보이기 싫다는 의사 표현이기도 하다. 습관적으로 다리를 꼬는 사람도 적지 않다. 그때그때 몸짓이나 얼굴 표정을 참고해서 봐야 세부적인 의미가 파악될 것이다.

다리를 앞으로 쭉 뻗는다 ─────

긴장을 풀려는 자세다. 대개는 상황이 뭔가 앞서갔다고 느낄 때 나오는 반응이다. 거리를 두고 휴식을 하고 싶을 때 취하는 자세다. 다리를 뻗을 때 대부분 상체는 등받이에 더 바짝 기댄다.

한쪽 다리는 바닥에 대고 다른 다리는 바닥에 있는
다리의 무릎 위에 쭉 뻗는다 ─────

무릎이 상대를 향하든지 뒤꿈치가 향하든지 간에 이 자세는 부정적인 느낌을 준다. 차단하겠다는 의미가 내포되어 있다.

다리를 굽혀 무릎을 상체쪽으로 끌어당겨 앉는다 ——————
엄마 뱃속에 있는 태아의 자세로 상처받기 쉬워 보호가 필요하다는 걸 상징한다.
이렇게 앉아 있는 자세는 상대를 믿는다는 걸 의미하고 정서적으로 도움이 필요
한 상태임을 나타낼 때가 많다. 슬프거나 도움이 필요할 때 이렇게 하는 아이들이
많다.

● 발
상대방의 발을 보면 그 사람의 감정 세계에 관해 알 수 있다. 그 이유는, 손이나 표
정은 의지에 따라 강하게 통제될 수 있지만 자기 발동작에 신경을 쓰는 경우는 거
의 없기 때문이다. 그래서 발은 그 사람이 어떤 생각을 하고 있는지 방향을 잡을 수
있는 아주 좋은 지표다.

두 발을 바닥에 확실하게 고정 ——————————————
두 다리로 확고하게 서 있는 사람은 인생에서도 현실이란 바닥에 확고하게 서 있
다는 것이다. 그 사람은 두려움이 없다는 걸 의미한다. 안전하고 확실하다고 느낀
다. 확실한 견해를 가지고 있다.

발을 바닥에 대고 있지만 무게중심이 자꾸 바뀐다 ——————
이렇게 불안하게 서 있는 자세는 도망가기 위한 준비 자세다. 이런 사람은 확고한
입장에 있지 않고 자기 입장을 빠르게 언제라도 바꿀 수 있다. 앉아서도 발바닥으로
바닥을 닿았다 떼었다 반복한다. 자신의 불만을 확실하게 표현할 때 이렇게 한다.

두 발을 서로 붙이고 똑바로 서 있다. 무릎이 닿는 경우가 많다 ─────
군인이나 아이들이 줄을 설 때 취하는 자세다. 닫힌 자세의 발은 성실하고 순종적
이고 때로는 희생을 상징하기도 한다.

발꿈치에 무게중심을 두다 ─────────────────────────
쉽게 뒤로 넘어질 수 있는 자세다. 상대방으로부터 뒤로 물러나 거리를 더 두려는 자
세다. 이렇게 서 있으면 조심과 불신을 상징한다.

발 앞에 무게중심을 두다 ──────────────────────────
발 앞에 무게중심을 두면 쉽게 움직일 수 있다. 이 자세로 변화가 가능하다는 걸 보
여주는 것이다. 불안하다는 의미도 된다.

불안하거나 초조하지 않으려면 앉아 있을 때 적어도 한쪽 발은 계속 바닥에 닿아
있는 것이 좋다. 피해야 할 자세는 발로 의자 다리를 감는 것이다. 이런 움직임은
분명한 스트레스의 지표이다. 이렇게 하면 자신을 수동적으로 만드는 것이다.

• **발끝**

두 발이 평행으로 상대방을 향해 있다 ───────────────────
두 발을 상대방 쪽을 향하는 것은 관심이 상대방에게 집중해 있어 주의를 기울이
는 것이다. 상대방에게는 관심을 가지고 있으며, 도망가지 않겠다는 의미를 상징
한다.

발끝이 밖을 향한다 ─────────────────────

상대방에게 완전히 집중한 상태는 아니다. 극단적인 경우에 두 발이 상대방을 벗어나 문 쪽으로 가겠다는 걸 보여준다. 이때 자신이 있어야 할 곳은 이 자리가 아니라 나가고 싶다는 의사가 분명하게 담겨 있다.

발끝이 안을 향한다 ─────────────────────

발끝이 안으로 향할 때는 서 있는 위치를 떠나기 힘들다. 왜냐면 자신을 폐쇄하기 때문이다. 이런 사람은 결정하기 힘들어하는 조심스러운 사람일 경우가 많다.

• 기타 발 자세

두 발을 의자 밑에 놓고 교차시킨다 ──────────────

상대방이 내 쪽 공간을 넓게 하는 것이다. 상대방은 자신 뒤로 물러나 내게 활동영역을 더 주는 것이다. 두 발이 교차되어 있으므로 상대방은 그 자리에서 도망가기 힘들어진다.

한쪽 발은 대화 상대 쪽으로 향하고 다른 발은 뒤에서 발바닥 앞 부분을 바닥에 댄다 ─────────────────────

상대방은 이야기를 경청하고 있는 중이다. 언제 자신이 말할지 기회를 기다리는 상태다.

서서 다리를 흔든다 ─────────────────────

대개는 불안함과 지루함을 보여주는 분명한 신호다. 상대방은 이 상황에서 벗어나고 싶거나 주제를 바꾸고 싶은 것이다.

앉아서 다리를 흔든다

리듬에 맞게 다리를 흔드는 것은 자신감이 크다는 걸 상징한다. 상대방은 긴장하고 있지 않다는 것이다. 두 발을 빨리 세게 흔들면 이 사람은 불편하게 느끼고 있는 것이다. 당장이라도 나가기 위해서 두 발을 워밍업하고 있다고 보면 된다.

내 경우 발만 흔드는 게 아니라 다리 전체를 위아래로 흔들 때도 종종 있다. 이럴 땐 긴장, 초조, 스트레스, 조바심, 시간에 대한 압박이 있다는 명확한 신호다. 기차에 앉아 있을 때 약속 시간에 늦을 것이라는 걸 분명히 알고 있으면 다리를 흔든다. 학창 시절에 수학 시간에도 종종 그랬던 것 같다.

금세기 최고 멘탈리스트의 강력한 신체언어 규칙 16

생각을 읽는다

지은이 토르스텐 하베너 WWW.THORSTEN-HAVENER.COM
옮긴이 송경은

초판 1쇄 발행 2016년 1월 12일 발행
초판 2쇄 발행 2016년 1월 18일 발행

발행인 유성권
편집장 조경희
책임편집 김선미
마케팅 김선우, 김민석, 이용주, 문영현, 박승희
제작, 관리 장재균, 박혜민, 김성훈, 김인찬
디자인 디자인밥

발행처 ㈜이퍼블릭
출판등록 1970년 7월 28일, 제1-170호
주소 (158-051) 서울시 양천구 목동서로 211 범문빌딩
문의전화 02-2653-5131(402)
주문전화 02-2653-5131(104)
팩시밀리 02-2653-2455
이메일 loginbook@epublic.co.kr
홈페이지 www.loginbook.com